W0252710

WIDMUNG

**Für die
Männer und Frauen
des Hunger Projekts
und das Ende des Hungertodes
bis zum Jahre
1997.**

Informationen über
die Arbeit des Hunger Projekts:
Das Hunger Projekt
Steinsdorfstr. 20
8000 München 22
Tel. 089/293141–44

Anmerkung des Verlages:
Das Umschlagmotiv, »Time Tunnel«, geprägt auf Metallfolie, erhalten Sie auf Anfrage von uns kostenlos zugesandt. Leider ist eine direkte Verarbeitung innerhalb moderner Buchdruckverfahren nicht möglich.

DREHBUCH für MEISTERSCHAFT im LEBEN

(Winning Through Enlightenment)

RON SMOTHERMON M.D.

CONTEXT VERLAG

Übersetzung:
Dr. Henning von der Osten

Titel der amerikanischen Originalausgabe:
Winning Through Enlightenment
Context Publication, CA 94928, USA
Copyright 1980 Ron Smothermon, M.D., ISBN 0-932654-01-0
Alle Rechte vorbehalten. Teile dieses Buches enthalten Material, das wiederum zum Teil auf Vorlesungen basiert, die von Werner Erhard stammen und unter Copyright stehen. Sie werden hier vom Autor mit seiner Genehmigung benutzt. Obwohl das Material in keiner Weise anstrebt, eine endgültige Version der Eigenart, der Abstraktionen oder des Wesens von est zu sein, darf kein Material, das Werner Erhard geschaffen und urheberrechtlich geschützt hat, ohne seine vorherige Genehmigung in irgendeinem Medium oder irgendeiner Sprache benutzt oder verbreitet werden. Kein Teil dieses Buches, das auf dem obengenannten Material basiert, darf in Film-, Fernseh- oder Bühnenversionen oder einem anderen vergleichbaren Medium ohne vorhergehende schriftliche Zustimmung des Autors und Werner Erhards benutzt werden. Auskünfte erteilt Context Publications, P.O. Box 2909, Rohnert Park, California 94928-6506, USA.

CIP-Kurztitelaufnahme der Deutschen Bibliothek:
Smothermon, Ron, M.D.
Drehbuch für Meisterschaft im Leben, Ron Smothermon M.D.
(Übers. v. Henning von der Osten)
4. Auflage, Bielefeld, Context Verlag, 1989
Einheitssacht.: Winning Through Enlightenment -dt.-
ISBN 3-926257-00-8

5. Auflage 1989 19.–23. Tsd.
© 1986 Context Verlag,
Postfach 1750, D-4800 Bielefeld 1, Tel.: 0521-67179
Alle deutschen Rechte vorbehalten
Bearbeitung der deutschen Übersetzung:
Petra Mangold, Amsterdam
Gestaltung: wpd-design, Bielefeld
Satz: Satzbau, Bielefeld
Druck und Bindung:
Clausen & Bosse, Leck

Vorwort

Drehbuch für Meisterschaft im Leben ist geschrieben worden, um Sie herauszufordern, und zwar umfassend und nicht nur oberflächlich. Es wird jenen ungeübten Teil Ihres Verstandes herausfordern, der verneint, „was“ in Ihrem Leben „ist“. Es wird eine Herausforderung sein für die zahlreichen Illusionen, die Ihre Lebendigkeit zerstören; für Ihre Versuche, Ihr Leben funktionieren zu lassen indem Sie andere für Ihre Erlebnisse, die Sie sich selbst erschaffen, verantwortlich machen; sowie für all jene Verzerrungen, die Sie in dem Gefühl des Getrenntseins von anderen gefangenhalten. Ebenso wird es eine Herausforderung für jenen wunderbaren Teil von Ihnen sein, der die Fähigkeit hat, Sie selbst und die Welt zu verstehen, Ihr Leben wirkungsvoll zu verändern und Sie selbst und andere immer mehr zu lieben. Es kann Ihnen helfen, die Barrieren zwischen Ihrem Herzen und den Herzen anderer zu verstehen. Ron Smothermon füttert Sie nicht mit langen Kapiteln weitschweifiger Erklärungen. Er schlägt zu wie ein Blitz – und geht dann weiter. *Drehbuch für Meisterschaft im Leben* enthält „Material“, das für mehr als nur ein Buch ausreicht und es wird sich lohnen, es immer wieder aufs Neue zu lesen. Es ist ein Buch, das langsam und allmählich aufgenommen werden will. Viele seiner „Geheimnisse“ über das gut Funktionieren Ihres Lebens können nicht gelehrt werden – sie müssen „mitbekommen“ werden. *Drehbuch für Meisterschaft im Leben* wird Sie reich belohnen, wenn Sie in der Lage sind, seine lebensspendenden Einsichten von der gedruckten Seite in die von Augenblick zu Augenblick stattfindende Tätigkeit Ihres Verstandes zu übertragen. Es tut alles, was einem Buch nur möglich ist – es bietet Ihnen jene Informationen an, die Ihr Leben transformieren können. Aber nur Sie allein sind es, die, durch unbeirrte und entschiedene Anwendung, die Fähigkeiten und Einsichten entwickeln können, die dieses Wissen in Ihrem Leben wirksam werden läßt.

Ken Keyes, Jr.

Anerkennung

Dieses Buch ist eine Synthese vieler Quellen und soll nicht der Darstellung einer bestimmten Quelle unter Ausschluß aller anderen dienen. Für den Beitrag der Idee eines Selbst, das, einmal entdeckt, ganz, vollständig und voll funktional ist, spreche ich Karen Horney meinen Dank aus. Für den Beitrag der Idee eines „Raumes", in dem Beziehungen existieren, danke ich Harry Stack Sullivan. Werner Erhard und est verdanke ich den allgemeinen Aufbau und die Sprache des Buches. Für den Wunsch, dieses Material in lebendiger Form anzubieten, erkenne ich den Geist der Judäo-Christlichen Tradition an. Schließlich gilt mein Dank der Person, die dies alles ermöglicht hat, indem sie das Wort Fleisch werden ließ: meine Mutter. Als liebe Freundin verkörpert sie Bereitwilligkeit und Erleuchtung so vollständig, daß sie selbst kein Wort dafür hat.

Einleitung

Dies ist die Einleitung zu einem Buch, das selbst wiederum eine Einleitung ist. Es ist eine Einführung in eine Denk-und Lebensweise, die sich in der Bewegung für das menschliche Potential (Human Potential Movement) während der vergangenen zehntausend Jahre, vielleicht auch schon länger, entwickelt hat. Das Material dieses Buches soll nicht nur noch eine neue, gute Idee sein. Es handelt nicht einmal von einem System, wie man mit dem Leben umzugehen hat, und an das ich glaube. Es ist kein neues Pflaster, das Sie auf Ihr Leben auflegen können, auch keine weitere „Versuchen Sie das"-Methode. Worum es in diesem Buch geht, ist nicht einmal das, was es zu sein scheint, wenn Sie die Worte lesen. In Wirklichkeit geht es um Sie, aber nicht das „Sie", an das Sie normalerweise denken, wenn Sie an sich selbst denken. Das „Sie", von dem ich möchte, daß Sie es kennen, ist das göttliche „Sie", dasjenige, welches das alltägliche „Sie" miteinschließt, auf das es aber in keiner Hinsicht beschränkt ist. Zweck dieses Buches ist es, Ihnen Gelegenheit zu bieten, sich selbst als göttlich zu erleben – ein Prozess, der durch alle Zeiten hindurch Erleuchtung genannt wurde. Um sich selbst als göttlich zu erleben, ist es notwendig, sich das alltägliche „Sie" anzusehen. Das alltägliche Sie wird in Buch I beschrieben: Den Verstand kennen. Vielleicht werden Sie sich beim Lesen manchmal langweilen. Vielleicht fühlen Sie sich beleidigt, wenn Sie mit dem alltäglichen Sie konfrontiert werden. Wie dem auch sei, es ist notwendig, alle Aspekte des alltäglichen Sie zu sehen, um in der Lage zu sein, durch das alltägliche Sie auf das göttliche Sie zu blikken. Die hier verwandte Terminologie ist für Sie vielleicht neu. Es wird einiges an Aufmerksamkeit und Durchhaltevermögen erfordern, um durch die folgenden Seiten hindurchzukommen. Es kann auch sehr viel Spaß machen. Das Ergebnis wird eine Erweiterung Ihres Lebens sein und ein Engagement, am Leben teilzunehmen, wie es Ihnen vielleicht für „Sie" unmöglich erschien. Ich habe jedes Kapitel für sich, getrennt von allen anderen, geschrieben, um es Ihnen zu erleichtern, Ihr Wissen an dem Material aufzufrischen, während Sie Ihr Leben leben. Mit dem Schreiben dieser Bücher habe ich nichts anderes beabsichtigt, als Ihnen zu dienen. Ich erkenne das göttliche Sie voll als wahre Quelle dessen an, was Sie beim Lesen dieser Arbeit für sich selbst erreichen. Alle in diesem Buch niedergeschriebenen Ideen sind auf eigene Verantwortung zu lesen und anzuwenden. Diese Ideen stellen kein unfehlbares Rezept für Ihre Lebensführung dar. Sie sind für das, was Sie im Leben glauben, und für die Konsequenzen Ihrer Überzeugungen verantwortlich.

Anmerkung des Übersetzers

Die englische Sprache macht es sich und denen, die sie sprechen vielfach leicht. Auch dadurch, daß das Englische Wirklichkeiten des Bewußtseins genauer trifft, als das Deutsche. Im vorliegenden Buch gilt das insbesondere für das im Original verwendete „mind". Das Wort ist durchgehend mit „Verstand" übersetzt, obwohl der Begriff „mind" sowohl die intellektuellen, als auch die emotionalen Fähigkeiten umfaßt, also alles, was erfahren werden kann. In diesem Sinn ist „Erfahrung" „Erleben" das, was früher „Seele" genannt worden ist. Die Dreiheit „Körper-Seele-Geist" heißt im Englischen „body-mind-soul (spirit)". Eine auf die Wirklichkeit passende Bezeichnung für den mittleren Teil der Dreiheit fehlt im Deutschen. Das Wort „Seele" trägt in unserer Sprache eine Aura von Heiligkeit und Unschärfe, die es methodisch unbrauchbar macht. Der Begriff fehlt und das Wort bleibt deshalb leer. Der in der Dreiheit jeweils folgende „höhere" Begriff schließt übrigens den oder die vorangehenden mit ein. Darüber hinaus ist die Sprache, die der Autor verwendet auch anders als das gebräuchliche Amerikanisch. Es ist eine den Wirklichkeiten des Bewußtseins angepaßte Sprache. Dem Autor geht es nicht darum leicht lesbar zu sein, sondern in Kürze begriffen zu werden. Das Buch kann zunächst spröde wie eine Logarythmentafel erscheinen; wenn der Leser aber mit den hier vermittelten Einsichten rechnen lernt, beginnt sich die Qualität seines Lebens zu wandeln: es wird leichter. „Enlightenment" bedeutet auch „Erleichterung".

Inhaltsverzeichnis

BUCH III: ÜBER DAS FUNKTIONIEREN IHRES LEBENS

BUCH IV: ERLEUCHTUNG AUF DER EBENE DER WELT

BUCH V: FORTGESCHRITTENE ERLEUCHTUNG

BUCH I:

DEN VERSTAND KENNEN
(Die schlechten Nachrichten)

Dies ist ein Aufruf zu Verantwortlichkeit und Erleuchtung, ausgehend von der Ebene der Abstraktionen, die das Leben bestimmen, wie die Abstraktion der Schwerkraft das Fallen bestimmt. Um das zu bekommen, was Sie vom Lesen haben wollen, müssen Sie Ihren Widerstand gegen das perfekte Funktionieren Ihres Lebens aufgeben, Ihr persönliches Leben um diese Abstraktionen herum gestalten und Ihre natürliche Integrität manifestieren. Ich kann Sie nur an das erinnern, was Sie immer gewusst und möglicherweise vergessen haben.

Kapitel Eins:

Grundlegende Struktur des Verstandes

Der Verstand ist ein Organsystem, das das ganze physische Wesen miteinschließt. Zweck des Verstandes ist es, zu überleben und recht zu haben. Er wird alles tun, um dies zu erreichen.

Der Verstand ist ein Organsystem, das das gesamte physische Wesen miteinschließt. Zweck des Verstandes ist es, zu überleben und er wird fast alles tun, um dies zu erreichen. Manchmal hat eine Sache innerhalb des Verstandes einen höheren Grad der Wichtigkeit und das ist: recht zu haben.

Der Verstand erreicht seinen Zweck der Selbsterhaltung durch die Speicherung von Spuren der Erinnerung von Ereignissen noch während sie passieren und durch das Abrufen dieser Erinnerungen, wenn sie in Überlebenssituationen gebraucht werden. Bei allen Funktionen des täglichen Lebens geht es auch um Überleben. Es gibt nicht nur Erinnerungen an das, was in der Vergangenheit passiert ist, sondern auch an das was in der Vergangenheit hätte passieren können, um das Überleben zu gefährden. Man braucht keine Erinnerung an: Von einem Lastwagen überfahren zu werden, um die Kollision mit einem Laster zu vermeiden. Der Verstand kann sich eine Idee von dem machen, was hätte passieren können und dann diese Idee als Erinnerung speichern. Aufgrund dieser Fähigkeit des begrifflichen Denkens ist der Mensch Mensch, „perfekter Selbsterhalter". Kein anderes Lebewesen auf diesem Planeten kann Begriffe so wirksam entwickeln und speichern wie der Mensch. Der Verstand „verkabelt" sich somit sehr schnell, um Situationen, die sein Überleben bedrohen, vermeiden zu können.

Darüberhinaus verwirklicht der Verstand seinen Zweck des Überlebens, indem er jene grundlegende „Nahrung" ausfindig macht, die er braucht, um dem Tod zu entgehen. Dieser Prozeß läuft so automatisch ab, daß es nur wenige Leute gibt, die Ihnen präzise sagen können, was genau für das Überleben notwendig ist. Normalerweise geht die Suche nach und der Gebrauch von Luft so automatisch vor sich, daß Ihnen dieser von der Geburt bis in die Gegenwart stattfindende Vorgang vollkommen unbewußt ist. Die durchschnittlichen 18 Atemzüge pro Minute ergeben allein in einem Jahr 9.460.800 Ein- und Ausatmungen. Fast genauso automatisch verläuft die Suche nach und Aufnahme von Nahrung. Nur dann, wenn Luft und Nahrung knapp werden, wird der Verstand sich seiner Funktion des Aufsuchens und Verbrauchens dieses grundlegenden „Bedarfs" voll bewußt werden. Die dritte und letzte Überlebensvoraussetzung ist nicht so augenfällig wie die beiden erstgenannten. Dennoch gilt, ohne die Liebe anderer können Sie physisch nicht überleben. Tod durch mangelnde Liebe kann in Findlingsheimen beobachtet werden, wo den Säuglingen zwar Luft und Nahrung gegeben wird, sie aber nicht liebevoll berührt werden.

Auf der Ebene des Verstandes ist das Leben also ein Spiel, dessen Zweck das Überleben ist. Um dieses Spiel mit Erfolg zu spielen, stellen Menschen sich eine Überlebens-Nummer zusammen. Jeder hat so eine Nummer. Sie besteht aus Verhaltensmustern, die auf das Erhalten von ausreichend viel Luft, Nahrung und Liebe abzielen. Im Laufe der Jahre werden jedoch viele falsche „Verknüpfungen" vorgenommen, so daß manchmal schwer zu erkennen ist, daß die Handlungsweise einer Person ursprünglich mit Überleben zu tun hatte. Dennoch ist die Verwirklichung dieses Zwecks Ursprung des Handelns. Es ist unübersehbar, daß die jetzige Handlungsweise mancher Leute ihrem Überleben nicht dienlich ist; nur, wir leben oft nicht *jetzt.* Sehr oft leben wir *dann* anstelle von *jetzt.*

Vielleicht haben Sie schon bemerkt, daß es Menschen gewissermaßen ein Bedürfnis ist, recht zu haben. Dies ist ein Aspekt der Selbsterhaltung. Genauer gesagt: Rechthaben stellt Überlebenstricks dar, die in der Vergangenheit erfolgreich angewendet wurden. Wenn diese in der Gegenwart nicht funktionieren, kann man das verzweifelte Bemühen beobachten, sie dennoch zur Anwendung zu bringen, eben weil sie so stark mit dem verbunden sind, was in der Vergangenheit funktioniert hat. Tatsache ist jedoch, daß recht zu haben und andere ins Unrecht zu setzen dem Überleben in der Gegenwart normalerweise nicht förderlich ist. Recht haben ist somit der einzige Zustand, den der Verstand manchmal dem Überleben vorzieht. *Manchmal* werden Leute sogar in den Tod gehen, um recht zu haben.

Ein anderer wichtiger Aspekt des Verstandes ist, daß er von einem Zustand des Mangels ausgeht. Was ich meine, ist, daß der Verstand *sagt*, die für das Überleben notwendige „Nahrung" sei nicht in ausreichender Menge vorhanden, so daß um das, was vorhanden ist, gekämpft werden muß. Das heißt: Innerhalb des Kontextes des Mangels kann ein Mensch nicht gewinnen, wenn ein anderer nicht verliert. Dieser Kontext ist Grundlage des konkurrierenden Wettbewerbs, der natürlich nur gegenüber anderen „Köpfen" existiert, die auch dem Glauben an den Mangel anhängen. Im Rahmen der Konkurrenz mißt der Verstand dem Rechthaben einen enorm hohen Überlebenswert bei.

Was mit „recht" gemeint ist, ist nicht mehr und nicht weniger als ein Urteil, das der Verstand über sich selbst fällt, daß nämlich seine Auffassungen richtig und die der anderen falsch sind. Der Verstand wird alle Umstände, in denen er sich vorfinden mag, dazu benutzen, die Schlußfolgerung zu untermauern, daß er recht hat. Wenn der Verstand einer bestimmten Nationalität, Hautfarbe, Religion, sexuellen Vorliebe, wirtschaftlichen Verhältnisssen, politischen Überzeugung oder Beruf zugehörig ist, wird er dieses Material dazu verwenden, sich selbst ins rechte Licht zu setzen. Der Verstand wird *alles* benutzen, um recht zu haben.

Nun gibt es aktives und passives Rechthaben. Passives Rechthaben meint das Heranziehen *existierender* Umstände zum Beweis des eigenen Rechthabens.Aktives Rechthaben meint ein auf andere Menschen gerichtetes *Handeln* zum Beweis für die Richtigkeit der eigenen Position. Krieg ist ein besonders krasses Beispiel für aktives Rechthaben. Es gibt zahllose Beispiele für andere Arten aktiven Rechthabens in Ihrem Leben. So sind etwa Streitgespräche gute Beispiele.

„Rechtfertigung" ist jener Vorgang, bei dem der Verstand die Tatsachen nimmt und sie so interpretiert, wie es seinem Bedürfnis, recht zu haben, entspricht. Rechtfertigung kann alles machen, bis hin zur Veränderung Ihrer Wahrnehmung der Wirklichkeit. Sogar Mord kann vom Verstand gerechtfertigt werden.

Der Verstand ist also eine äußerst hochentwickelte Maschine, deren Entwicklung Millionen von Jahren gebraucht hat. Er hat die Fähigkeit, sich selbst zu schützen und zu reproduzieren, seine bemerkenswerteste Eigenschaft ist jedoch seine Fähigkeit, sich zu erinnern. Er speichert eine lineare Abfolge aller Ereignisse, die im Bereich seiner Sinneswahrnehmung vom Augenblick der Empfängnis an stattfinden. Obgleich er nicht die Fähigkeit hat, diese Erinnerungsaufzeichnungen willentlich abzurufen, kann jede davon, unter den entsprechenden Bedingungen, reaktiviert werden. Einige Erinnerungsaufzeichnungen sind dem gewöhnlichen Bewußtsein nicht zugänglich und werden als „unbewußt" bezeichnet.

Diese riesige Gedächtnis-Bank, deren Daten zum Großteil zu allen Zeiten unbewußt sind, ist für ein sehr interessantes Merkmal des Verstandes: Sein automatisches Funktionieren, verantwortlich. Wenn Sie aufhören, bewußter Beobachter Ihres Verstandes zu sein, werden Sie merken, daß er ganz gut ohne Sie überleben kann. Er wird dies automatisch tun, ohne Ihre Beteiligung, weil dies seine einzige Aufgabe ist. Zum Zwecke des Überlebens entwickelt der Verstand sogenannte Verhaltensmuster. Diese Muster laufen, wenn sie unbeobachtet bleiben, automatisch. Es ist sogar so, daß die Produktion von Verhaltensmustern eine so stark entwickelte Fähigkeit des Verstandes ist, daß sie einen Großteil des Erlebens des Lebens selbst in Beschlag nimmt und einen immer wieder verwundert fragen läßt: „Warum tue ich das eigentlich?" oder „Warum verhalte ich mich nur so?"

Normalerweise interessieren uns diese Muster nicht besonders. Unsere Verstandes- (Körper-)maschine tut einfach, was ihrem Überleben förderlich ist. Manchmal sind unsere Verhaltensmuster jedoch der Grund für schmerzliche Erfahrungen in unseren Beziehungen. Einige unserer Verhaltensmuster verweisen auf Beziehungen, die wir in der Vergangenheit gehabt haben. Im Rahmen dieser Kern-Beziehungen werden Verhaltens- und Gefühlsmuster geformt. Das kennzeichnende Merkmal dieser Beziehungen ist, daß der Verstand eine Verbindung zwischen den Eigenarten dieser Beziehungen und der Selbsterhaltung hergestellt hat. Die primären, mit Beziehungen verknüpften Überlebensbedürfnisse sind die nach Nahrung und Liebe. Demzufolge werden Beziehungen, die die Erfüllung eines oder beider Überlebensbedürfnisse beinhalten, vom Verstand genauestens aufgezeichnet, um ausfindig zu machen, wie befriedigende Beziehungen, d.h. Beziehungen, die das Überleben sichern, in der Zukunft zusammenzustellen sind. Daran arbeitet Ihre Verstandesmaschine wirklich mit Überstunden. Das Ergebnis sind Verstandesmuster, die auf dem basieren, wovon der Verstand annimmt, daß es früher passiert ist und die dann auf neue Beziehungen übertragen werden. Natürlicherweise bilden Eltern und die von uns geliebten Menschen den „Kern", um den herum Überlebensmuster geformt werden. Neue Menschen, die in Ihr Leben kommen, pflegen von der Verstandesmaschine als im wesentlichen Ihren Eltern ähnlich wahrgenommen zu werden.

Nun, ganz gleich, wie befriedigend Ihre Beziehung zu Ihren Eltern war oder ist, wenn Sie sich nicht bewußt werden, mit wem Sie jetzt zusammen sind, sind Sie in ganz schönen Schwierigkeiten. Ich verspreche Ihnen, daß die Person, mit der Sie derzeit zusammen sind, anders ist und möchte, daß Sie das merken. Wenn Sie sich ihm oder ihr gegenüber quasi automatisch verhalten, laufen Sie Gefahr, die besondere Qualität der Beziehung einzubüßen, wenn nicht sogar die Beziehung überhaupt. Der Verstand hat nicht die Fähigkeit, andere direkt zu erleben oder zu lieben. Er kann lediglich aufzeichnen und reagieren. Eine Beziehung, die gut laufen soll, erfordert Ihre Teilnahme. Ihr Verstand wird Ihren Platz nicht erfolgreich einnehmen können. Ihm sind nur die mechanischen Bewegungen einer Beziehung zugänglich. Der Verstand „braucht" und vom Zustand des „Brauchens" aus kann man nicht lieben. *Sie können nicht lieben, wen oder was Sie brauchen.*

Um die Liebe zu einem Menschen immer wieder erleben zu können, ist es also notwendig, den Verstand genau und wachsam zu beobachten. Andernfalls werden Sie unbewußt, behandeln andere automatisch und die Liebe stirbt aufgrund Ihrer mangelnden Teilnahme. Das ist das natürliche Ergebnis der unbeobachteten (unbewußten) Verstandesmuster. Nur Sie haben die Fähigkeit zu beobachten. Sie können sich nicht darauf verlassen, daß Ihr Verstand das schon für Sie erledigen wird, da es nicht zu seinen Möglichkeiten gehört, sich selbst zu beobachten. ■

Kapitel Zwei:

„Zeug"

„Zeug" ist nichts anderes als die Substanz der Unwirklichkeit. Es ist Ihr Verhaftetsein an den Illusionen des Lebens.

„Zeug" ist der Begriff, den ich gerne für jenen inhaltlichen Teil des Verstandes verwende, den wir mit uns herumtragen, den wir nicht mögen, für den wir lieber nicht verantwortlich wären, der dennoch unleugbar unter unsere Verantwortung fällt. Er besteht aus all den Überzeugungen, Meinungen, Stellungnahmen, Urteilen und Vorurteilen, all den Verstandesstrukturen, die der Aufgabe dienen, andere ins Unrecht zu setzen und uns im Zustand der Verantwortungslosigkeit zu halten.

Sie können Ihr Zeug nicht ändern. Es wird sich ändern, ganz ähnlich, wie sich Bilder in einem Kaleidoskop ändern. Zeug kann jedoch nicht willentlich verändert werden. Weiter, Sie sind nicht Ihr Zeug, obwohl Sie dafür verantwortlich sind, und obgleich Sie es nicht ändern können, sind Sie dafür verantwortlich, es zu haben und es nicht mit der Wirklichkeit zu verwechseln. Das bedeutet „Ihr Zeug transzendieren".

Bitte machen Sie nicht den Fehler zu meinen, Sie könnten Ihr Zeug in Ihrem Leben auf irgendeine Weise verändern. Das können Sie nicht. Es ist auch nicht nötig, etwas davon zu verändern. Denn schauen Sie, wenn Sie wissen, daß es nur Zeug und nicht die Wirklichkeit ist, nicht Sie ist, dann wird Zeug unbedeutend. Wirklich unwichtig. Ihr Zeug ist nicht wichtig.

Zeug ist nicht nur unwichtig, mehr als das, es ist nicht einmal wirklich. Zeug ist die Substanz der Unwirklichkeit.

Im Extrem wird Zeug, das für Wirklichkeit gehalten wird, in das transformiert, was gewöhnlich „Wahnvorstellung" genannt wird. Das Interessante an intensivem Zeug ist, daß jeder dessen Unwirklichkeit sehen kann, außer demjenigen, der für den Verstand verantwortlich ist, der es erfunden hat. Auf einer weniger intensiven Ebene kommt ein Phänomen ins Spiel, das „Übereinstimmung" genannt wird, wodurch die Tatsache, daß das Zeug, das Sie haben, unwirklich ist, verschleiert wird. Das heißt, daß auch andere Leute ähnliches Zeug im Verstand mit sich herumtragen und dadurch Ihre Überzeugung unterstützen, daß Ihr Zeug wirklich ist. Das erzeugt eine Situation, in der außerordentliche Integrität erforderlich ist, um Ihr Zeug zu transzendieren. Im Prozess des Transzendierens Ihres Zeugs werden Sie Ihre Übereinstimmung mit den anderen verlieren und diesen Verlust der Unterstützung spüren. Gewöhnlich führt dies dazu, daß Sie an Ihrem Zeug festhalten. Es ist aber gerade dieses Zeug, daß Ihr Leben in einem nichtfunktionierenden Zustand bleiben läßt.

Vielleicht fragen Sie sich: „Wenn mein Zeug nicht wirklich ist, was ist dann wirklich?" Was wirklich ist, hat bestimmte Merkmale. Alles, was in dieser Welt wirklich ist, hat eine bestimmte physische Substanz. Das heißt, Sie können es anfassen, sehen, wiegen oder auf irgendeine übliche, reale Weise ausfindig machen. Ein anderes Merkmal dessen, was wirklich ist, besteht darin, daß der Verstand dazu neigt, diese Wirklichkeit zu verneinen, wenn er mit dem in Konflikt gerät, was er möchte. Die Lieblingsmethode des Verstandes beim Verneinen der Wirklichkeit ist, sie zu ignorieren. In welchem Verhältnis steht dies zu Zeug?

Zeug würde nicht existieren, wenn das, was wirklich ist, bemerkt und genügend beachtet würde. Schauen Sie, für das, was wirklich ist, brauchen Sie kein Urteil, Glauben, Meinung, Einstellung oder Vorurteil. Diese Dinge brauchen Sie nur für das, was nicht wirklich ist. Die Existenz von Leben in dieser Welt ist wirklich. Sie brauchen nicht zu glauben, daß Leben existiert; Sie müssen lediglich Ihre direkte Erfahrung prüfen, um festzustellen, daß es hier lebende Wesen gibt. In dieser Angelegenheit ist Glauben völlig überflüssig. Sie brauchen keine Meinung dazu zu haben, daß es Leben gibt, auch keine diesbezügliche Einstellung. Wenn Sie anfangen würden zu glauben, daß es Leben in der Welt gibt, wäre dieser Glaube ein irrer Witz. Ihr Zeug ist ein irrer Witz, da es aus Glauben, Meinen, Einstellung, Urteil und Vorurteil über das, was nicht existiert, zusammengesetzt ist. Wenn Sie wirklich zu schätzen wissen, was für ein irrer Witz Ihr Zeug ist, dann sagen wir, daß Sie erleuchtet sind. Sie nehmen es leicht. Sie wissen, daß es nicht ernstzunehmen ist. Sie sind auf dem Weg, durch Erleuchtung zu gewinnen. Andere sind gerne mit Ihnen zusammen, weil Sie ihnen erlauben, zu sein.

In den nächsten Kapiteln werden wir Zeug von verschiedenen Seiten aus betrachten. Die damit verbundene Absicht ist, Ihnen die Erfahrung der Tatsache zu ermöglichen, daß Zeug nichts Ernstes ist. Anders gesagt, es ist beabsichtigt, daß Sie bereit und fähig werden, das Extragepäck, das Sie durchs Leben tragen und das den natürlichen Zustand von Freude im Leben verhindert, fallenzulassen. Wir wollen Ihnen das Leben so, wie es ist, zugänglich machen, statt so, wie es nicht ist. Wir wollen, daß Sie erleuchtet werden. ■

Kapitel Drei:

Urteile

Die universellen Abstraktionen, die das Universum bestimmen, sind nicht von den Urteilen des Verstandes erschaffen worden. Sie sind einfach und es kümmert sie nicht, ob Sie sie bemerken oder nicht.

Urteile fällen heißt, einen künstlichen Zustand zu schaffen, in dem – gemäß den Definitionen Ihres Verstandes – jemand oder etwas als besser oder schlechter als jemand oder etwas anderes angesehen wird. Somit ist ein Urteil ein bloßes Konstrukt des Verstandes, das letzterem dazu dienen soll, sich selbst recht zu geben. Am Anfang ist Ziel des Rechthabens das Überleben. Aber selbst lange nachdem es nicht mehr um Überleben geht, fällt der Verstand weiterhin Urteile, als ob diese an sich schon eine Wichtigkeit hätten. Ich möchte Sie daran erinnern, daß es so etwas gibt wie Wahrheit (das, was ist), und dann gibt es da noch die Urteile Ihres Verstandes (das, was nicht ist). Urteile sind niemals Wahrheit. Wenn Sie mit der Wahrheit zu tun haben, sind Urteile nicht notwendig. Sehen Sie, Urteile sind Ersatz für das, was ist, wenn es Ihnen nicht darauf ankommt, mit dem umzugehen, was ist.

Wenn etwas wahr ist, ist es einfach, und es ist ihm völlig gleichgültig, ob Sie es bemerken oder nicht. Die universellen Gesetze, die die Welt und das Leben in ihr bestimmen, sind nicht durch Urteile des Verstandes erschaffen worden. Sie sind einfach und zeigen sich Ihnen, wenn Sie wach und aufmerksam sind. Sie brauchen sie nicht zu begreifen. Sie können sie nicht einmal begreifen. Um mitzubekommen, was ich Ihnen hier sage, müssen Sie anfangen, anzuerkennen, daß Sie nicht Ihr Verstand sind. Sie *enthalten* einen Verstand, der der Beobachtung zur Verfügung steht, wenn Sie bereit sind, bewußt zu sein. Sie sind unendlich viel mehr als Ihr Verstand. Wenn Sie diesen Punkt nicht mitbekommen, können Sie in Ihrem Stolz, der mit Ihren Urteilen Hand in Hand geht, steckenbleiben; Sie werden glauben, daß Sie Ihre Urteile *sind*, und werden Ihren Verstand und die Urteile, die er enthält, nicht beobachten können.

Sollten Sie mir immer noch zuhören, dann lassen Sie uns jetzt einfach zur nächsthöheren Ebene gehen: So etwas wie falsch oder richtig gibt es nicht. „Richtig" und „falsch" sind mythische Kreaturen, die der Verstand zum Zweck des Rechthabens erfunden hat. Um ein Erleben von dem zu haben, wovon wir hier sprechen, möchte ich, daß Sie sich in die ungefähre Umgebung des nächsten Sterns begeben. Dieser Stern liegt in einer Entfernung von ungefähr vier Lichtjahren. Sie spähen aus dieser Entfernung in Richtung Erde. Wunderbarerweise entdecken Sie tatsächlich das Körnchen Staub, das Erde genannt wird. Auf diesem Planeten haben sich Geschöpfe entwickelt und gehen einer Reihe von Aktivitäten nach. Sind diese Aktivitäten nun richtig oder falsch, oder sind es lediglich Aktivitäten? Offensichtlich sind es lediglich Aktivitäten. Nur wenn Sie ihnen nahe sind und Sie sich von ihnen bedroht fühlen (ob Sie das nun sind oder nicht) fangen sie an, richtig und falsch zu erscheinen. Diejenigen Aktivitäten, von denen Sie sich bedroht fühlen, sind „falsch" und diejenigen Aktivitäten, die Sie nicht bedrohen, sind „richtig".

Obwohl es in letzter Wirklichkeit kein richtig oder falsch gibt, gibt es eindeutig einen Zustand, der „Konsequenz" genannt wird. Sie tragen die Konsequenzen dessen, was Sie im Leben tun. Bis Sie aufwachen und das sehen, sind Sie wahrhaftig verloren. Wenn Sie passiv Urteile fällen, sind die Konsequenzen Einsamkeit und Alleinsein. Wenn Sie Ihre Urteile eindringlich vorbringen, ist die Konsequenz harte Dramatik in Ihrem Leben. Wie Sie sehen können, funktioniert die Handhabung von Werturteilen weder für die Schaffung von Zufriedenheit in Ihrem eigenen Leben noch im Leben anderer.

Und machen Sie nicht den Fehler, zu versuchen, Urteile aus Ihrem Leben zu verbannen. Diejenigen, die Sie haben, sind eingefleischt und automatisch, „Reflexe", wenn Sie sie so nennen wollen. Zu versuchen, Ihre Werturteile rauszuschmeißen, funktioniert nicht. Was mit ihnen gemacht werden kann, ist, sich ihrer bewußt zu werden und sie sein zu lassen. Eignen Sie sich die Fähigkeit, sie beobachten zu können, an, indem Sie sich bewußt werden, daß es sich dabei nur um Urteile handelt und nicht um Wahrheit, nach der Sie sich richten müssen. Transzendieren Sie Ihre Urteile indem Sie die Verantwortung für sie übernehmen. Wenn Sie sie sein lassen können, werden sie Sie sein lassen. ■

Kapitel Vier:

Glaubenssysteme

Wenn das, was Sie glauben, wirklich wahr ist, brauchen Sie es nicht zu glauben.

Ein Glaubenssystem ist eine Sammlung von Aussagen über eine Person, einen Ort oder eine Sache, die darauf abzielen, diese Person, diesen Ort oder diese Sache zu definieren, um damit umgehen zu können. Überzeugungen entspringen Ihrer mangelnden Bereitschaft, der direkten Erfahrung zu vertrauen. Dann strukturieren Überzeugungen Ihr Erleben der Welt so, daß Ähnlichkeiten betont und einzigartige Unterschiede nicht bemerkt werden. Tatsache ist, daß, was immer sich dem direkten Erleben zeigt und einer Überzeugung widerspricht, tendenziell ignoriert oder als etwas Ungewöhnliches wegerklärt wird: „Die Ausnahme, die die Regel bestätigt."

Es ist nun einmal so, daß Glaubenssysteme einen falschen Kontext erzeugen, nämlich: „Es kann nicht sein, daß . . .". Das geht nicht. Es kann nicht wirklich sein. Völlig unmöglich, daß wir uns je lieben könnten. Das kann nicht sein, daß ich in der Schule jemals Erfolg haben könnte. Meine Mutter könnte sich niemals ändern. Das gibt es nicht, daß mein Chef je vernünftig sein könnte. Ich könnte nie Schwimmen lernen. Niemals wird irgend jemand eine Meile in vier Minuten laufen können. Es ist unmöglich, daß die Welt jemals ohne Kriege und ohne Verhungern sein wird. Es geht nicht, daß Leute in enger Beziehung miteinander leben, ohne erbitterten Streit zu haben. Kann das sein? ICH MEINE, KANN DAS SEIN? NATÜRLICH NICHT! JEDER WEISS, DASS ES DAS NICHT GIBT!

Überzeugungen beschränken somit das, was wir bereit

sind, im Leben zu erleben und was wir bereit sind, im Leben passieren zu lassen. „Wunder" geschehen mit Sicherheit nicht innerhalb des falschen Kontextes von Glaubenssystemen. Die Sklaverei wurde nicht innerhalb eines Glaubenssystems beendet. Sie konnte nur von außerhalb des Glaubenssystems her beendet werden. Überzeugungen beschränken und lähmen die Art und Weise, wie die Dinge sind. Sinnvolle Veränderungen treten trotz Überzeugungen und nicht wegen ihnen ein.

Ihr persönliches Leben ist durch das, was Sie glauben, in erheblichem Ausmaß beschränkt. Wie die Welt wirklich ist, werden Sie niemals wissen können. Sie können lediglich Ihr Erleben der Welt kennen. Das, was Sie glauben, Ihre Überzeugungen formen Ihr Erleben der Welt somit innerhalb enger Grenzen. Ihre Welt wird sich so verhalten, daß sie Ihren Überzeugungen entspricht. Menschen werden sich in Ihrem Leben auf bestimmte, Ihre Überzeugungen bestätigende Art und Weise verhalten. Wenn jemand etwas außerhalb Ihrer Überzeugung von ihm tut, finden Sie einfach einen Weg, dies innerhalb Ihrer Überzeugungen von ihm unterzubringen, *oder* Sie werden nicht bemerken, was passiert ist.

Ich weiß, daß Sie meinen, daß das Leben – wenn es das tut – aufgrund Ihrer Überzeugungen funktioniert. Ich garantiere Ihnen, daß es dann funktioniert – wenn es das tut – wenn Sie außerhalb Ihrer Überzeugungen und in Ihrem direkten Erleben sind. Das Leben funktioniert *trotz* Ihrer Überzeugungen. Das Leben ist nämlich ziemlich unverwüstlich.

Jetzt möchte ich, daß Sie mehr darüber wissen, wo Überzeugungen herkommen. Zu Beginn Ihres Lebens hatten Sie keine; auch keine Vorurteile, Meinungen, Einstellungen oder Urteile. Dann hat Sie jemand, den Sie geliebt haben, bestochen und bedroht und Ihnen ein Angebot gemacht, das Sie fast nicht ablehnen konnten. Das Angebot war, die Freude am direkten Erleben des Lebens aufzugeben und dafür einen Glauben an etwas anzunehmen. Überzeugungen werden in einer Atmosphäre der Angst geschaffen. Sie haben die Konsequenzen gefürchtet, wenn Sie es nicht geglaubt hätten. Sie wären auf Ihr Zimmer geschickt worden, hätten kein Essen gekriegt, nicht ins

Kino gedurft, wären geschlagen, zur Hölle geschickt, nicht geliebt worden und so weiter – wenn Sie es nicht geglaubt hätten. Der Buhmann hätte Sie geholt, und damals, anders als heute, war das bitterernst. Sie *mussten* nicht aufgeben, aber Sie haben es getan. „Die" haben Ihnen lediglich gedroht; *Sie* haben aufgegeben. Nebenbei gesagt, „die" sind immer noch dabei, nur zu drohen.

Ich möchte, daß Sie wissen, was Sie aufgegeben haben, als Sie sich auf diesen Handel eingelassen haben. Sie haben Ihre Natürlichkeit aufgegeben. Sie haben Ihr natürliches Wissen vom Leben aufgegeben und haben sich verirrt. Sie haben Ihr Genie aufgegeben. Ja, Sie sind ein natürliches Genie, nur daß Ihre Angst vor dem Verlust der Übereinstimmung mit der Welt sie Ihren Überzeugungen verhaftet bleiben läßt, und das hindert Sie, Ihr natürliches Genie zum Ausdruck zu bringen. *Sie* haben das getan. Niemand hat es Ihnen angetan. Und Sie können es wiedergewinnen; niemand kann das für Sie tun. Sie können nicht genug Bücher lesen, genug Unterricht nehmen, genügend Titel erwerben, um es wiederzuerlangen. Nichts davon wird es wiedergewinnen. Nur Sie können das. Um das zu tun, fangen Sie mit der Bereitschaft an, die Möglichkeit in Erwägung zu ziehen, daß Ihre Überzeugungen nur Überzeugungen sind und nicht die Wahrheit widerspiegeln. Fangen Sie damit an, sich an das zu erinnern, was Sie schon immer wußten: Die Wahrheit steht alleine und bedarf nicht einer Stütze. Wahrheit ist nicht das, was Sie glauben, sondern das, was Sie direkt erleben. ■

Kapitel Fünf:

Drama

Drama ist das, was Sie machen, wenn Sie einen Traum haben, während Sie wach sind.

„Drama“ ist das absichtliche, wenn auch häufig unfreiwillige Schauspiel, das Sie im Leben aufführen und von dem Sie glauben, es sei wirklich. Zweck des Schauspielerns ist es, anderen und sich selbst zu beweisen, wie recht Sie haben. Der Zustand, in dem Sie sich befinden, während Sie auf Ihrer „Lebensbühne“ schauspielern, wird „Opfer“ genannt. Opfer zu sein, rechtfertigt alles auszuspielen, was dem Verstand wichtig erscheint, ganz gleichgültig wie destruktiv dies für Sie oder andere auch sein mag. Im Extremfall sind Selbstmord und Mord dramatische Inszenierungen, die der Welt beweisen sollen, wie recht der Schauspieler oder die Schauspielerin hat und wie sehr ihm oder ihr Unrecht getan wurde.

Die meisten Leute lassen es nicht ganz bis zum Selbstmord oder Mord kommen, um zu beweisen, wie recht sie haben. Die meisten benutzen Drama einfach auf eine Art und Weise, die eher das Erleben des Lebens abtötet als den biologischen Aspekt des Lebens. Ich nenne diesen Vorgang „eine Beziehung morden“, wenn er eine andere Person mitbetrifft, und „Dummheit“, wenn er nur Sie alleine betrifft.

Nun ist Drama keine einmalige Sache, sondern dauert als Verhaltensweise in einer Beziehung über lange Zeiträume hinweg an. Die Ermordung einer Beziehung wird gewöhnlich während eines längeren Zeitraums und nicht mit einem schnellen Schlag vollzogen. Dennoch gibt es in fast jeder dramatisierten Beziehung einen Zeitpunkt, zu dem Sie Ihren Mord an der Beziehung tatsächlich *erleben* und das Aufgeben der Beziehung rechtfertigen. Normalerweise endet das Drama jedoch nicht mit dem Prozeß des Aufgebens. Es gilt immer noch, zu beweisen, daß man recht hat und gerechtfertigt ist, die Beziehung zu verlassen. Das erfordert weiteres Drama.

Ein anderer Aspekt von Drama, den man kennen sollte, ist, daß es, obwohl absichtlich, nicht bewußt ist. Um einen Vergleich vorzunehmen: Wenn wir einen programmierten Computer vor uns hätten und die richtigen Knöpfe drücken würden, um ihm zu befehlen, etwas zu tun, worauf er programmiert ist, und alle Schaltkreise würden richtig funktionieren, würde er tun, was ihm befohlen worden ist. Er hätte kein Bewußtsein von dem, was er tut; er würde es einfach tun. Ebenso ist es beim Drama. Wenn Sie Ihr Drama ausagieren, sind Sie eine programmierte Maschine ohne Gewahrsein Ihres Programms. Sie tun es einfach. Es gibt ein Begleit-Erlebnis, genannt „keine Wahl". Da Sie sich Ihres Programms nicht bewußt sind, gibt es keine Wahlmöglichkeit, Ihr dramatisches Programm auszuagieren oder nicht. Sie können sich selbst nicht stoppen. Ihr Bewußtsein wird davon überflutet, recht zu haben und es besteht keine Möglichkeit anzuhalten, bis das Drama vollendet ist. Dieser Prozeß kann Minuten oder Jahre in Anspruch nehmen, je nach Eigenart Ihres Programms.

Drama, das Jahre benötigt, um ausagiert zu werden, nenne ich „dramatisches Skript". Alle dramatischen Skripten, die lange Zeiträume beanspruchen, werden durch tägliche „Rührstücke" unterstützt. Es ist wichtig, noch einmal festzustellen, daß das ein unbewußter Prozeß ist, der bestenfalls mit teilweisem Gewahrsein abläuft und über den Sie als solches sagen: „So ist das Leben".

Mit dem, was in Ihrem Leben unbewußt ist, können Sie nichts machen. Erklärtermaßen entzieht sich dies jeglicher rationalen Betrachtung. Wie ist es aber dahin gekommen? Es ist zu allererst durch Lügen dorthin gekommen. Sehen Sie, wenn Sie die Unwahrheit über das Leben sagen, ist der Preis, den Sie dafür zahlen, daß der Teil Ihres Lebens, der die Unwahrheit widerlegt, unbewußt wird.

Was es demzufolge zu tun gibt, ist, die Wahrheit über den Teil Ihres Lebens zu sagen, der Ihnen bewußt ist und sich nicht um das zu kümmern, was unbewußt ist. Wenn Sie dies tun, wird das Unbewußte für sich selbst sorgen. Womit Sie sich konfrontiert sehen werden, wenn unbewußtes Material aufwacht, ist, daß Ihr Verstand nicht „im Recht" bleiben kann. Sie können mit Sicherheit davon ausgehen, daß es dabei um eine massive Konfrontation gehen wird, da der Verstand nicht gern unrecht hat. Somit sind die Hindernisse, die Ihr Verstand konstruiert hat, um Sie recht haben zu lassen, die gleichen, die Sie von zufriedenstellenden, bereichernden Beziehungen in Ihrem Leben entfernt halten. Das sind auch die gleichen Hindernisse, die Sie an „Gründen", warum Sie nicht bekommen, was Sie wollen, festhalten lassen, anstatt tatsächlich zu haben, was Sie wollen. Vielleicht fragen Sie sich, auf was genau ich mich in *Ihrem* Leben beziehe. Diese Frage können nur Sie beantworten. Sie sollten wissen, daß das, was, während Sie dieses Buch gelesen haben, an der Peripherie Ihres Bewußtseins aufgetaucht ist, dasjenige ist, was Sie abgewehrt haben und worauf sich das oben Gesagte in Ihrem Leben bezieht. Wenn nichts hochkommt, sind Sie *sehr* unbewußt. Es ist das Zeug, das Sie vermeiden. Es ist die Beziehung, die Sie nie ganz vollendet, die Sie in der Schwebe gelassen haben. Es ist der Elternteil, das Kind, mit dem Sie nie zufrieden waren. Es ist das Zeug, das Sie der Sache angehängt haben, die Sie für Ihren Lebensunterhalt tun oder nicht tun, der Beruf, der für Sie eine Qual ist. Sie wissen, was zutrifft. Falls Sie jetzt anfangen sollten, sich schuldig zu fühlen, lesen Sie weiter, weil ich möchte, daß Sie die wahre Bedeutung von Schuld in Ihrem Leben kennen. Schuld ist ein wesentlicher Bestandteil Ihres fortgesetzten Dramas. ■

Kapitel Sechs:

Schuld

Wenn Sie sich schuldig fühlen, heißt das, daß Sie es wieder machen werden.

Ich möchte, daß Sie vollständige Klarheit über die Bedeutung und die Funktion von Schuld in Ihrem Leben haben. Deshalb sage ich Ihnen ohne Umschweife, was das ist, und dann, wozu sie dient. Schuld ist ein „Gefühl", das eine Haltung unterstützt, die „ich bin schlecht" genannt wird. „Ich bin schlecht" ist eine Haltung, die der Verstand wählt, um von sich selbst und von anderen akzeptiert zu werden (recht zu bekommen). Schuld ist eine Währung, die Leute benutzen, um für das Schlechte zu bezahlen, das sie tun, sich vorstellen zu tun oder sich lediglich vorstellen. Was immer es ist, sobald mit ausreichend Schuld bezahlt worden ist, sind Sie bereit, es wieder zu tun. Schuld ist also eine Währung, die Teil eines Verstandes-Spieles ist, das dazu dient, die Wiederholung bestimmter Muster des Verstandes zu rechtfertigen – trotz des Urteils, daß Sie schlecht sind. Noch einmal: Schuld ist eine Währung, die zur Rückzahlung irgendeines wirklichen oder unwirklichen Vergehens benutzt wird, damit das Vergehen wiederholt werden kann. Schuld ist deshalb integraler Bestandteil eines Kreislaufs: Vergehen-Schuld-Vergehen-Schuld-Vergehen-Schuld ... usw. bis in alle Ewigkeit. Schuld ist für das Beenden einer Sache, die schadet, absolut funktionslos. Wenn Sie in einem Zustand des Schuldig-seins aufhören, geschieht dies trotz Schuld, nicht wegen ihr.

Schuld ist eindeutig kein ehrliches „Gefühl", keine ehrliche Emotion. Wenige Emotionen sind ehrlich, aber

Schuld ist total unehrlich, und zwar aufgrund der Tendenz zur Wiederholung, die mit Schuld einhergeht. Der Welt sagt die Schuld: „Ich will es nicht wieder tun". Dem Verstand sagt die Schuld: „Mach weiter, Du hast Deine Gebühr bezahlt; jetzt kannst Du's wieder machen". Wenn Sie sich das nächste Mal schuldig fühlen, schauen Sie mal auf das, was Sie als nächstes planen. Noch besser, schauen Sie auf das, was Sie als nächstes *tun*, weil das, was Sie planen vielleicht nicht bewußt ist.

Falls Sie sich gefragt haben sollten, was Sie denn mit Schuld tun sollen, nur dies: Hören Sie auf. Mit was aufhören? Hören Sie auf, sich schuldig zu fühlen. Tun Sie, was immer Sie tun, abzüglich der Schuld. Niemand kann die Währung Schuld, in der Sie bezahlen, auf irgendeine die Lebendigkeit fördernde Art und Weise ausgeben. Tatsächlich können andere aus Ihrer Schuld Kapital schlagen, und das kostet Sie Ihre Lebendigkeit. Dann können Sie das, was diese Ihnen antun, wieder dazu benutzen, weitere Wiederholungen zu rechtfertigen. Schuld hat eindeutig keinen konstruktiven Nutzen, seien Sie sie also los.

Lassen Sie sich von mir warnen, es passiert etwas, wenn Sie Schuld aus Ihrem Leben streichen und nur noch tun, was Sie tun, und dafür die Verantwortung übernehmen. Was geschehen wird, ist, daß Sie die Übereinstimmung mit denen verlieren, die an Ihre Schuld als Teil ihrer Masche mit Ihnen gewöhnt sind. Sie werden sich da draußen ganz alleine komisch vorkommen, anders, als Sie sein sollten, und anders, als Sie gewöhnlich sind. Sie werden Gelegenheit haben, alte Beziehungen umzubauen oder sie ganz zu beenden. Eventuell werden Leute Sie sogar verlassen. Wenn Ihre Beziehung aber auf Schuld aufgebaut ist, werden Sie ohne diese Beziehung besser dran sein.

Der Nutzen, der Ihnen aus dem Fallenlassen der Schuld erwachsen wird, ist, perfekte Klarheit darüber, was Sie im Leben und von anderen Leuten wollen. Sie könnten dabei sogar herausfinden, daß Sie anderen wehtun wollen, daß dieses Wehtun-Wollen ein Muster Ihres Verstandes ist. Was Sie in einem solchen Fall tun, ist, größer zu sein als es; Sie werden es beobachten und nichts tun. Sie werden auch Gelegenheit haben, sich angemessen zu verhalten. Wenn Sie etwas tun, was andere verletzt, werden Sie Gelegenheit haben, Ihre Handlung wirklich aus dem Weg zu räumen, statt sich in Ihr Zimmer zurückzuziehen, um sich schuldig zu fühlen.

Sie können diesem Thema Schuld in Ihrem Leben nicht gegenübertreten, wenn Sie nicht bereit sind, sich die dieser zugrundeliegenden Bedingungen anzusehen. Schuld basiert vornehmlich auf der Angst, der Mensch zu sein, der Sie zu sein fürchten. Sie kennen ihn. Der, der schüchtern, linkisch ist, andere nicht mag, ihnen Schlechtes wünscht, keinen Mut hat, dumm ist und so weiter. Dachten Sie etwa, Sie wären der einzige? Das sind Sie nicht. Um wirklich mit Schuld umgehen zu können, müssen Sie bis zu Ihrem Kern vorstoßen: zu dem Menschen, der Sie zu sein fürchten. Derjenige, den Sie mit Ihren Schuldgefühlen in Schach zu halten versuchen. Derjenige, für den Sie nicht verantwortlich sein wollen. Wenn Sie nicht bereit sind, sich mit dem zu konfrontieren, sind Sie zu lebenslänglicher Haft innerhalb Ihres eigenen Verstandes verurteilt. Tun Sie also sich selbst und uns anderen einen riesigen Gefallen, indem Sie sich mit der Kleinlichkeit, derer Ihr Verstand fähig ist, konfrontieren und die Verantwortung dafür übernehmen. Erst wenn Sie das tun, können Sie je erleben, wie groß, wie mächtig, wie wirklich schön Ihr Leben natürlicherweise ist. Unter all dem Zeug, das Sie zu sein fürchten, ist der, der Sie wirklich sind. Und lassen Sie mich Ihnen sagen, ob Sie das glauben oder nicht: Wer Sie sind, ist wirklich großartig. So sehr, daß all das Zeug, auf das Sie gewöhnlich stolz sind, total in den Schatten gestellt wird. Derjenige, der unter all dem Zeug ist, ist hauptsächlich dadurch gekennzeichnet, daß er buchstäblich darauf brennt, einen Beitrag zum Leben zu leisten, jemand, der will, daß es etwas bedeutet, gelebt zu haben. Ich will, daß Sie wissen, daß das der ist, den Sie mit Schuld zugedeckt haben. ■

Kapitel Sieben:

Eifersucht

Sie können nicht wirklich haben, was oder wen Sie nicht bereit sind, nicht zu haben.

Eifersucht ist das Spiegelbild von Schuld. Schuld richtet sich nach innen, Eifersucht nach außen. Es ist die maßlose Sorge, der andere sei nicht genügend in der Beziehung engagiert. Die Sorge geht mit einem Zustand der Panik einher, der mit dem Gedanken verknüpft ist, der andere könnte die Beziehung verlassen. Eifersucht ist ein „Gefühl" und wie alle Gefühle unterstützt es eine Haltung, die der Verstand einmal eingenommen hat. Um mit Eifersucht umgehen zu können, müssen wir uns also ihren Ursprung genauer ansehen: die Ansicht oder Haltung, die sie im Verstand unterstützt.

Wie sich herausstellt, ist die Haltung, die sie unterstützt, *immer* die folgende: „Ich bin unvollständig und brauche, um ganz zu sein, diese bestimmte Person; unvollständige Leute überleben nicht; deshalb muss ich, um zu überleben, genau diese Person haben". Deshalb muß die Person, auf die Sie eifersüchtig sind, bleiben und Ihnen gestatten, sie zu besitzen, andernfalls haben Sie Angst, daß Sie nicht überleben werden.

Eifersucht schafft sich ihre eigenen Anlässe. Damit meine ich, daß Eifersucht im Verstand der Person, die Sie besitzen wollen, ihr genaues Gegenteil erzeugt. Die Ansicht, die sich im Verstand der anderen Person entwikkelt, ist: „Dieser Mensch kann ohne mich nicht leben; deshalb muß ich bleiben. Wenn ich aber bleiben muß, kann ich nicht wählen zu bleiben". Um diese Haltung zu unterstützen, wird der Verstand ein Gefühl entwickeln, das „in der Falle sitzen" genannt wird.

Wenn Sie und ich eine Beziehung haben und Sie mir keine Wahl lassen, ob Sie und ich weiter in unserer Beziehung bleiben wollen, dann bin ich nicht freiwillig in der Beziehung. Der Zustand, keine Wahl zu haben, beschränkt mein Erleben von Ihnen und das, was in unserer Beziehung möglich ist. Er kann in meinem Verstand, meine Gefühle der Ablehnung Ihnen gegenüber und die unterschiedlichen Formen des Ausagierens meiner Ablehnung rechtfertigen. *Vielleicht* wähle ich, meine Ablehnung so auszuagieren, daß ich Ihre Eifersucht wirklich unterstütze. So arbeitet Eifersucht daran, den Zustand herbeizuführen, den sie am meisten fürchtet: Verlust der anderen Person.

Eifersucht vertreibt andere so erfolgreich, weil sie maskierte Feindschaft ist. In dieser Hinsicht ist sie mit der Schuld verwandt. Schuld ist Feindschaft, die sich gegen Sie selbst richtet, und Eifersucht ist Feindschaft, die sich gegen eine andere Person richtet. Beide tragen eine Maske, unter der derjenige der Schuld oder Eifersucht fühlt, als allerletzter merkt, daß sie gleichbedeutend mit Feindschaft sind. Das Ergebnis ist in beiden Fällen jedoch dasselbe: angeknackste Beziehungen.

Um es kurz zu wiederholen: Wenn man nicht die Wahl hat, *nicht* in einer Beziehung *zu sein*, kann man nicht wählen, in der Beziehung *zu sein*. Das ist ein universelles Gesetz: Man kann nicht wirklich haben, was (oder wen) man nicht bereit ist, nicht zu haben. Anders gesagt, wenn Sie nicht vollständig „ohne“ Beziehung sind, sind Sie auch nicht vollständig „mit“ Beziehung. Sie *werden* das verlieren, was Sie nicht bereit sind, aufzugeben. Ja, Sie haben es nie wirklich gehabt. Zu schade.

Was Eifersucht wirkungsvoll transformiert, ist, anzufangen, diesbezüglich die Wahrheit zu sagen und aufzuhören, zu lügen. Die Wahrheit ist, daß Sie, genau wie Sie jetzt sind, vollständig sind. Vielleicht sind Sie vollständig mit der Ansicht, Sie seien nicht vollständig; das macht Sie nicht unvollständig. Sie könnten auch ein Gefühl (Verzweiflung) haben, das die Vorstellung unterstützt, Sie seien unvollständig, aber auch das macht Sie nicht unvollständig. Sie sind vollständig und ganz *mit* Ihren Ansichten und Gefühlen, und zwar mit *allen*. Sie brauchen also keine bestimmte Beziehung. Beachten Sie, daß ich nicht gesagt habe, Sie bräuchten überhaupt keine Beziehung. Wenn Eifersucht in Ihrem Leben eine Rolle spielt, dann bedeutet das, daß Sie an der Vorstellung festkleben, eine *bestimmte* Beziehung zu brauchen. Natürlich brauchen Sie Beziehungen. Erinnern Sie sich, daß die Liebe eines anderen wesentlich für das Leben selbst ist. Was Sie wissen müssen, ist, daß Sie für das Erschaffen des Erlebnisses, geliebt zu werden, verantwortlich sind. Sie müssen die Beziehungen, die in Ihrem Leben *sind*, beachten und aufhören, Ihre Lebensenergie mit denen zu verschwenden, die *nicht* in Ihrem Leben sind. Glücklicherweise gibt es viele Leute auf der Welt, so daß Sie nicht auf eine bestimmte Person angewiesen sind. Somit können Sie derjenigen Person – wer immer das ist – mit der Sie glaubten, eine Beziehung haben zu müssen, freizügig gestatten, auch nicht in der Beziehung zu sein. Nochmals, wenn Sie in Ihren Beziehungen Leute „in der Falle sitzend" haben, haben Sie sie nicht wirklich.

Wenn Sie Leuten die Wahl lassen, in einer Beziehung zu sein oder nicht, passiert etwas Merkwürdiges. Wenn ansonsten alles gleich bleibt, werden diese wählen, in der Beziehung zu bleiben. Wenn ansonsten nicht alles gleich bleibt und sie Sie verlassen, na und? Sie hatten sie ja sowieso niemals wirklich. Jetzt sind Sie frei, eine Beziehung einzugehen, die durch Wahlfreiheit und nicht durch Eingefangensein gekennzeichnet ist.

Ich möchte, daß Ihnen ganz klar ist, daß Sie Eifersucht aus Ihrem Leben eliminieren müssen, wenn Sie wollen, daß Ihr Leben das ist, was es in seiner ganzen Fülle sein kann. Seien Sie sich auch darüber klar: Sie können unmöglich lieben, was Sie brauchen.

Wenn Sie sich in einer Beziehung am Empfangsende der Eifersucht befinden, haben Sie Gelegenheit, Mitgefühl für einen anderen Menschen zu entwickeln, die oder der durch einiges Zeug in ihrem, seinem Leben geht. Was funktioniert, ist, nicht zu verurteilen und der anderen Person nicht für den Zustand, in dem sie sich zu einem bestimmten Zeitpunkt befindet, unrecht zu geben. Wenn Sie sich gegen Eifersucht wehren, ist das, was Sie bekommen werden, mehr Eifersucht. Das leitet unser nächstes

Kapitel ein, das von der Tatsache handelt, daß sie immer das bekommen, wogegen Sie sich wehren. ■

Kapitel Acht:

Polaritäten des Verstandes

Jeder Standpunkt, den Ihr Verstand einnimmt, erschafft mit mechanischer Zuverlässigkeit sein eigenes Gegenteil.

Mit „Polaritäten“ meine ich Gegensätze. Beispiele sind Nord/Süd, rauf/runter, rechts/links. Das sind natürliche Gegensätze. Hier sind wir an unnatürlichen Gegensätzen interessiert oder an dem, was ich „Definitions-Polaritäten“ nenne. Der Verstand liebt es, mit Definitions-Polaritäten zu handeln. Eine Definitions-Polarität ist eine Erfindung des Verstandes zum Zweck des Rechthabens. Um in Bezug auf etwas recht zu haben, braucht der Verstand ein Thema, bezüglich dessen er recht hat und eine Person für die Rolle des Unrechthabenden. Dementsprechend sucht sich der Verstand eine geeignete Person sowie ein geeignetes Thema und definiert einen Gegensatz. Dies wird erreicht, indem die zwei Seiten der Angelegenheit bestimmt und anschließend eine Seite als richtig und die andere als falsch definiert werden. Natürlich beschließt der Verstand, die „richtige“ Seite zu vertreten.

Das GESETZ DER POLARITÄTEN lautet dann wie folgt: Jede Haltung, die der Verstand einnimmt, enthält die Festlegung einer Seite einer Angelegenheit als der „falschen“ und ruft auf diese Weise seine eigene Opposition oder den polaren Gegensatz ins Leben. In der Natur gibt es natürliche Polaritäten. Innerhalb des Verstandes gibt es künstliche Polaritäten aufgrund von Definitionen. Künstliche Polaritäten lassen Vervollständigung und Meisterschaft nicht zu, sie unterstützen lediglich einen Zustand des Rechthabens.

Polaritäten sind das Zeug, aus dem Vorurteile, Meinungen, Haltungen und Urteile gemacht sind und der Prozeß der Polarisierung ist die Grundlage allen Übels. Polarisierung blockiert alle Wege, über die Menschen miteinander kommunizieren können. Sie blockiert alle Wege, über die wir Mitgefühl füreinander empfinden und uns gegenseitig bereichern können. Polarisierung geschieht auf einer so unbewußten Ebene, daß die durch diesen Prozeß zustandegekommenen Ergebnisse den Anschein haben, natürliche Zustände innerhalb der Ordnung der Dinge zu sein. Wann immer Sie jemanden *wegen irgend etwas* unrecht geben, erschaffen Sie die „andere Seite", die dann danach trachtet, Ihnen unrecht zu geben. Sie sind der Verursacher Ihrer eigenen Verfolgung.

Es *gibt* etwas, was man mit Polarisierung machen kann: ihrer bewußt sein. Seien Sie aufmerksam, wenn Sie eine Sache polarisieren. Erst wenn Sie sich dessen bewußt sind, haben Sie die Wahl, mit Ihrem Unfug weiterzumachen oder nicht.

Natürlich gibt es diesbezüglich noch die andere Seite. Was ist, wenn Sie sich am Empfangsende des Polarisierungs-Prozesses befinden? Nun, es erfordert immer zwei, um das Polarisierungs-Spiel zu spielen, und Sie müssen nicht spielen. Wenn Sie spielen, sind Sie für die Ergebnisse voll verantwortlich. Nicht teilweise verantwortlich, sondern *voll* verantwortlich, denn ohne Ihre Beteiligung gäbe es keine Ergebnisse. Wenn Sie sich von der Empfangsseite her in den Polaritäts-Prozeß eingeschaltet finden, können Sie wählen, aufzuhören oder weiterzumachen. Sie können nicht aufhören, bis Ihnen klar ist, daß Sie eingeschaltet sind. Seien Sie also verantwortlich und nehmen Sie Notiz davon; dann halten Sie an. Wenn Sie bereit sind, den Polaritäts-Prozeß zu beachten, bevor Sie sich an ihm beteiligen, brauchen Sie nie wieder in einen Streit verwickelt zu werden. Ich meine *nie wieder*.

Merken Sie, daß ich Ihnen nicht gesagt habe, Sie sollten aufhören, zu kommunizieren. Alles hängt jedoch davon ab, was Ihr Ausgangspunkt ist. Wenn Sie von der Haltung ausgehen, daß Sie recht haben und der andere unrecht, dann steht Ihnen ein langer, schmerzhafter Prozeß bevor. Gehen Sie von Kommunikation und Bereicherung der Beziehung aus. *Natürlich* sollen Sie kommunizieren!

Sagen Sie, was Sie zu sagen haben. Drücken Sie sich wirklich aus. Vollständig. Sie können sogar laut werden und mit den Füßen stampfen, wenn Sie von Kommunikation und Bereicherung ausgehen, wird alles funktionieren. Wenn Ihr Ausgangspunkt aber Polarität ist, können Sie lieb und sanft sein, und die Situation wird sich in Windeseile verschlechtern. Und Sie gehen nicht von Kommunikation und Bereicherung aus, um zu beweisen, wie nett und gut Sie sind und wie recht Sie haben. Sie machen das, weil es funktioniert.

Sehen Sie, wenn Sie ein wirklich effektiver Mensch sein wollen, müssen Sie wachsen, um einen Kontext zu schaffen, der groß genug ist, *alle* Standpunkte bezüglich der Angelegenheiten, mit denen Sie im Leben zu tun haben, zu umfassen. Wenn Sie andere als im Unrecht seiend definieren müssen, dann verkleinern Sie den Raum, in dem diese existieren, ein *wenig* und Sie verkleinern den Raum, in dem Sie existieren, *erheblich.* Erweitern Sie Ihr Leben. *Beziehen* Sie die Art und Weise wie andere Menschen sind *mit ein.* Seien Sie umfassend, nicht ausschließend.

Ich will Ihnen den polaren Gegensatz zu Ihrem perfekt funktionierenden Leben zeigen. Der polare Gegensatz ist: rechthaberisches Beurteilen von anderen, Polarisierung und Ausschließlichkeit. Wenn Sie in dieser Fallgrube sind, haben Sie nicht unrecht, und ich möchte, daß Sie wissen, wo Sie sind und was die Konsequenzen sind. Und Sie sind dort, weil Sie Ihren Weg gewählt haben, dort hineinzukommen. ■

Kapitel Neun:

Versuchen

Das Leben funktioniert natürlicherweise perfekt, wenn Sie bereit sind, es zu lassen. Wenn Sie versuchen, lassen Sie es nicht natürlich perfekt sein.

„Versuchen" ist ein vom Verstand erschaffener geistiger Zustand. Synonyme sind u.a. „Kämpfen" und „Sich Mühe geben". Versuchen wird charakterisiert durch: (1) ein Gefühl der Frustration, (2) ein Gefühl der Vergeblichkeit, (3) Entschlußlosigkeit, (4) einen Zustand ohne Zufriedenheit und (5) ohne Ergebnisse. Trotz dieser trostlosen Aussicht werden Sie von denen, die es besser wissen sollten, ermahnt, „Ihr Bestes zu versuchen". Das Leben *kann* funktionieren, wenn Sie im Zustand des Versuchens sind, aber genau wie beim Glauben funktioniert es trotz und nicht aufgrund Ihres Versuchens.

Versuchen dient dem Zweck, das Element des Opfers in die Erledigung der Lebensaufgaben einzuführen. Warum sollte Opfer Bestandteil Ihres Lebens sein? Zum einen gibt es Ihnen recht. Sie können anderen gegenüber die Rolle des Opfers spielen und, wenn diese Ihnen das abkaufen, deren Mitleid erhalten. Der Lohn liegt somit in der Beziehung zu anderen. Versuchen enthält eine eingebaute Entschuldigung, so daß Sie, wenn Ihnen Ihr Vorhaben nicht gelingt, sagen können „Na ja, ich hab's aber versucht"! Als nächstes führen Sie dann den „Grund" an, weshalb Sie das Ergebnis nicht erreicht haben und dies ersetzt das Erreichen des Ziels.

Bringen Sie Versuchen und Tun nicht durcheinander. Im Gegensatz zu dem, was Ihnen beigebracht worden ist, besteht zwischen den beiden kein natürliches Verwandtschaftsverhältnis. Wenn Sie eine Aufgabe erledigen und

„sich große Mühe gegeben haben“, ist das Ergebnis das gleiche, wie wenn Sie die Aufgabe ohne Anstrengung erledigt hätten. Was im Leben wirklich zählt, sind die Ergebnisse. Um beim Erledigen einer Aufgabe bestmögliche Ergebnisse zu erzielen, ist es ratsam, allen unnötigen Ballast fallen zu lassen. Der Zustand des Versuchens ist unnötiger Ballast und zieht Sie nur runter.

Wenn Sie das gelesen haben, fragen Sie sich vielleicht, was Sie damit anfangen sollen. Nun, folgendes: *Hören Sie auf, sich zu beklagen.* Sich beschweren ist ebenfalls zusätzlicher Ballast, der Sie runterzieht. Hören Sie auf, sich zu beklagen, zunächst bei anderen und letztendlich bei sich selbt. Wenn Sie sich für die Schaffung eines Zustands des Opferns in Ihrem Leben entscheiden, dann ist das Ihr gutes Recht. Ich versichere Ihnen aber, daß andere, obwohl es manchmal den Anschein haben kann, nicht wirklich an Ihren Opfern interessiert sind.

Beachten Sie, daß ich Ihnen kein einziges Mal gesagt habe, mit dem, was Sie tun, aufzuhören und etwas anderes zu tun. Ich gebe Ihnen schlichtweg den Rat, das Versuchen bei dem, was Sie tun, wegzulassen. Wen interessiert es, ob Sie etwas „versuchen“? Ich versichere Ihnen, mich nicht. Ich werde die Ergebnisse nehmen, vielen Dank, und nicht wie sehr Sie sich aufgeopfert haben, um diese Ergebnisse zu erzielen. Richten Sie Ihre Aufmerksamkeit auf das, was zählt, anstatt auf das, was nicht zählt. Wissen Sie, es ist wirklich in Ordnung, das, was Sie im Leben haben wollen, ohne Aufopferung zu bekommen. Wir werden es auch nicht weiter erzählen, daß Sie nicht gelitten haben, um es zu bekommen.

Die fundamentale Wahrheit, die Sie erleben müssen, um „Versuchen“ aus Ihrem Leben zu schmeißen, ist, daß das Leben *natürlicherweise* funktioniert, wenn Sie bereit sind, es zu lassen. Vielleicht funktioniert es nicht so, wie Sie sich das gedacht hatten, aber es wird funktionieren. Es ist sogar so, daß Sie *etwas tun* müssen, um es zu vermurksen. Dies ist so, ob Sie es „glauben“ oder nicht. Folgendes sollten Sie wirklich mitkriegen: Lösungen sind nichts als das Material, mit dem Sie mehr Probleme konstruieren. Es ist nicht notwendig, daß Sie noch mehr Ballast hinzufügen, indem Sie fester glauben oder intensiver versuchen.

Was funktionieren wird, ist, Extraballast fallen zu lassen, so daß Ihr Weg durchs Leben erleichtert/erleuchtet wird, und Sie natürlich zum Ziel kommen können, wie es beabsichtigt war. ■

Kapitel Zehn:

Gründe

Gründe helfen Ihnen nur, vernünftig zu erscheinen. Sie haben nichts mit dem Erreichen dessen zu tun, was Sie im Leben wollen.

Gründe, gleichbedeutend mit „Rationalisierungen“, sind die Vorstellungen und Gedanken, die wir uns selbst vorsagen, um zu erklären, wie die Verhältnisse sind, wenn wir nicht bereit sind, dafür, wie die Verhältnisse sind, die Verantwortung zu tragen. Gründe dürfen nicht mit der wahren Ursache verwechselt werden. Wahre Ursachen sind wahre Ursachen. Gründe sind Entschuldigungen. Sie helfen Ihnen, „vernünftig“, „begründet“ zu klingen und geben Ihnen fälschlicherweise ein Gefühl der Sicherheit, im Recht zu sein. In der Welt der Übereinstimmung geben Gründe Ihnen recht und anderen unrecht.

Es ist für Sie wichtig zu wissen, aus welchem Material Gründe gemacht sind. Das Material wird „Nichts“ genannt. Gründe sind nur dem *Anschein* nach aus etwas erschaffen. Bei genauem Hinsehen zeigt sich jedoch, daß sie lediglich aus anderen Gründen gemacht sind. Das charakteristische Merkmal, das Gründe von wahren Ursachen unterscheidet, ist, daß sie die Dinge nur rückblickend erklären. Das heißt, sie erklären die Vergangenheit, aber nicht die Zukunft. Wahre Ursache sagt Zukunft zuverlässig voraus.

Lassen Sie uns einige Beispiele ansehen. Wenn Sie meinen, Sie wären mit Ihrem Mann nicht glücklich wegen der Art und Weise, wie Ihr Vater Sie behandelt hat, als Sie klein waren, dann ist alles, was auf das Wort „wegen“ folgt, ein Grund. Es ist das „Zeug“, das Sie als Antwort auf die

Frage „Warum?“ geben werden. Sie sind die wahre Ursache in dieser Angelegenheit des Unglücklichseins mit Ihrem Mann. Wenn Sie es vorziehen, nicht für Ihr Erleben Ihres Mannes verantwortlich zu sein, dann können Sie Ihren Vater oder Ihren Mann als Grund für Ihr Unglücklichsein angeben. Wenn Sie sich deprimiert fühlen, weil Ihr Vorgesetzter Sie gemein behandelt, ist alles, was auf „weil“ folgt, ein Grund. Tatsächlich erzeugen Sie Ihre Depression und geben Ihren Chef als Grund an.

Sehen Sie, wenn Sie wissen, wer Sie sind, sind Sie tatsächlich so umfassend, daß kein Grund außerhalb von Ihnen existiert. Wenn Sie mitkriegen können, was ich hier sage, möchte ich, daß Sie wissen, daß Ihr Leben anfängt, sich vollständig aufzuklären. Wenn Sie es nicht mitbekommen, kommen Sie nächstes Jahr wieder. Vielleicht sind Sie dann verantwortungsbereit. Wissen Sie, Sie sind so groß, daß Sie nicht nur Ihr Erleben des Lebens verursachen, Sie sind sogar so groß, daß Ihr gesamtes Erleben des Lebens in Ihnen ist. Sogar die Gründe, die Sie erfunden haben, um zu erklären, wie die Dinge in Ihrem Leben sind, liegen in Ihnen. Sie haben nicht nur Ihr Erleben Ihres Lebens verursacht, Sie haben auch die Gründe verursacht, die Ihrer Meinung nach erklären, warum es so ist, wie es ist.

In Bezug auf Gründe gibt es etwas, dessen Sie sich bewußt sein sollten: Gründe funktionieren nicht. Sie erlauben Ihnen nicht, in Ihrem Leben Zufriedenheit zu erleben. Sie erzeugen lediglich Bitterkeit und eine Entschuldigung, anderen unrecht zu geben. Weil Gründe nichts bringen, möchte ich, daß Sie sie aufgeben. Ich meine nicht, sie nicht zu haben. Ich meine, sie einfach als das zu erkennen, was sie sind: Überzeugungen, die Sie sich ausgedacht haben. Ihr(e) Mutter, Vater, Bruder, Schwester, Mann, Frau, Freundin, Freund verursachen nicht, was Sie erleben. SIE TUN DAS.

Ich werfe Ihnen nicht vor, schlecht zu sein, wenn Sie in Ihrem Leben viele Gründe anstelle dessen, was Sie haben wollten, haben. Ich *bin* dabei, Ihnen zu sagen, daß Gründehaben nichts bringt. Beschuldigungen sind für die Dinge, deren wir uns nicht sicher sind. Ich bin mir *sicher*, daß Sie Ihr Erleben des Lebens verursachen. Ich bin mir auch sicher, daß Sie eine Reihe von Gründen ausfindig gemacht haben, von denen Sie meinen, sie hätten Ihr Erleben verursacht. Ein Grund kann eine Kette „logischer Gedanken“ oder eine Person sein. Ebensogut können es Umstände oder Ereignisse sein. Es gibt nichts, was jemand nicht in einen Grund für sein oder ihr Erleben verwandelt hätte. Wenn Sie also reich oder arm, heiß oder kalt, grün oder gelb waren/sind, nichts davon ist die wahre Ursache für Ihr Erleben des Lebens.

Ich behaupte nicht, daß Ihnen nicht auch Umstände aufgezwungen worden sind. Sehr wahrscheinlich ist das so. Was ich Ihnen sage, ist, daß das, was Sie aus ihnen gemacht haben, *das ist, was Sie aus ihnen gemacht haben.* Sie sind der wahre Grund; es gibt keinen anderen. Wenn Sie anfangen, das mitzubekommen, passen Sie auf, daß Sie das nicht als Bürde oder als Orden herumtragen. Was Sie im Leben erleben, ist nicht falsch, selbst dann nicht, wenn Sie *nie* zufrieden sind. Es ist auch nicht so, daß eine Art besser wäre als die andere, seien Sie also nicht von Stolz und Arroganz erfüllt, wenn Ihr Erleben des Lebens meistens glücklich ist. Ich möchte einfach nur, daß Sie mitbekommen, WER es tut, daß heißt, wer für Sie das Erleben des Lebens erschaft. Wenn Sie mitkriegen, wer das tut, fangen „Gründe“ an, wegzufallen und Ihr Leben fängt an, zu seinem rechtmäßigen Eigentümer: Ihnen zurückzukehren. Solange Gründe ursächlich für Ihr Erleben sind, gehört Ihr Leben nicht Ihnen. Sie haben es weggeben, um Entschuldigungen zu haben. ■

Kapitel Elf:

Rechtfertigungen

Sie müssen so enorm groß sein, wie Sie sind, um andere recht haben zu lassen.

Eine Rechtfertigung ist das Vermischen von Gründen, in dem Bemühen, sie als logisch miteinander verknüpft erscheinen zu lassen. Mittels dieses Verfahrens versucht der Verstand, seine Haltungen als die „richtigen" zu etablieren und von anderen in Bezug auf die „Richtigkeit" seines „Zeugs" Zustimmung zu erhalten.

Das, was gerechtfertigt wird, ist nicht direkt erlebbar, sonst bestände keine Notwendigkeit, es zu rechtfertigen. Nur die Dinge, die nicht direkt erfahrbar sind, werden vom Verstand als Haltungen festgehalten. Natürlich ist es möglich, eine Wahrheit zu nehmen und sie zu einer Haltung zu machen. Es besteht jedoch keine Notwendigkeit eine solche Haltung zu verteidigen. Wenn etwas wahr ist, ist Rechtfertigung wahrhaftig überflüssig.

Deshalb können Sie immer erkennen, wenn jemand etwas verteidigt (rechtfertigt), was unwahr ist: Sie werden viel zu viel lauten Protest aus jener Richtung hören. Ebenso leicht erkennbar ist es, wenn jemand etwas verteidigt (rechtfertigt), was wahr ist: Die betreffende Haltung wird leicht für die Wahrheit der Sache, die für sich selbst spricht, aufgegeben.

Es erfordert menschliche Größe, eine einmal, gegenüber etwas, was nicht wahr ist, eingenommene Haltung aufzugeben. Es erfordert einen wirklich fähigen Menschen, anderen zu gestatten, „recht" zu haben. Wenn Sie hören, wie jemand seine Rechtfertigungen abspult, um zu zeigen, wie sehr er recht und Sie unrecht haben, müssen

Sie genau so enorm groß sein, wie Sie sind, um dies so sein lassen zu können. Der Verstand hat einen eingebauten Reflex, der lautet: „Gib denen, die mit deinen Überzeugungen nicht übereinstimmen, unrecht". Was nichts bringt, ist folgendes: Zu versuchen, jemanden vom Abspulen seiner Rechtfertigungen bezüglich der Richtigkeit seiner Haltungen abzubringen. So werden die betreffenden Haltungen nur gestärkt.

Was sehr wohl etwas bringt, ist folgendes: Rechtfertigungen ablaufen zu lassen. Sie haben keine natürliche Energiequelle und sind für ihr Weiterbestehen von Widerstand abhängig. Vielleicht haben Sie schon bemerkt, daß sich jemand, der Ihnen erzählt, wie sehr er recht hat, wie eine Schallplatte anhört. Das liegt daran, daß das, was Sie hören, eine Plattenaufnahme *ist.* Derjenige erzeugt das, was er sagt, nicht von Augenblick zu Augenblick neu, sondern wiederholt lediglich, was er gehört oder vorher einstudiert hat. Dieser Vorgang hat die Tendenz, ziemlich schnell abzulaufen, wenn nicht widersprochen wird. Ich weiß, daß es so *aussieht,* als ob Leute, die Ihre Haltungen rechtfertigen, sich selbst ins Rechthaben investiert hätten. Ich garantiere Ihnen aber, daß es nur deren Verstand ist, der eingerastet ist. Lassen Sie sie im „Recht" sein. Was kümmert Sie es, wer „recht" hat?

Was aber, wenn Sie derjenige sind, der sich rechtfertigt? Was machen Sie dann? Nun, wenn Sie bewußt genug sind, um zu bemerken, daß das es ist, was Sie tun, dann haben Sie schon die Möglichkeit, zu wählen. Sehen Sie, nur wenn Sie nicht wissen, was Sie tun, sind Sie nicht in der Lage, anzuhalten. Wenn Sie sich entscheiden, sich weiterhin zu rechtfertigen, werden Sie eine Veränderung Ihres Erlebens des Vorgangs bemerken. Er wird nicht mehr ernst sein. Ihrem Erleben nach wird er leicht, vielleicht sogar albern werden. Vielleicht kugeln Sie sich vor Lachen. Aber dahin kommen Sie erst, wenn Sie merken, daß Sie eine Platte abspielen und nicht Sie selbst sind.

Hier nun, was Sie mit Ihren Haltungen machen können. Erstens, werden Sie sich bewußt, daß Sie sie haben. Erkennen Sie dann, daß Sie sie mit Rechtfertigungen festhalten. Dann seien Sie diesbezüglich erleichtert/erleuchtet. Erinnern Sie sich, wenn das, was Sie „glauben", wahr ist, brauchen Sie es nicht zu glauben. Wenn das, was Sie glauben, tatsächlich wahr ist, wird sich dies am Ende schon zeigen, ob Sie Ihre Energie mit Rechtfertigen verschwendet haben oder nicht. Wenn das, was Sie glauben, nicht wahr ist, wird sowieso nichts draus, egal wieviel Energie Sie mit Rechtfertigen verschwendet haben. Also entspannen Sie sich, Ihre Haltungen sind nicht relevant. Schenken Sie denen keinen Glauben. Verlassen Sie sich auf das, was direkt erlebt werden kann. Schließlich lassen Sie Ihre Einstellungen gehen, und hören Sie auf, sie zu rechtfertigen. Das ist alles nur Extra-Ballast auf Ihrer Lebensreise. Seien Sie erleichtert/erleuchtet. Das Leben funktioniert besser, wenn Sie nicht durch Haltungen, die Sie meinen rechtfertigen zu müssen, belastet sind. ■

Kapitel Zwölf:

Intention

Sie bekommen immer genau das, was Ihrer Intention entspricht.

Intention ist ein Phänomen, das sich außerhalb des gewöhnlichen Bewußtseins abspielt und dessen Zweck es ist, den Kurs der Ereignisse in Ihrem Leben zu bestimmen. Man bekommt immer das, was man intendiert, ohne Rücksicht darauf, was der Verstand dazu sagt. Intention wird auf einer Bewußtseinsebene formuliert, die dem Verstand nicht zugänglich ist. Wenn Sie mit dieser Bewußtseinsebene nicht in Kontakt sind, könnten sie von den Ereignissen, die Ihnen in Ihrem Leben passieren, überrascht werden. Was Ihnen im Leben passiert, mag Ihnen gefallen oder nicht, solange Sie jedoch nicht bewußt sind, werden Sie alles als Opfer erleben und keine Ahnung haben, daß Sie es verursacht haben. Andererseits, wenn Sie bewußt sind, wissen Sie, daß Sie alles Erleben in Ihrem Leben verursachen. Sie haben die Wahl, durch die Ereignisse in Ihrem Leben befriedigt und bereichert zu werden oder durch sie zum Opfer gemacht und verbittert zu werden. In beiden Fällen bekommen Sie die Erlebnisse, die zu bekommen Sie intendiert haben.

Wenn Sie eine Ahnung haben, wovon wir hier sprechen, jedoch nicht bewußt genug sind, um zu wissen, daß Sie Ihr eigenes Erleben verursachen, sind Sie wahrscheinlich daran interessiert, zu erfahren, wie Sie sich da „einschalten" können. Ich werde es Ihnen ohne Umschweife sagen, so daß Sie es wissen werden. Einschalten tun Sie sich durch die *Bereitschaft zu erleben*, daß Sie tatsächlich die

Quelle Ihres Erlebens im Leben sind, *selbst* wenn es dem Anschein nach ein anderer ist und Sie nicht wollen, was Sie bekommen.

Ich möchte, daß Sie eine Übung machen, deren Zweck es ist, Sie die Tatsache erleben zu lassen, daß Sie die Quelle Ihres Erlebens im Leben sind. Nehmen Sie einen Gegenstand und legen Sie ihn vor sich hin. Es spielt keine Rolle was für einen Gegenstand. Es kann jeder Gegenstand, so auch dieses Buch, sein. Jetzt beantworten Sie die folgenden Fragen. Welche Form hat dieser Gegenstand? Ist es angenehm für Sie, ihn anzusehen? Wieviel ist er wert? Würde er ein gutes Geschenk für jemanden abgeben? Jetzt haben Sie ein Erleben des Gegenstandes. Wer hat das Erleben verursacht? War das Ihre Mutter? Wie steht's mit Ihrem Vater? Oder vielleicht Ihr bester Freund? Vielleicht hat der Gegenstand selbst ein Erleben von sich geschaffen und es Ihnen aufoktroyiert? Klingt albern, oder? Offenkundig haben Sie das Erleben des Gegenstandes geschaffen. Und trotzdem marschieren die meisten von uns durch's Leben, ohne für unser Erleben desselben verantwortlich zu sein.

Stellen Sie sich die Person vor, die Sie nicht leiden können. Sie wissen schon wen, die, die Sie nicht mehr sehen oder sprechen wollen. Wer meinen Sie hat Ihr Erleben dieser Person verursacht? Ihre Mutter? Ihr Vater? Ihr bester Freund? Höchstwahrscheinlich meinen Sie, daß die Person, die Sie nicht leiden können, ein Erleben von sich selbst geschaffen hat und Ihnen dieses Erleben dann aufgezwungen hat. Klingt albern, oder? Natürlich sind Sie der Produzent dieser negativen Beurteilungen. Niemand hat Sie gezwungen, sie zu haben. Die Frage ist nicht, ob Sie oder ob Sie nicht für das Erschaffen Ihres Erlebens verantwortlich sind. Sie sind es, und das ist alles. Die Frage ist, ob Sie Ihre Verantwortung besitzen und anerkennen werden.

Wissen Sie, Sie haben – sogar in den Urteilen Ihres Verstandes – alle Information, die Sie brauchen, um Ihr Leben perfekt werden zu lassen. Ihnen stehen alle Tatsachen zur Verfügung. Wenn Sie die Tatsachen im Leben ignorieren, sind Sie für das, was dabei herauskommt verantwortlich. Die Methode, die Sie anwenden, um passieren zu lassen, was passiert, ist, daß Sie es vorziehen, diese

Tatsachen zu ignorieren und sich ihrer nicht bewußt zu sein. Natürlich *wollten* Sie die Wirklichkeit nicht ignorieren und *Sie haben das intendiert.*

Das bringt uns zu der Frage, was Sie im Leben haben möchten, was, wie Sie vielleicht bemerkt haben, nicht dasselbe ist, wie das, was Sie jeweils bekommen, das heißt, jeweils intendieren. Wünsche entspringen dem Verstand und die primäre Sorge des Verstandes ist, zu überleben und recht zu behalten. Das, was Sie sich wünschen, ist somit vom Verstand entworfen, um Sie in eine überlegene selbstgerechte Position zu bringen und Ihnen zu ermöglichen, besser zu überleben. Übrigens, Sie werden überleben. In dem Maß, in dem Sie bereit sind, zu erleben, daß Sie nicht eine bestimmte Person oder Sache „brauchen", um es zu schaffen, können Sie Ihre Intention nach dem richten, was Sie wollen. Dieser Zustand heißt: „Zufriedenheit".

Falls dies nicht möglich ist, das heißt, falls Sie nicht bereit sind, Ihr Überleben als vollendete Tatsache zu erleben, wird das, was Sie *intendieren*, und das, was Sie *wollen*, bestimmt nicht das gleiche sein. In einem solchen Fall gibt es für Sie nur eine Möglichkeit herauszubekommen, was Sie intendieren: abwarten. Was immer Sie beim Erleben Ihres Lebens bekommen, es ist das, was Sie intendieren. Dies ist ein Rückblick auf Ihre Intention und sagt Ihnen, was Ihre Intention *war*, nicht was sie *ist.*

Kümmern Sie sich nicht um Ihr Unbewußtes. Ihr Unbewußtes ist nicht die Quelle Ihrer Intention und falls Sie es für die Quelle halten, können Sie mit dem Spielen zahlreicher unnützer „Verstandesspiele" eine Menge Zeit vergeuden. Dennoch *ist* Ihre Bewußtlosigkeit das Hindernis zwischen Ihnen und Ihrem klaren Erkennen Ihrer Intentionen. Das Unbewußte wohnt im Verstand und besteht aus all den Informationen, die den Unwahrheiten widersprechen, die Ihr Verstand im Laufe der Jahre erzählt hat. Das Unbewußte ist Ihnen nicht zugänglich, kümmern Sie sich also nicht drum. Kümmern Sie sich um das, was Ihnen sehr wohl zugänglich *ist*, das heißt, um das, was bewußt ist. Wenn Sie anfangen, bezüglich des Bewußten ständig die Wahrheit zu sagen und für Ihr Erleben im Leben verantwortlich zu sein, wird das Unbewußte für sich selbst Sorge tragen, indem es sich auflöst.

Beachten Sie, daß ich Ihnen sage, für Ihr *Erleben* des Lebens verantwortlich zu sein. Ich weiß, daß im Leben Dinge passieren, deren Tatsächlichkeit Sie nicht verursachen. Was Sie verursachen, ist Ihr *Erleben* dessen, was passiert. Sie sind für das, was Sie daraus machen verantwortlich. Wenn Sie mitten in einer schwierigen Lebenssituation stecken, dann ist es Ihre Aufgabe, deren Wert zu erkennen und umzusetzen und nicht, Ihre „Liste", warum aus Ihrem Leben nichts geworden ist, um einen weiteren „Grund" zu verlängern. Andererseits möchte ich, daß Sie wissen, daß Sie nicht gezwungen sind, Wert zu erkennen und umzusetzen. Sie können sich auch dafür entscheiden, das nicht zu tun. Sie haben die Wahl. Seien Sie einfach für die Wahl, die Sie treffen, verantwortlich. Sie *werden* bekommen, was Sie intendieren. ■

Kapitel Dreizehn:

Vollkommenheit und Ihre Opfer-story

Vollkommenheit ist Ihre wahre Wesensart

Ich möchte Sie an etwas erinnern, was Sie vor langer Zeit wußten, als Sie klein waren, und was Sie vergessen haben: Sie sind perfekt. Schauen Sie sich das nächste kleine Kind an, das Sie sehen – und Sie können direkt erleben, daß Menschen vollkommen sind. Sie *sind* perfekt, sogar *Sie*. Das ist so klar, wie nur irgend etwas. Ebenso klar ist die Tatsache, daß es Hindernisse gibt, die das Erleben und Ausdrücken dieser Vollkommenheit blockieren, Hindernisse, die „Überzeugungen, daß Sie weniger als perfekt sind" genannt werden. Erinnern Sie sich daran, daß Sie bezüglich dessen, was wahr ist, keine Überzeugungen haben. Was wahr ist, ist direkt erlebbar und kommt ohne Dranglauben aus. Wenn Sie also glauben, nicht perfekt zu sein, macht mir das keine Schwierigkeiten. Ich erwarte es sogar. Wo aber kommt so eine absurde Überzeugung her?

Jemand, den Sie geliebt haben, und der Sie liebte, hat Ihnen etwas über Ihre angebliche Unvollkommenheit gesagt, und *Sie haben es geglaubt*. Es gab kein Problem, bis Sie anfingen, es zu glauben. Dann gab es ein Problem. Um all jene, von denen Sie in diesen frühen Lebensjahren abhängig waren, dominieren und manipulieren zu können, haben Sie aufgegeben, Sie haben zugestimmt, um zurechtzukommen. Jetzt zahlen Sie den Preis dafür, daß Sie damals aufgegeben haben. Ich möchte betonen, daß *Sie* das getan haben. Niemand hat es Ihnen angetan, ganz gleich wie „angemessen" es auch scheinen mag, es so auszudrücken. Sie mußten keine negativen Meinungen von sich selbst entwickeln. Sie haben das getan, um jemanden zu dominieren. Wenn Sie heute sagen, daß jemand Ihnen das angetan hat, dann tun Sie nichts anderes, als sich selbst zu entschuldigen und zu begründen, warum sich jetzt nichts verändern kann. Die Wahrheit bewirkt etwas. Zu sagen, daß jemand anders für Ihre Negativität verantwortlich ist, bewirkt nichts; deshalb ist es nicht wahr. Was ich mit der Formulierung, „es bewirkt nichts“ meine, ist, daß zu sagen, jemand anders sei für Ihre Negativität verantwortlich, nichts für das Umkehren Ihrer Negativität tut, so daß Sie im natürlichen Zustand der Zufriedenheit sein können. Nur selbst die Verantwortung dafür übernehmen bewirkt etwas. Sie können sich für den Rest Ihres Lebens kleine positive Sprüche über sich selbst vorsingen; solange Sie nicht bereit sind, für Ihre Negativität verantwortlich zu sein, hilft gar nichts. Was Sie dann haben, ist eine Masse Negativität, eingekapselt in eine Menge positiver Sprüche. Wenn Sie aber – im Kontext der Verantwortung – die Wahrheit über sich selbst sagen, dann werden die Unwahrheiten, die Sie in Ihrem Verstand vergraben haben, zur Überprüfung an die Oberfläche getrieben werden. Sie werden sich Ihrer eigenen Großartigkeit, die Stolz und Scham transzendiert, sehr bewußt werden.

Fangen Sie deshalb mit dem an, was tatsächlich geringe Selbstachtung erzeugt: Hören Sie auf, anderen die Schuld zu geben. Wenn Sie dazu bereit sind, hören Sie als erstes damit auf, sich bei anderen zu beklagen. Es will sowieso niemand wirklich Ihre Opfer-story hören. Erzählen Sie sich die selbst, solange wie Sie müssen, aber behalten Sie sie für sich. Wenn Sie das tun und erleben, daß Sie Verursacher Ihres eigenen Lebens sind und immer waren, dann wird – so versichere ich Ihnen – alles anfangen, sich *natürlicherweise* für Sie zu klären, ohne „versuchen“. Sagen Sie weiterhin, daß Sie ein Opfer sind und es wird sich niemals aufklären, ganz gleichgültig wie gut Ihre „Gründe“ für eine solche Sichtweise sind. Denken Sie daran, es hat Jahre gebraucht um eine „Opfer-Nummer“ einzustudieren. Die wird sich nicht in der allerersten Minute, in der Sie anfangen, die Wahrheit zu sagen, auflösen. Vielleicht haben Sie *viel* „Zeug“ durchzuarbeiten. Das kann lange dauern und im Leben mehrere Veränderungen erfordern.

Seien Sie geduldig und sagen Sie die Wahrheit und Ihr Leben wird für sich selbst sorgen.

Wenn ich Sie auffordere, nicht Ihre Opfer-Nummer abzuziehen, indem Sie sich bei anderen beklagen, heißt das nicht, daß ich Sie auffordere, aufzuhören zu kommunizieren. Tatsächlich fordere ich Sie zu mehr Kommunikation auf. Natürlich sollen Sie kommunizieren. Teilen Sie Ihr Erleben des Lebens mit anderen, sogar jene Erlebnisse, deren Sie sich aus der Vergangenheit erinnern. Da mit der Vergangenheit sowieso nichts mehr gemacht werden kann, können Sie sich ihr auch ebensogut erfreuen und andere daran teilhaben lassen. Entwickeln Sie ein Bewußtsein davon, was Ihre Opfer-story und was Ihr direktes Erleben des Lebens ist. Wenn Sie dann merken, daß Ihr Mund Ihre Opfer-story bringt, machen Sie ihn zu. Unter diesen Umständen ist Stille wirklich schön. Genießen Sie sie. Seien Sie erleichtert in Ihrem Stillsein.

Seien Sie in Bezug auf Ihre gesamte Opfer-Nummer leicht, erleuchtet. Es ist wirklich nichts Schwerwiegendes, daß Sie eine haben. Wenn es das wäre, würden wir Sie ins Gefängnis schicken. Tatsächlich hat jeder, den ich kenne, eine oder hatte zumindest eine. Zu seiner Zeit war es ein interessantes Selbsterhaltungs-Spiel, und jetzt gibt es für Sie ein neues Spiel und das heißt: „Das ist es“. Was ich mit „Das ist es“ meine, ist, daß Sie die natürliche Lebensfreude weitaus häufiger erleben werden, wenn Sie das Leben so spielen, als ob es das einzige wäre, das Sie haben. Das ist es, wissen Sie.

Ihr wahres Wesen ist vollkommen. Ich meine nicht beinahe vollkommen, ich meine absolut 100% vollkommen, und Ihr natürlicher Zustand ist der der Freude. Sie brauchen keine Mantras zu singen, um das zu wissen. Sie müssen überhaupt nichts tun, um dies zu wissen, außer es wissen. Sie sollten ebenfalls wissen, daß das andere Zeug, das Sie im Laufe der Jahre erfunden haben und jetzt als Last mit sich herumschleppen, so ist, wie es nicht ist. Also *kriegen* Sie's mit! Sie *sind* perfekt! Jetzt! Ob Sie's „glauben“ oder nicht.

Beherzigen Sie auch, daß andere Menschen vollkommen sind *und* daß auch sie Blockaden haben, die sie am Erleben und Ausdrücken dieser Vollkommenheit hindern. Behandeln Sie sie zur Abwechslung mal als die perfekten Wesen, die sie sind, damit sie eine Chance haben, ihre Vollkommenheit Ihnen gegenüber zu manifestieren. Seien Sie erleichtert/erleuchtet. Seien Sie verantwortlich. ■

Kapitel Vierzehn:

Wirklichkeit

Was ist, ist. Was nicht ist, ist nicht.

Wirklichkeit ist, was ist und ist nicht, was nicht ist. Sie existiert selbständig und kümmert sich nicht darum, ob Sie von Ihr Notiz nehmen oder nicht. Wirklichkeit ist die Sammlung unveränderlicher Gesetze, die die Welt regieren. Schwerkraft ist Wirklichkeit. Die gedruckte Seite vor Ihnen ist Wirklichkeit. Die Beziehungen, die Sie genau zum jetzigen Zeitpunkt in Ihrem Leben haben, sind Wirklichkeit. Das sind alles Manifestationen des grundlegenden Gesetzes, das die Welt regiert: WAS IST, IST; WAS NICHT IST, IST NICHT.

Unwirklichkeit ist, was nicht ist. Der scheint es etwas auszumachen, ob Sie sie bemerken oder nicht. Unwirklichkeit ist die Ansammlung von Verstandes-Zeug, die jederzeit veränderbar ist. Zu wünschen, daß Dinge anders wären, ist Unwirklichkeit. Das Buch, das Sie genau jetzt nicht lesen, ist Unwirklichkeit. Die Beziehungen, die Sie zum jetzigen Zeitpunkt nicht in Ihrem Leben haben, sind Unwirklichkeit.

Wenn es der Wirklichkeit auch gleichgültig ist, ob Sie sie bemerken oder nicht, so sollte es *Ihnen* besser nicht gleichgültig sein, ob Sie sie wahrnehmen oder nicht. Die Wirklichkeit nicht wahrzunehmen bedeutet, daß Ihr Leben direkt auf Nicht-Funktionieren zusteuert, das heißt, in einem Zustand der Unzufriedenheit zu sein. Wie oft haben Sie auf den Beziehungen bestanden, die Sie nicht haben, und die ignoriert, die Sie haben? Wie oft haben Sie sich nach dem Job gesehnt, den Sie nicht haben, und den vernachlässigt, den Sie haben? Wann war das letzte Mal, daß Sie sich gewünscht haben, andere Eltern zu haben, und denen, die Sie haben, keine Aufmerksamkeit schenkten. Und wie steht's mit woanders wohnen wollen? Das würde das Leben erheblich verbessern, nicht wahr? Wie wär's mit jemandem, der gerade mal so vorbeikommen und Sie ganz und gar retten würde? Das wäre schön, nicht wahr?

Nun, ich habe eine Nachricht für Sie, die ebenfalls unveränderlich Wirklichkeit ist: Niemand wird Sie je retten. Nur wenn Sie die Wirklichkeit erkennen und sich ihr anschließen, werden Sie erleben, „gerettet" zu sein. Es ist relativ einfach, sich diesbezüglich Erfolgserlebnisse zu verschaffen: Paddeln Sie einfach flußabwärts, im Fluß mit den Dingen, wie sie sind und nicht stromaufwärts, gegen die Dinge, wie sie sind. Entweder Sie selbst werden dies für sich tun oder niemand wird es tun.

Das ist alles, was ich über Wirklichkeit als solche sagen werde. Bitte beachten Sie jedoch, daß dieses ganze Buch von Wirklichkeit handelt. „Wirklichkeit" ist einfach ein anderer Name für Wahrheit. Worum es in diesem Buch geht, ist Wirklichkeit bzw. Wahrheit. Nur wenn Sie Wahrheit wahrnehmen und ihr Raum geben zu sein, ist sie offensichtlich. Der Verstand ist nicht dafür ausgestattet, das zu tun, da er eine Richtig/Falsch-Maschine ist, die nur an Rechthaben und Überleben interessiert ist. Wenn Wirklichkeit bemerkt werden soll, müssen *Sie* das tun, da Ihr Verstand dies nicht kann. Wenn Sie Ihrem Verstand das Zepter überlassen, wird er einen Zustand der Unwirklichkeit schaffen, um recht zu haben. Der Preis, den Sie für das Rechthaben Ihres Verstandes zu zahlen haben, ist, mangelnde Klarheit über das, was wirklich ist im Leben. Eines Tages werden Sie bemerken, daß der Preis zu hoch ist, und Sie werden ihn nicht mehr zahlen. ■

Kapitel Fünfzehn:

Krankheit

Um Krankheit zu vermeiden, bewohnen Sie Ihren Körper.

Unwohlsein ist eine vorübergehende Störung im Sinne des körperlichen Wohlbefindens, das vom Verstand in Zusammenarbeit mit äußeren Kräften erzeugt wird. Die zugrundeliegende Störung des Verstandes (beachten Sie, daß zum Verstand auch der Körper gehört) wird Krankheit genannt. Krankheit und Unwohlsein werden, so die allgemeine Auffassung, von äußeren Quellen erzeugt, und die Tatsache, daß das Individuum eine bedeutende Rolle beim Auslösen oder Beenden von Krankheit spielen kann, hat nur wenig Zustimmung gefunden. Angeblich sind das Dinge, die einem zustoßen und deren Auftreten man nicht verursacht. Dennoch hat jeder von uns schon mal das rasche Verschwinden einer Krankheit erlebt, nachdem ein interessanteres Spiel auf der Bildfläche erschienen war. Kinder, die offensichtlich krank sind, werden plötzlich gesund, wenn etwas auftaucht, an dem sie wirklich interessiert sind.

Natürlich gibt es Einflüsse in der Welt, wie Bakterien, Viren und Giftstoffe. Dennoch sind manche Leute weniger krankheitsanfällig als andere. Allein schon aus dieser Tatsache können wir ableiten, daß das Individuum einen wichtigen Beitrag zum Krankheitsverlauf liefert. Es erfordert ein hohes Ausmaß an Bewußtheit und Verantwortung, um sich auf eine Ebene jenseits von Glaubenssystemen in Bezug auf Krankheit zu begeben, und genau dies werden wir jetzt tun.

Die Wahrheit ist, daß, wenn Sie krank sind, Sie die Ursache der Krankheit sind. Bakterien, Viren oder Giftstoffe können dazu dienen, Sie zu stimulieren, und die Beschwerden, die wir Symptome nennen, sind die Antworten Ihres Körpers auf die Stimulanz. Wenn Sie nicht durch Ihren Körper antworten würden, gäbe es keine Krankheit. Alle Krankheiten sind psychosomatisch, und alle werden somatisch ausgedrückt. „Psychosomatisch" ist einfach ein anderer Ausdruck für Verstand/Körper oder, wie wir in diesem Buch sagen, Verstand. Sie erzeugen Krankheit durch Ihren Verstand, sogar die körperlichsten Leiden. Das Leiden kommt durch den Körper zum Ausdruck.

Sie vermitteln den Verlauf der Krankheit durch Ihren Verstand. Der Verstand paßt sich an, indem er eindrucksvolle Überzeugungssysteme rund um Krankheit entwikkelt. Wenn Sie eine „Erkältung" haben, dann sind Sie aufgrund Ihrer Überzeugung verpflichtet, die drei Tage lang zu haben. Wenn es „die Grippe" ist, sollte es etwas länger dauern und ein bißchen intensiver sein. Überzeugungen, Haltungen und Meinungen beherrschen den Ablauf der Krankheit. Nur in dem Maße, in dem Sie außerhalb Ihrer Glaubenssysteme handeln können, können Sie direkt mit Krankheit umgehen. Innerhalb der Grenzen des Verstandes sind Sie Opfer, völlig ausgeliefert, es wird *Ihnen angetan*, nicht durch *Sie getan*.

Der Verstand setzt Unwohlsein und Krankheit geschickt ein, um andere zu beherrschen und zu manipulieren. Diese Tatsache ist Ihnen wahrscheinlich schon halbbewußt. Die Vorteile von Krankheit für Machtausübung innerhalb von Beziehungen sind immens. Sie können sich der Erwartung, für das Einhalten Ihrer Absprachen – sogar in Bezug auf Routineaufgaben – verantwortlich zu sein, entziehen. Darüberhinhaus werden Sie häufig Gelegenheit haben, recht zu haben. Natürlich sind Sie überarbeitet, und Sie haben eine Krankheit, um das zu beweisen! Natürlich sollten die nicht soviel von Ihnen erwarten, wo es Ihnen so schlecht geht! Sie meinen vielleicht, ich würde mich hier nur darauf beziehen, wie Menschen Krankheiten manipulieren. Das tue ich nicht. Menschen *verursachen* ihre Krankheit. Wie vieles andere im

Leben, so vollzieht sich auch dieser Vorgang im Zustand der Unbewußtheit. „Zeug“ ist nicht nur irgendeine interessante Theorie von mir. „Zeug“ kann Sie wahrhaftig körperlich krank machen.

Ich kann Sie hier nur an das erinnern, was Sie schon wissen. Sie *wissen*, wann Sie Krankheiten verursachen und andere damit manipulieren. Sie wissen es sogar dann, wenn es Ihnen nicht bewußt ist. Alles, was Sie tun müssen, um es zu wissen, ist wissen. Lassen Sie uns dies zur nächsthöheren Stufe von Wachheit und Verantwortung nehmen. Es ist gut möglich, daß Sie einen Krankheitsprozess einleiten werden, der Sie gegebenenfalls aus dem „Verkehr“ ziehen wird. Wahrscheinlich sind Sie bereits dabei, dies zu tun. Sollte dies für Sie zutreffen, brauchen Sie nicht lange zu suchen, um zu sehen wie Sie das machen. Kleine Veränderungen in der Art und Weise, wie Sie essen, trainieren usw. haben tiefgreifende Langzeit-Auswirkungen auf Ihre Gesundheit, und Sie sind verantwortlich. All Ihre „Gründe“ für das, was passiert, sind nur Entschuldigungen für das, was Sie wirklich vorhaben.

Da Sie dasjenige Wesen sind, das Ihrem Körper am nächsten ist, sind Sie für alles verantwortlich, was sich innerhalb Ihres Körpers abspielt. Passen Sie auf, daß Sie dies nicht als Vorwurf oder Schuld lesen. Krankheit ist nichts Unrechtes, und Sie haben nicht unrecht, wenn Sie Krankheit in Ihrem Körper verursacht haben. Ihr Körper gehört Ihnen, und Sie können damit machen, was Sie wollen. Und es gibt Konsequenzen.

Obgleich an Gesundheit nichts richtig ist, neigen Leute dazu, wissen zu wollen, wie man sie erreicht. Ich werde Sie nicht mit Informationen langweilen, die Sie nachschlagen können. Ich will Ihnen bezüglich dessen, wie Sie in einem Zustand des Wohlbefindens bleiben können, die letztmögliche Wahrheit sagen. Bewohnen Sie Ihren Körper. Das ist alles. Es ist nicht schwierig. Bewohnen Sie Ihren Körper. Einen bewohnten Körper zu betreten, ist für Krankheit äußerst schwierig. Seien Sie hier in dieser Gestalt, bis Sie nicht mehr sind. Seien Sie bewußt. Seien Sie wach. Bewohnen Sie Ihren Körper. Sie können nichts Heiligenderes tun, als da zu sein, wo Sie sind, wenn Sie da sind. ■

BUCH ZWEI:

ERLEUCHTUNG
(Die guten Nachrichten)

Ein Wunder ist, was passiert, wenn Sie von einem Punkt Ihres Lebens zum nächsten gehen und plötzlich an Ihrem Bestimmungsort sind, ohne die Schritte getan zu haben, die Sie für notwendig gehalten hatten. Diese Bücher handeln von Wundern, die in Ihrem Leben geschehen. Das Leben ist ein Ort, an dem Wunder geschehen. Um in Ihrem Leben Wunder zu erleben, seien Sie lebendig.

Kapitel Eins:

Verantwortung

Sie sind schon für Ihr Leben verantwortlich, vollständig. Die einzige Frage ist: „Werden Sie das anerkennen?"

Es ist angemessen, daß dieser Abschnitt über Erleuchtung mit einem Kapitel über Verantwortung beginnt. Wahre Verantwortung *ist* Erleuchtung/Erleichterung. Falsche Verantwortung ist Verdunkelung oder Beschwerung. Jeder scheint zu denken, er kenne die Bedeutung des Wortes „Verantwortung". Meiner Erfahrung nach ist es, zusammen mit „Liebe", das am wenigsten verstandene aller Worte. Es ist somit nicht das, was Sie wahrscheinlich denken, das es ist.

„Verantwortung" ist die Bereitschaft, der Produzent all Ihrer Erlebnisse, auch derjenigen, die Sie nicht mögen, zu sein. Wenn Sie in Ihrem Leben ein Erlebnis kreieren, das Ihnen angenehm oder wertvoll erscheint, werden Sie nur zu gerne bereit sein, dafür verantwortlich zu sein. Sie sind vielleicht sogar „stolz" auf das, was Sie getan haben – und das ist ein Schritt weg von Verantwortung. Wenn Sie aber ein Erlebnis kreieren, das Sie für schlecht oder unangenehm halten, wird Ihr Verstand die Tendenz haben, seine Autorenschaft am Erleben zu verleugnen. Dann werden die Umstände oder jemand anders für das verantwortlich, was Sie erlebt haben. Beachten Sie, daß ich hier nicht auf tatsächliche Ereignisse im Leben Bezug nehme, sondern vielmehr auf Ihr *Erleben* derselben.

Wenn Sie nun meinen, Ihnen wären im Leben schlimme Dinge passiert, okay. Was ich in diesem Fall will, ist, daß Sie wissen, daß das eine Haltung ist, die einzunehmen Sie gewählt haben. Darüberhinaus sind Sie derjenige, der Sie als „schlecht" verurteilt hat. „Schlechte Erlebnisse" haben keine ihnen eigene Wahrheit. Sie sind Erfindungen des Verstandes, um Verantwortung zu vermeiden. Das sollte Ihnen als Hinweis in Bezug auf das dienen, was Verantwortung nicht ist.

Verantwortung ist nicht, sich deswegen schlecht zu fühlen. Gefühle sind nur Stützen für die Haltungen, die Ihr Verstand wählt, um recht zu haben. Ihr Verstand wird Ihnen also nicht nur Haltungen liefern, sondern – um recht zu haben – auch „Gefühle", um Ihre Haltungen zu unterstützen. Verantwortung ist also weder Schuld noch Scham. Wenn Sie sich schuldig oder beschämt fühlen, sind das nur Gefühle, die Haltungen unterstützen, und Sie sind immer noch einen Quantensprung von Verantwortung entfernt. Verantwortung ist kein Gefühl. Sie ist keine Haltung. Verantwortung ist nichts anderes als Verursacher anstatt Opfer Ihres Lebens zu sein.

Verantwortung ist kein Gefühl, aber sie ermöglicht entsprechende Gefühle. Verantwortung ist keine Haltung, macht aber entsprechende Haltungen möglich. Solange Sie daran festhalten, Opfer des Lebens zu sein, werden Sie Ihren Verstand zwingen, unangebrachte Haltungen einzunehmen, die zu ihrer Unterstützung unangebrachte Gefühle mit sich bringen. Schuld, Scham und Depression sind Beispiele solcher unangebrachten Gefühle.

Es sollte Ihnen klar werden, daß es Verantwortung ist, um die es geht. Ebenso klar ist, daß Verantwortung die Basis Ihres Seins ist, von der Sie herkommen, wie weit auch immer Sie sich davon entfernt haben mögen. Was ich meine, ist, daß Sie für Ihr Leben verantwortlich *sind*, ganz gleich, was Sie darüber sagen. Was Sie wollen, ist, im tatsächlichen Erleben der Verantwortung zu sein. Um dies zu erreichen, fangen Sie einfach an, die Wahrheit über das Leben zu sagen. Die Wahrheit ist, daß Sie es so einrichten, wie Sie es einrichten. Und das *ist weder schlecht; noch ist es gut*. Es ist einfach. Was Sie hiervon begreifen sollten, ist: Um tatsächlich im Erleben der Verantwortung zu sein, müssen Sie außerhalb der Beurteilungen Ihres Verstandes wirken. Das können Sie solange nicht, bis Sie sich von der Vorstellung lösen, Sie *seien* Ihr Verstand.

Nebenbei gesagt, verantwortlich zu sein, heißt nicht,

Vereinbarungen einzuhalten. Wenn Sie allerdings im Erleben der Verantwortung sind, werden Sie bemerken, daß alles, was Sie tun können, das Einhalten Ihrer Vereinbarungen ist, und zwar mühelos. ■

Kapitel Zwei:

Erleuchtung

Erleuchtung ist der natürliche Zustand des Lebens, nachdem Sie die unnatürlichen schweren und dunklen Zustände abgestreift haben.

„Erleuchtung“ ist, ganz ähnlich wie „Liebe“ und „Verantwortung“, ein häufig mißverstandenes Wort. Deshalb möchte ich, daß Sie diesbezüglich Klarheit haben, bevor wir weitergehen. Viele Leute scheinen der Auffassung zu sein, daß Erleuchtung ein Gefühl ist, und das ist es nicht. Einige meinen, Erleuchtung sei Verstehen, und auch das ist weit gefehlt. An Erleuchtung ist nichts Emotionales oder Intellektuelles. Sie können sie nicht von Ihrer Mutter bekommen, und Sie können sie nicht in der Schule bekommen. Erleuchtung hat etwas mit Liebe zu tun, aber wahrscheinlich nicht so, wie Sie das Wort verstehen.

Es gibt einen Bereich des Erlebens, der mit Worten nicht beschrieben werden kann. Jeder diesbezügliche Versuch bleibt notwendigerweise hinter dem tatsächlichen Erleben zurück. Dennoch werde ich Erleuchtung mit Worten beschreiben, da dies die zur Verfügung stehende Form der Kommunikation ist. Wir müssen aber wissen, daß auch Worte nicht Quelle der Erleuchtung sein können. Worte können das Erleben erst nach dem Erleben ausdrücken. Sie können das Erleben nicht kreieren. Worte erzeugen nicht Erleuchtung. Dies hier zu lesen, wird Sie nicht zur Erleuchtung bringen.

Noch wird Erleuchtung im Verstand erzeugt. Der Verstand taugt nur für die Berechnung der Überlebensmöglichkeiten. Sie werden Erleuchtung niemals mittels Ihres Verstandes erleben. Der Verstand kann lediglich Worte benutzen und Erleuchtung „verstehen". Ich möchte wirklich, daß Sie, was Erleuchtung und das „Versuchen" sie zu erlangen betrifft, frustriert werden. Wissen Sie was? Das können Sie nicht! Es ist dem Menschen einfach nicht möglich, Erleuchtung durch Anstrengung zu erlangen.

Sie können Erleuchtung nur durch Nichtstun erlangen. Ja, *nichts*. Mit „nichts" meine ich nicht, daß Sie sich mit einer Limonade in die Hängematte zurückziehen. „Nichts zu tun" ist möglich, während man hart arbeitet. Ja, es ist sogar einfacher, nichts zu tun, während man hart arbeitet. Was ich mit „nichts tun" meine, ist, Ihr „Zeug" Ihr Zeug sein zu lassen; das heißt Ihre Beurteilungen, Meinungen, Haltungen, Überzeugungen, sogar Ihren Glauben in Frieden zu lassen. Durch Ihr Zeug gehen, heißt, etwas tun, *nicht* durch Ihr Zeug gehen, heißt, nichts tun. Tun Sie also, was Sie im Leben zu tun haben, weil Sie es tun und nicht weil Sie davon überzeugt sind, eine hohe Meinung davon haben oder daran glauben. Was Sie aufgrund von Überzeugungen, Meinungen oder Glauben tun, macht Sie blind und läßt Ihr Zeug zur Quelle Ihres Tuns werden. Sie landen in einem Zustand, genannt: keine Verantwortung, keine Erleuchtung.

Was Sie im Leben tun, ist nicht „schwer", bis Sie Zeug hinzufügen. Was Sie im Leben tun, ist vom Standpunkt letztendlicher Wahrheit aus sicherlich nicht wichtig. *Nicht* wichtig. Wenn Sie denken, es sei wichtig, dann sind nicht Sie, sondern Ihr Zeug der Auslöser. Seien Sie leicht, was Ihr Leben betrifft. Leben Sie es von Augenblick zu Augenblick und auf eine Art und Weise, daß es nichts ausmachen würde, ob wir es ignorieren oder morgen in der Zeitung darüber schreiben würden.

Sie müssen auf Ihr Leben weder stolz sein noch sich seiner schämen. Es *ist* einfach. Sie müssen es auch nicht beherrschen. Wenn Sie von Stolz, Scham oder Beherrschung erfüllt sind, sind Sie nicht Meister Ihres Lebens; Stolz, Scham oder Beherrschung sind dann Meister. Sie können nicht recht haben, anderen unrecht geben, stolz sein und kontrollieren *und* Ihren Zustand für wichtig halten und erleuchtet sein.

Natürlicherweise ist eine Beschreibung dessen, was Erleuchtung ist, meist nur ein Aufzählen dessen, was sie nicht ist. Erleuchtung ist der natürliche Zustand des Lebens, der namenlos ist, nachdem all jene unnatürlichen Zustände, die Namen haben, abgestreift sind. Jetzt werde ich den Zustand der Erleuchtung als das beschreiben, was er ist, statt als das, was er nicht ist. Während ich das tue, möchte ich, daß Sie wissen, daß Sie sich begreiflicherweise in jeder oder all diesen Umständen befinden können und immer noch verdunkelt sind.

Erstens werden Sie keine Bedürfnisse haben, die über das hinausgehen, was Sie natürlicherweise benötigen: Luft, Nahrung und Liebe. Sie werden wissen, daß Ihr Verstandes-Zustand, welcher auch immer, auch dann vollkommen ist, wenn Sie gegenteilige Ansichten haben. Sie werden nicht von anderen abhängig sein, um Ihr Leben für wertvoll zu erklären. Kritik wird Sie nicht kümmern. Sie werden andere nicht kritisieren und deren Kritik an Ihnen nicht verhaftet sein. Ihr Erleben wird sein, andere zu lieben. Sie werden wissen, daß das Leben nicht ernstzunehmen und daß es zutiefst bedeutsam *ist.* Sie werden wissen, daß andere zu Ihrem Leben beitragen und werden ihnen dafür Anerkennung geben. Das, was Sie im Leben wirklich besitzen, werden Sie aufgrund Ihrer Bereitschaft, es auch *nicht* zu haben und es mit anderen zu teilen, besitzen. Sie werden im gegenwärtigen Augenblick leben und nicht Ihren Erinnerungen an die Vergangenheit oder Ihren Plänen für die Zukunft verhaftet sein. ■

Kapitel Drei:

Das Selbst

Wenn Sie jedes „Etwas" genannt haben, was, Ihrer Meinung nach, Sie sein könnten, ist das, was übrigbleibt und was Sie nicht benennen können, das, was Ihr Leben mit allem, was es enthält, erzeugt hat.

Bevor ich irgend etwas über das Selbst schreibe, lassen Sie mich sagen, daß das nicht geht. Das Selbst kann aufgrund der ihm eigenen Wesensart nicht beschrieben werden. Es ist, in der Tat, all das, was nicht zu beschreiben ist. Bei allem, wovon Sie meinen, das ist es, können Sie einer Sache sicher sein: Das ist, was es nicht ist.

Nichts könnte sein, ohne Raum zum darin sein. Ich meine nicht „Vakuum", was wiederum nur ein Verstandes-Begriffs-„Etwas" ist. Wir sind gewöhnt, es als selbstverständlich anzusehen, daß es einen Raum gibt, in dem Leben existiert. Denken Sie aber mal genau nach. Ist es zu erwarten, daß es einen solchen Raum gibt? Bei genauerem Hinsehen erkennen Sie, daß es nicht berechtigt ist, den Raum zum Existieren als gegeben vorauszusetzen. Jener Raum, in dem kein Etwas ist, der ununterbrochen mit dem gesamten restlichen Nicht-Etwas-Raum in der Welt verbunden ist, und in dem Sie leben, ist das Selbst. Das Selbst ist der Kontext, der das, was wir gewöhnlich „Leben" nennen, enthält. Was wir normalerweise als „Leben" ansehen, ist in Wirklichkeit der Inhalt. Kontext oder Selbst enthält somit Inhalt. Das Selbst enthält Ihr Leben und ist unendlich viel größer als der Inhalt. Darüber hinaus existiert das Selbst nicht in der Zeit. Es existiert außerhalb der Zeit und ist das Gefäß, in dem Zeit enthalten ist. Selbst existiert überall und an keinem *bestimmten* Ort.

Die Vorstellung von einem Nicht-Etwas-Etwas bringt

den Verstand ins Wanken, blockiert die Schaltkreise. Fügen Sie noch Nicht-Ort und Nicht-Zeit hinzu und der Verstand weiß nicht mehr aus noch ein. Mit Ihrem Verstand können Sie dies nicht mitbekommen; Sie müssen es mit Ihrem Selbst mitbekommen. Das Selbst ist es also, woraus Leben erzeugt wird, und das in keiner Hinsicht Etwas, Ort oder Zeit ist. Nur ein Narr würde versuchen, so ein Wie-immer-man-es-nennen-will mit Worten zu beschreiben. Und doch sind es Worte, mit denen wir zu kommunizieren haben; also los, Narr.

Kontext enthält, was ist. Kontext ist jedoch nicht selbst ein Was-ist; andernfalls wäre er mehr Inhalt als Gefäß. Kontext ist der Raum, der das enthält, was ist, *außer* wenn wir sagen, er sei ein „Raum", denn dann wird er auch ein Etwas, und die Beschreibung fällt in sich zusammen. Wahrer Kontext ist nicht ein Etwas. Sie können nicht irgendwo hingehen und ihn sehen, und er existiert in keiner Zeit, keiner Vergangenheit, Gegenwart oder Zukunft. Er existiert nicht einmal jetzt, wie alles andere.

Kontext ist der Raum, in dem das Selbst existiert. Weder Kontext noch Selbst sind irgendwie körperlich, und doch ermöglicht Kontext-Selbst aller Körperlichkeit zu sein. Es ist das Ungesehene, Ungehörte, ohne das nichts existieren könnte, um gesehen und gehört zu werden. Kontext ermöglicht der physischen Welt zu sein. Das Selbt ermöglicht die Existenz von Leben innerhalb der Welt. Das wird vom Kontext-Selbst durch Nichtsein erreicht.

Ich möchte Sie an dieser Stelle daran erinnern, daß alles, was man in Worten schreiben oder sagen kann, es nicht ist. Welchen Begriff sich Ihr Verstand davon auch machen mag, das ist es nicht. Was gesagt und begrifflich vorgestellt werden kann, ist lediglich mehr Inhalt, der bestenfalls auf „es" hinweisen kann. Waren Sie je mit einem geliebten Menschen zusammen und wollten etwas sagen, was nicht in Worte zu fassen war? Nun, das ist es. Was Sie *nicht* sagen *konnten* – das war es. Vielleicht haben Sie etwas gesagt und wußten dennoch, obwohl es vielleicht schön war, daß das, was Sie gesagt hatten, „es" nicht war. Was Sie nicht sagen oder nicht einmal denken konnten – das war „es". ■

Kapitel Vier:

Kontext als Identität

Sie sind das „andere" Universum, das dem physischen Universum erlaubt, zu sein und es ständig beobachtet.

Worum es im folgenden geht, ist, die Frage „Wer bin ich?" letztendlich und wahrhaftig zu beantworten. Rund um das Thema der persönlichen Identität besteht große Verwirrung. Einige der unwahren Antworten werden genannt werden; dann werden wir uns den wahren Antworten zuwenden.

Menschen lieben es, identifiziert zu werden. In der Wiege erhielten Sie einen Namen, um diesen zum Zweck der Identifikation durchs Leben zu tragen. Die meisten von uns gehen durchs Leben und meinen, wir seien derjenige, von dem der Name, den wir haben sagt, wir seien es. Nur wenige gehen so weit, das in Frage zu stellen. Fast jede(r) akzeptiert ihren/seinen Namen als repräsentativ dafür, wer sie oder er ist. Wenn diese subtile Angelegenheit einmal entschieden ist, wird es leicht, weitere Definitionen auf die namentliche Definition dessen, wer Sie sind, aufzuhäufen. Als nächstes kommt Geschlecht, dann Hautfarbe, Rasse, Religion, politische Partei, Besitz, Wohnort, gesellschaftliche Verhältnisse, Meinungen, Urteile und anderes „Zeug". Nun sage ich Ihnen aber nicht, daß Sie dieses ganze Zeug nicht in Ihrem Leben haben. Das haben Sie bestimmt. Was ich Ihnen sage, ist: Das ist nicht die letztendliche Antwort auf die Frage, wer Sie sind. Die letztendliche Antwort ist, nebenbei bemerkt, diejenige, die dem Leben Zufriedenheit und Funktionsfähigkeit verschafft. Die vorläufigen Antworten dienen lediglich dazu, Ihnen recht zu geben und anderen unrecht.

Gehen Sie mit mir einen Augenblick lang auf eine Fantasie-Reise. Stellen Sie sich einen riesigen, durchsichtigen Plastikbeutel vor. Lassen Sie uns in diesen Beutel alles tun, was Sie, Ihrer Meinung nach, sein könnten. Zuerst geht Ihr physisches Sein rein (Ihr Körper), dann Ihr Name, Ihre Hautfarbe, Rasse, Religion, Ihr Wohnort, Ihre Staatsangehörigkeit, all Ihre Kleider, Ihre Überzeugungen, Meinungen, Urteile und so weiter, bis alles enthalten ist. Es zeigt sich, daß dieser Beutel auch Ihren Verstand enthält, da das ein sehr wichtiger Teil desjenigen ist, der Sie zu sein glauben.

Jetzt lassen Sie uns den Beutel beobachten. Sehen Sie ihn auch genau an? Wenn Sie etwas vergessen haben, was Sie zu sein meinen, nur zu, tun Sie's hinein. Jetzt beobachten Sie den Beutel. Prima! Wer ist nun derjenige, der die Gesamtheit dessen beobachtet, was Sie Ihr Leben genannt haben? Dieser namenlose, ortlose, zeitlose Beobachter ist Ihr einziges wahres Sie. Sie sind nicht der Inhalt Ihres Lebensbeutels. Sie sind der Beobachter desselben, und ganz gewiß enthalten Sie das ganze Zeug. Aber das Zeug ist nicht Sie; es ist bloß in Ihnen. Dieses etwaslose Etwas, dieser ortlose Ort, der in zeitloser Zeit existiert, ist Kontext. Sie sind der Kontext des Lebens.

Wir haben jetzt eine brauchbare Definition, die sich bei jeder Gelegenheit, bei der Sie wissen wollen, wer Sie sind, bewahrheiten wird. Nichts, ich meine, nicht *Etwas*, was Sie zur Definition Ihrer selbst heranziehen, wird Bestand haben und auf alle Situationen zutreffen. Kontext ist die einzige wahre Antwort, die es gibt.

Mittlerweile werden Sie vielleicht *verstehen*, wovon ich hier spreche, und das ist prima. Ich möchte, daß Sie wissen, daß das in Ihrem Leben solange keinen Unterschied machen wird, bis es die Barriere Ihres Verstandes durchdringt, so daß Sie es nicht nur verstehen, sondern dessen Wahrheit direkt erleben können. Ein Teil von jedem Etwas ist in Ihnen, und Sie sind in jedem Etwas. Die absolute Wahrheit ist, daß Sie jedes Etwas sind, aber offensichtlich nicht in dieser Welt. Für Ihren Verstand, der sein eigenes Getrenntsein sucht, wird das keinen Sinn ergeben.

Na, wenn schon. Wen interessiert das, wenn Ihr Verstand das nie mitbekommt? Was kümmert es Sie, was irgendein Teil Ihres Inhaltes vorhat? Sie haben eine Verantwortung im Leben: beobachten, beobachten und nochmals beobachten. Kontextieren Sie Ihr Leben auf eine Art, die funktioniert. Ihre einzige wirkliche Chance ist kontextieren. Der Inhalt ist schon. Was ist, ist.

Das Selbst ist also Kontext. Dem gewöhnlichen Bewußtsein ist das kontextierte Selbst nicht zugänglich. Es kann nur dann von Ihnen wahrgenommen werden, wenn Sie bereit sind, das Leben so zu lassen, wie es ist. Kontext ist der ortlose Ort, wo wahre Wahl getroffen wird. Wenn der Ort, an dem Sie Ihre wahre Wahl im Leben treffen, Ihrem Bewußtsein nicht zugänglich ist – wenn Sie also ein Opfer des Lebens sind – dann sind Sie nicht bereit gewesen, es sein zu lassen. Kontext ist nicht das Unbewußte. Das Unbewußte existiert im Reich des Verstandes und besteht aus all jenen Informationen, die den Unwahrheiten widersprechen, die Ihr Verstand im Laufe der Jahre erzählt hat. Kontext ist vom Unbewußten einen Quantensprung entfernt.

Weil Sie der Kontext des Lebens *sind*, gebe ich Ihnen den Rat, der Kontext des Lebens zu *sein*. Ich weiß, das hört sich ziemlich unklar an *und* ich weiß, daß Sie wissen, was damit gemeint ist. Alles beginnt mit einem Erleben Ihres Selbst. ■

Kapitel Fünf:

Akzeptieren

Das Leben besteht aus Zyklen, die Anfang, Mitte und Ende haben. Akzeptieren ermöglicht einem Zyklus anzufangen, Verbindlichkeit ermöglicht ihm weiterzumachen und Integrität ermöglicht ihm, zu seinem natürlichen, vollkommenen Ende zu gelangen.

Glauben Sie nicht, Sie wüßten, was „Akzeptieren" bedeutet. Es ist gut möglich, daß Sie nicht die geringste Ahnung haben *und* überzeugt sind, zu wissen, was es ist. Bevor ich Ihnen sage, was es ist und was es nicht ist, möchte ich, daß Sie wissen, daß es Ausgangspunkt für ein zufriedenstellendes Erleben des Lebens ist. Es ist sogar der einzige Ausgangspunkt für ein zufriedenstellendes Erleben des Lebens. Es ist klar, daß etwas, was Sie nicht akzeptieren können, nicht zufriedenstellend sein kann. Ja, es ist sogar so, daß, wenn es einen Aspekt Ihres Lebens gibt, den Sie nicht akzeptieren, Sie in keinerlei Hinsicht mit Ihrem Leben ganz zufrieden sein können. Wenn Sie eine Gegebenheit Ihres Lebens nicht akzeptieren, bedeutet das, daß Sie nicht bereit sind, anzuerkennen, daß Sie Ihr Erleben derselben verursacht haben. Auch wenn es nur ein Aspekt Ihres Lebens ist, wird es Sie viel Energie kosten nachzuweisen, daß Ihr Erleben Ihnen aufgezwungen worden ist; und diese Energieverausgabung überschattet den natürlichen Zustand der Zufriedenheit.

Nun kurz dazu, was Akzeptieren nicht ist. Akzeptieren ist *nicht*, sich zurückzulehnen und im Hinblick darauf, wie das Leben jetzt gerade ist, nichts zu tun. Tatsächlich ist das, was *Ihnen* vielleicht schwerfällt, zu akzeptieren, nicht die Umstände Ihres Lebens sondern das, was Sie hinsichtlich dieser Umstände tun. Bis Sie Ihr Leben so akzeptieren, wie es ist (was, wie es sich verändert, miteinschließt), werden Sie in dieser Angelegenheit keine Wahl haben. Alles wird automatisch weitergehen. Im Prozess des Akzeptierens des Lebens, akzeptieren Sie es also so, wie es ist; „Wie es ist", schließt gewöhnlich die Tatsache des Wandels mit ein, Sie müssen also *alles* akzeptieren. Akzeptieren ist keineswegs „nichts tun" im üblichen Sinn dieser Worte.

Akzeptieren ist Beobachtung des Lebens ohne zu urteilen, ob, was im Leben passiert, gut oder schlecht, richtig oder falsch ist, *fast*. Es kann nämlich sein, daß Sie in Ihre Beobachtung des Lebens die Urteile, die Ihr Verstand darüber fällt, miteinschließen müssen. In einem solchen Fall akzeptieren Sie Ihre Urteile bezüglich dessen, was vor sich geht, im Wissen, daß Ihre Urteile keinerlei Bedeutung haben. Danken Sie Ihrem Verstand für den Beitrag und machen Sie weiter. Für das, was wahr ist, brauchen Sie keine Urteile; Urteile brauchen Sie lediglich, um sich selbst recht und anderen unrecht zu geben. Mittlerweile sollte Ihnen klar sein, daß das nicht funktioniert. Letztendlich ist Akzeptieren Beobachtung des Lebens, ohne irgend etwas anders zu tun. Nicht das, was Sie tun oder nicht tun, sagt etwas über Hinnahme aus. Es ist der Kontext, in dem Sie tun, was Sie tun, und nicht tun, was Sie nicht tun, der etwas über „Annehmen" aussagt.

Dem Anschein nach könnte der schwierigste Teil des Annehmens für Sie der sein, zu akzeptieren, wie andere Leute sind und nicht sind. Ich versichere Ihnen aber, daß dies nicht der Punkt ist. Wenn Sie hinter den Zustand des Nicht-akzeptierens anderer kommen, werden Sie Nichtakzeptieren Ihrer selbst finden. *Immer*! Ich weiß, daß Sie glauben, Sie seien eine Ausnahme. Das sind Sie nicht. Was immer Sie an einem anderen Menschen nicht mögen, ist immer etwas, was Sie in sich selbst zu haben fürchten. Tatsächlich *haben* Sie das wahrscheinlich in sich. So ist es nun mal. Dadurch, daß Sie dem bei sich selbst Widerstand entgegenbringen, werden Sie es bei anderen „nicht mögen".

Die äußere *Form*, die „Annahme" auszeichnet, ist das Annehmen anderer, und der tatsächliche *Inhalt*, das was wirklich ist, ist das Annehmen Ihrer selbst. Wie werden Sie nun wissen, ob Sie angekommen sind? Der Prozess des Annehmens bringt keine bestimmten Gefühle mit sich; dennoch gibt es unterwegs bestimmte Wegweiser.

Zunächst scheint alles unverändert zu sein. Sie werden über die Art und Weise, wie die Dinge sind, beunruhigt sein. Nicht nur das, Sie werden über die Tatsache Ihrer Beunruhigung beunruhigt sein. Dann fällt Ihnen auf, daß Sie über die Art und Weise, wie die Dinge sind, weniger beunruhigt sind. Dann bemerken Sie, daß Sie anfangen, die Art und Weise, wie die Dinge sind, ganz in Ordnung zu finden, und Sie fangen an zu bemerken, daß die Dinge nicht zufällig so sind, wie sie sind. Dann wird Ihnen deutlich, daß Sie derjenige sind, der das Erleben dessen, wie die Dinge sind, kreiert. Schließlich fangen Sie an, an der Art und Weise, wie es ist, teilzunehmen und Ihren Beitrag dazu zu leisten. Sie werden ein Teil davon sein. Vielleicht *fühlen* Sie sich sogar als Teil davon. Sie werden merken, daß Ihr Leben zählt und daß das, was Sie tun, einen Unterschied macht. Wir haben gerade Jahre des Erlebens in einem Absatz abgehandelt.

Die Menschen und die Dinge in Ihrem Leben können durchaus unverändert bleiben. Transformierter Kontext bedeutet nicht veränderter Inhalt. Was sich verändert hat, ist Ihr *Erleben* von alledem. Im Prozess der Hinnahme wird Ihr Erleben transformiert werden. Sie sehen, Sie sind *wirklich* die Quelle Ihres Erlebens des Lebens und letztendlich Ursprung Ihres Platzes in der Welt und der Art und Weise, wie andere Sie behandeln.

Warum soviel Wirbel um Akzeptieren? Manchmal fühlen wir uns festgefahren im Leben. Und wir sind festgefahren. Womit wir festsitzen, ist eine Erinnerung an ein Erlebnis im Leben, das zu akzeptieren wir uns geweigert haben und somit nicht erleben konnten. Weil Sie sich weigern, ein Ereignis zu erleben, bleibt es an Ihnen hängen. Es wird in Ihrem Verstand gelagert, und Monate oder Jahre später sind Sie immer noch darin, das heißt in die Erinnerung an das mit erheblichem Unbehagen verbundene Ereignis verstrickt. Akzeptieren ermöglicht es Ihnen, das Erlebnis so zu haben, daß Sie mit Ihrem Erleben auf gleicher Höhe sind. Wenn Sie mit Ihrem Erleben auf gleicher Höhe sind, leben Sie genau jetzt. Mit anderen Worten, Sie nehmen vollständig an dem, was in Ihrem Leben vor sich geht, teil, und zwar in dem Augenblick, in dem es passiert. Wenn Sie an irgendeinem Ereignis der Vergangenheit festsitzen, werden Sie nicht in der Lage sein, das zu erleben, was genau jetzt vor sich geht, und so formen nichterlebte Erinnerungen ein Reservoir, mit dem Sie sich beschäftigen müssen.

Bei diesem Prozess spielt der Körper eine interessante Rolle. Der Körper bewaffnet sich selbst mit Steifheit, stereotypen Haltungen und Bewegungen, um Sie daran zu hindern, die in Ihrem Gedächtnis gespeicherten Ereignisse zu erleben. Letztendlich haben Sie dann Verspannungen im Rücken, ständiges Ver-und Entschränken Ihrer Beine und Arme, Kopfschmerzen, Schlaflosigkeit und ähnliches mehr, wodurch Ihre Aufmerksamkeit Ihrem gegenwärtigen Erleben des Lebens entzogen wird. Stattdessen erleben Sie Ihren Körper.

In dieser Hinsicht ist auch das Zeitverständnis interessant. Sie werden sich intensiv mit der Zeit beschäftigen und immer wieder auf die Uhr schauen, um zu sehen, wie spät es ist. All dies, die Muskelverspannungen und die intensive Beschäftigung mit der Zeit, vollzieht sich automatisch, unbewußt.

Um durch diese Abwehr, die Ihr Verstand/Körper aufgebaut hat, hindurchzukommen, beobachten Sie ihn und geben Sie ihm Raum zu sein. Anders gesagt, erleben Sie die Ereignisse in Ihrem Körper wirklich, damit Sie über sie hinwegkommen. Das gilt für den Rest Ihres Lebens in gleicher Weise. Akzeptieren ist der Schlüssel. Sie können nichts bemerken oder beobachten, bis Sie es akzeptiert haben und es da sein lassen, so daß es bemerkt und beobachtet werden kann. ■

Kapitel Sechs:

Zeit

Zeit ist ein illusionäres Konstrukt des Verstandes, um die Tatsache beschreiben zu können, daß sich die Dinge ändern. Zeit ist nicht wirklich, und zweifellos ändern sich die Dinge.

Zeit fasziniert die Menschen auf diesem Planeten wie nichts anderes. Zeit scheint ebenso Teil des menschlichen Zustandes zu sein wie die Verstandesstrukturen selbst. Zeit wird als sich verändernde Konstante begriffen. Sie ist niemals gleich, und dies bringt allergrößte Faszination mit sich. Der Verstand personalisiert die Zeit und verbraucht mit dem Nachdenken über sie enorm viel Energie. Das Leben des Verstandes beginnt zu einer bestimmten Zeit und endet zu einer bestimmten Zeit. Das ist so sicher wie nur irgend etwas. Auf diese Weise macht der Verstand die Zeit, die Unwirklichkeit, zu etwas so endgültig Wirklichem, daß Unmassen von „Gefühlen" erzeugt werden, die den Standpunkt, Zeit sei wirklich, unterstützen. Schmerz beim Verlust eines geliebten Menschen und Hoffnung auf kommende Ereignisse sind allgemeine Beispiele für Gefühle, die die Haltung unterstützen, daß Zeit wirklich ist.

Gelegentlich bleiben Leute in der Illusion der Zeit stekken. Schmerzreaktionen erstrecken sich über Jahre – Ärger über längst vergangene Ereignisse – ja sogar ganze Lebenszeiten werden mit dem Wunsch verbracht, daß es so sein sollte, wie es nicht ist. Wie wir schon gesehen haben, ist das, was nicht einen Zustand der Zufriedenheit erzeugt, per Definition eine Lüge. Somit ist die Idee der Wirklichkeit der Zeit eine Lüge, ungeachtet dessen, wie wirklich sie dem Verstand erscheint.

Zeit ist somit ein Konstrukt des Verstandes, um die Tatsache zu beschreiben, daß die Dinge sich verändern. Zeit ist nicht mehr als das. Und die Dinge verändern sich; tatsächlich ist das alles, was sie tun: sich verändern. Den Vorgang der Veränderung kann der Verstand nicht abändern; um damit umgehen zu können, entwickelt er eine Beschreibung desselben. Wenn Zeit nicht wirklich ist und Veränderung wirklich, dann ist die Art und Weise, in der das Leben funktioniert, ein Zustand, in dem Veränderung bemerkt und ihr Raum gegeben wird. Die Art und Weise, wie es nicht funktioniert – das heißt nicht befriedigend ist – ist, zu versuchen, Veränderung anzuhalten.

Die ganze Verwirrung klärt sich auf, wenn wir erkennen, daß es nur eine „Zeit" gibt, und diese Zeit ist JETZT. Wenn Sie bereit sind, die Wahrheit zu erleben, das sie jetzt ist, werden sich Ihre „Probleme" mit der Vergangenheit und Zukunft aufklären. Warum? Weil es keine Vergangenheit und keine Zukunft gibt; es gibt nur jetzt. Wenn Sie in dem steckengeblieben sind, was Sie „Vergangenheit" nennen, dann stecken Sie genau jetzt fest. Wenn Sie Ihre Zeit mit Tagträumen von der „Zukunft" verbringen, dann tun Sie dies genau jetzt. Sie können sich nicht einmal an diese Orte begeben, die „Vergangenheit" und „Zukunft" genannt werden. Sie sind nicht wirklich.

Wenn Vergangenheit und Zukunft nicht wirklich sind, was sind sie dann? Die Vergangenheit ist eine lineare, auf einander folgenden Sequenzen aufgebaute Erinnerungsspur, die innerhalb des Verstandes jetzt existiert. Sie werden ihrer nur dann gewahr, wenn Ihr Verstand wählt, sie zu reaktivieren. Ihr Verstand wird das Reaktivieren von Erinnerungsspuren nur wählen, um zu überleben, recht zu haben und gelegentlich zum Vergnügen. Die Vergangenheit ist also eine Erinnerungsspur. Das ist es. Das ist alles. Wenn Sie meinen, Sie würden *manchmal* von vergangenen Ereignissen beunruhigt, dann liegen Sie falsch. Sie werden von einer linearen Erinnerungsspur beunruhigt, die Ihr Verstand weiter in der Gegenwart reaktiviert. Es erübrigt sich zu sagen, daß es die Zukunft nicht gibt. Wenn Sie also meinen, Sie würden durch die Zukunft beunruhigt, setzen Sie sich am besten auf die Reservebank. Was immer Sie in Ihrem Leben entstehen lassen werden, werden Sie in der Gegenwart entstehen lassen oder überhaupt nicht. Das ist ein anderer Aspekt der „Das ist es“-Haltung in Ihrem Leben. Jetzt ist es. Alles andere zählt nicht. Nichts anderes ist.

Im Fall von nicht erlebten Ereignissen im Leben wird es sehr real, daß jetzt die einzige Zeit ist, die es gibt. Wenn sich jemand endlich ein Erlebnis schafft, um ein vergangenes Ereignis zu vervollständigen, dann „scheint es, als ob“ das Ereignis „eben passiert wäre“. Was ich Ihnen also sage, ist, daß die einzige Zeit, die es für die praktische Anwendung gibt, die gegenwärtige Zeit – oder: genau jetzt – ist. Es funktioniert, wenn man nur die Gegenwart als vorhanden betrachtet. In Wirklichkeit ist die Gegenwart keine fassbare, nachprüfbare Sache, denn sobald Sie sagen, das ist die Gegenwart, ist sie weg, und es gibt keinen Weg nachzuweisen, daß sie je war. Sie ist in weniger als einem Augenblick weg; sie ist tatsächlich im Nu/in keiner Zeit weg. Sogar die Gegenwart ist nicht wirklich. Zeit ist nicht wirklich. Alles ist eine Illusion. Trotzdem spielen wir ein Spiel, in dem die Illusion für wirklich gehalten und das, was wirklich und dauerhaft ist, als Illusion betrachtet wird. Da dies das ist, was wir tun, laßt es uns mit Liebe und voller Energie tun. Das ist es! ■

Kapitel Sieben:

Der Körper

Der Körper existiert von Natur aus in einem Zustand des Wohlseins. Er ist ein Ort, von dem aus die Welt beobachtet werden kann. Er ist eine physische Darstellung von Ihnen, und er ist nicht Sie.

Der Körper stellt die physischste Manifestation von Kontext dar, die es gibt. Im menschlichen Körper ist sowohl die Kraft zu sein als auch die Kraft, Sein zu beobachten, enthalten. Der Körper hat, im Gegensatz zu anderen physischen Manifestationen von Kontext, die einzigartige Fähigkeit, sich selbst durch Intention zu formen. Der Körper ist auf äußerst wirkliche Art und Weise Kontext. Er verfügt über die Mittel, nicht nur sich selbst, sondern auch alle anderen Formen der physischen Seite von Kontext zu gestalten. Er denkt sogar! Nicht nur das, er denkt laut. Im Körper ist die gesammelte Intelligenz dieser Ecke des Universums von der Erschaffung des Physischen durch Kontext an konzentriert. Auf einer atomaren Ebene manifestiert der Körper die Intelligenz, physisch zu sein, der zweitwesentlichste Gedanke, den Kontext je hatte. Auf der molekularen Ebene manifestiert der Körper die Intelligenz, seine Atome zu arrangieren. Auf der zellularen Ebene manifestiert der Körper die Intelligenz der Zusammenarbeit des Selbst, ohne die es kein multizellulares Leben gäbe. Auf der Organ-Ebene manifestiert der Körper die Intelligenz der Leistung spezieller Arbeiten, wie Sehfähigkeit, Verdauung, Schmecken. Auf der Ebene des Individuums manifestiert der Körper die Intelligenz der Liebe und seiner eigenen Reproduktion. In Zusammenarbeit mit anderen Körpern manifestiert der Körper die Intelligenz, das Universum, aus dem er kam, zu formen. Kontext hat tatsächlich einen Weg geschaffen, um mit sich selbst zu sprechen.

Nichts hat mehr Einfluß auf körperliche Zufriedenheit als der Kontext, in dem Sie Ihren Körper halten. Von Natur aus existiert der Körper in einem Zustand des Wohlbefindens. Der natürliche Zustand kann durch unangemessenen Kontext verdeckt sein. Lassen Sie uns den Kontext besprechen, der den natürlichen Zustand des Wohlbefindens erleben läßt.

Der Körper ist ein physischer Ort, von dem aus die Welt beobachtet werden kann. Er ist eine Manifestation von Ihnen, und er ist nicht Sie. Er ist eine Form, die Sie angenommen haben. Er ist vollkommen und vollständig ungeachtet dessen, was Ihr Verstand diesbezüglich denkt. Er hat die Kraft zu sein und Sein zu beobachten. Er hat diese Kraft, weil Sie ihm diese Kraft gegeben haben. Der Körper selbst kann nicht beobachten. Wenn Sie gehen, fällt der Körper ins einfache Sein ohne Beobachtung zurück. Der Körper muß im Kontext dessen, was ist, gehalten werden. Nicht was gut oder schlecht ist, einfach was ist. Sehen Sie sich den Körper vom Standpunkt absoluter Wirklichkeit her an. Zweck des Körpers ist es, zu sein und Sein zu beobachten und nicht, über sich selbst als gut oder schlecht zu urteilen. Nehmen Sie der Welt nicht ihr System der Übereinstimmung ab, demzufolge einige Körper gut, andere nicht so gut sind. Es funktioniert nicht; deshalb ist es ein Haufen Lügen.

Benutzen Sie Ihren Körper niemals zum Rechthaben. Laufen Sie, schwimmen Sie, essen Sie die richtige Nahrung, ruhen Sie sich aus und so weiter, weil Sie Ihren physischen Tempel achten und nicht, um mehr recht zu haben als irgend jemand anders.

Ihr Körper ist so wunderbar, daß es all Ihre Vorstellungen übersteigt. Er ist die physische Repräsentation von Kontext. Er ist ein Geschenk, das Sie sich selbst gaben, um zu genießen und zu sein. Danken Sie Ihrem Selbst für das Sein Ihres Körpers, und vergeben Sie sich, wenn Sie es nicht tun. ■

Kapitel Acht:

Über Gott

Entweder ist Gott alles oder es gibt keinen Gott. Wenn Gott ist, ist Gott. Wenn Gott nicht ist, ist Gott nicht. Was Sie glauben, hat keinen Einfluß auf das, was ist und nicht ist.

Ich möchte, daß Sie wissen, wer Gott ist und nicht ist, damit Sie Klarheit darüber haben, und nicht eine Menge Lebensenergie mit Wünschen, Hoffen, Spekulieren und Argumentieren verschwenden. Es gibt wesentlich konstruktivere Wege, Ihre Energie zu nutzen.

Der Mensch hat gewaltige Teleskope, visuelle und eine Reihe anderer, entwickelt. Mehrere Jahrhunderte lang ist das Universum genau beobachtet worden, und niemand hat eine himmlische Person da draußen gesehen. Was das heißt, ist, daß, wenn Gott eine himmlische Person ist, lebt sie in außerordentlicher Entfernung, zu weit weg, um gesehen zu werden, *oder* Gott ist keine himmlische Person. Wenn Gott eine irdische Person ist, ist sie sehr gut versteckt, und bis jetzt hat noch niemand ihr irdisches Heim lokalisiert.

Somit wissen wir also, was Gott nicht ist. Gott ist nicht eine bestimmte himmlische oder irdische Person. Wer/was ist Gott? Was macht Gott mit ihrer Freizeit? Kümmert sie sich wirklich um etwas? Wenn Gott wirklich existiert, warum spricht sie dann nicht und beendet die Verwirrung? Jetzt möchte ich ernsthaft sein oder, besser gesagt, ich möchte, daß wir, was Gott betrifft, wirklich erleuchtet werden.

Gott ist nicht das, was Sie sich unter Gott vorgestellt haben. Gott ist, was Gott ist. Wenn Gott Gott ist, dann ist sie allmächtig. Wenn sie allmächtig ist, dann ist *alles*, was ist, Gott. Andernfalls gibt es keinen Gott. Wenn im Universum ein Jota Macht oder Materie existiert, das nicht Gott ist, dann ist sie nicht Gott, und es gibt keinen Gott.

Offensichtlich hängt die Existenz Gottes nicht davon ab, was Sie glauben. Wenn Gott ist, ist Gott. Wenn Gott nicht ist, ist Gott nicht. Wen kümmert es, was Sie glauben? Erheben Sie also Ihren Glauben in dieser Angelegenheit nicht in den Status der Bedeutsamkeit.

Gott ist die Kraft, im Universum zu sein und Sein wahrzunehmen. Das ist es. Gott ist die Kraft, im Universum zu sein und Sein wahrzunehmen. Alle Dinge und Umstände sind aus diesem Zustand erschaffen. Offensichtlich gibt es Sein und Wahrnehmung von Sein; einfaches Sein und einfache Wahrnehmung zeigen das durch direkte Beobachtung. Somit ist Gott. Oder ist nicht. Es ist unwesentlich, weil, was ist, ist, ungeachtet Ihrer Einstellung.

Offensichtlich gibt es hier bei uns einige konkrete Beispiele für Sein und Wahrnehmung von Sein. Sie sind beides. Bleiben Sie nicht an Ihrem Stolz darüber hängen. Es ist nur das, was ist.

Wenn Sie nun aber eine Manifestation und Verkörperung Gottes sind, wie können Sie dann so sein, wie Sie sind? Na ja, Sie sind, und wenn Sie am „wie" interessiert sind, achten Sie auf die Art, wie Ihr Verstand funktioniert. Offenbar ist Gott nicht daran interessiert, „Moralität" Bedeutung zukommen zu lassen. Es scheint, daß Gott, außer durch den Verstand, keine „moralischen Urteile" fällt. Gott ist *die* Kraft im Universum, und im Universum eingeschlossen ist das „Böse". Wenn Gott nicht die Quelle aller Dinge ist, dann ist Gott nicht Gott. Also akzeptieren Sie es! Gott ist die Quelle des Bösen. Wenn Gott nicht die Quelle aller Dinge ist, dann ist Gott nicht Gott. Deshalb ist Gott die Quelle allen „Übels", genau wie alles „Guten". Um das zu begreifen, müssen Sie sich von Ihrem Verstand lösen, der in Urteilen und Polaritäten über „gut" und „böse" verhaftet ist, die vom Überleben motiviert sind.

Der Verstand kann nicht beobachten. Er kann nur sein, und *Sie* können ihn beobachten und mit ihm registrieren. Was wir „böse" nennen, wird von einem unbeobachteten Verstand erzeugt. Die Wurzel alles Bösen ist die rechthaberische Verdammung anderer durch den Verstand und das ihnen Vorenthalten Ihrer Liebe. Sollten Sie die Welt vom „Bösen“ reinigen wollen, seien Sie einfach Beobachter Ihres Verstandes, und seien Sie verantwortlich für das Ausmaß Ihres eigenen Bösen und bereit, es anzuerkennen. Wenn Sie so erleuchtet (verantwortlich) sind, fängt die Welt für Sie an, erleuchteter und verantwortlicher auszusehen. Die Welt befindet sich nämlich in einem Prozess des Bewußt-, Verantwortlich- und Erleuchtetwerdens, und dies zu erleben ist ein Geschenk, das ich Ihnen geben möchte. ■

Kapitel Neun:

Leben nach dem Tod

Wenn Ihr Verstand morgen stirbt und das Leben im Universum weitergeht, wird es dann Leben nach dem Tod geben? Wie absurd können Sie sein?

Anstelle des Wortes „Gott“ möchte ich hier eine Reihe von anderen Worten setzen, die wir schon vorher gebraucht haben, um Sie den aus Ihrer Kindheit stammenden religiösen Glaubensvorstellungen von Gott nicht verhaftet bleiben zu lassen. Ich wähle wiederum die Worte „Kontext“ und „Selbst“, um den wahren Gott darzustellen, der von allen, Theisten und Atheisten, gleichermaßen erlebt wird. Sehen Sie, wenn unsere Definition von Gott so eng ist, daß Sie einigen gestattet, ihre Gotteserfahrung legitimiert zu bekommen, und anderen die Legitimität ihrer Erfahrung abspricht, dann haben wir uns selbst und der Welt einen schlechten Dienst erwiesen. Recht zu haben ist ein schwacher Ersatz für das Funktionieren der Welt.

Kontext ist also das Nicht-Physische, das dem Physischen ermöglicht zu sein. Selbst ist derjenige spezialisierte Kontext, der dem empfindungsfähigen Leben ermöglicht zu sein. Kein Etwas könnte ohne den Raum, in dem es sein kann, sein. Wenn es in diesem Universum keinen Raum für Ihren Körper gäbe, könnte Ihr Körper nicht sein. Selbst ist also ein Nicht-Etwas-Etwas oder ein Raum, in dem Ihre Körperlichkeit ist, ohne den Ihre Körperlichkeit nicht sein könnte. Dem Verstand erscheint es naturgegeben, daß es einen Raum geben sollte, in dem seine Körperlichkeit sein kann. Aber fragen Sie sich mal warum? Warum sollte es einen solchen Raum geben? Die Wahrheit ist, daß Raum nicht notwendigerweise sein oder nicht sein sollte, und was wir vorfinden, ist, daß er ist. Er ist ein Geschenk des Kontextes, das wir für selbstverständlich halten. Er ist ein vorbehaltloses Geschenk, das nichts zurückverlangt. Nun ist es so, daß innerhalb des räumlichen Universums mehr als 99% des verfügbaren, beobachtbaren Raumes vom Vakuum eingenommen wird. Dieser Ort, an dem Dinge wählen können zu existieren, ist der wesentlichste Gedanke, den Kontext je hatte.

Selbst ist also ein Nicht-Etwas-, Nicht-Ort-, Nicht-Zeit-Etwas, -Ort und -Zeit, worin das, was Sie gewöhnlich für „Sie" halten, existiert, ohne das „Sie" nicht existieren könnten. Das Ganze können Sie sich selbst in der physischen Welt vorführen, indem Sie versuchen, zwei identische Gegenstände gleichzeitig am gleichen Ort zu plazieren. Offensichtlich geht das nicht, somit hat dieses Nicht-Etwas-Etwas eine nicht-physische, aber beobachtbare Eigenschaft: „Es" ermöglicht zu gleicher Zeit die Anwesenheit nur einer Sache. Dies ist so offensichtlich, daß es für selbstverständlich gehalten, das heißt, nicht erlebt wird. Aber überlegen Sie mal; hören Sie auf, es für selbstverständlich zu halten, und erleben Sie es. Während Sie das tun, werden Sie Ihr wirkliches Selbst erleben.

Unser Verstand ist daran gewöhnt, „Leben" als Geschöpfe zu denken, besonders Geschöpfe, die unserer eigenen körperlichen Form ähneln. Es wird gesagt, daß das Leben intelligent ist, und so ist es. Heben Sie mal einen Stein auf, und halten Sie ihn in Ihrer Hand. Ich möchte, daß Sie wissen, daß der Stein in Ihrer Hand große Intelligenz besitzt: Er weiß wirklich, wie er Stein sein kann! Nicht nur das, wenn „Zeit" vergeht, und er eine andere Form annimmt, wird er sein Wissen darüber, wie er auch das sein kann, demonstrieren. Dies bedeutet, daß der Stein in Ihrer Hand genau in diesem Augenblick weiß, wie er auch das sein kann. Er wartet einfach, bis seine Zeit gekommen ist, seine Intelligenz zu demonstrieren. Leute, Gott ist intelligent. Gott ist ein Stein.

Gott ist also alles, was es gibt: der Raum, in dem alle Dinge existieren ebenso wie alle Dinge. Wenn es ein einziges Staubkorn, nur ein Atom im Universum gibt, das nicht Gott ist, dann gibt es keinen Gott. Wie Sie vielleicht sehen können, transzendiert dies „Glauben" vollständig und macht ihn überflüssig. Glauben ist immer überflüssig, wenn Sie sich auf das verlassen, was Sie wissen.

Jetzt, da der Rahmen abgesteckt ist, lassen Sie uns die Frage nach dem Leben nach dem Tod untersuchen. Vom Standpunkt des Verstandes/Körpers gibt es kein Leben nach dem Tod, außer wie es in Glaubenssystemen existiert. Dem Verstand ist an der Idee der Nicht-Existenz nicht gelegen, demzufolge konstruiert er Glaubenssysteme zwecks Widerlegung der Idee der Nicht-Existenz. Worum es uns hier aber geht, ist, Glaubenssysteme zu transzendieren und auf das zu gucken, was wirklich ist. Lassen Sie mich Ihnen eine Frage stellen, die so einfach ist, daß sie in ihrer Tiefgründigkeit beinahe dumm ist. Wenn meine Individualität morgen verschwinden und Ihre weiterleben würde, würde es dann Leben nach dem Tod geben? Offenkundig gäbe es Ihr Leben nach meinem Tod. Aber was, wenn ich nicht der bin, für den ich mich halten soll? Was wenn, wer ich wirklich bin, das Selbst ist. Was, wenn ich wirklich weiß, wer ich bin, ich weder mein Körper noch mein Verstand noch irgend etwas meiner Individualität bin. Kann ich dann nicht existieren? Ich kann nicht nicht existieren. Ich bin. Und Sie auch.

Vorläufig bin ich, wenn ich weiß, wer ich bin, Sie. Letztlich bin ich, wenn ich weiß, wer ich bin, das Universum und der Raum, in dem das Universum ist. Wir sind Gott. Das ist das Wesen der Erleuchtung. Und das ist nicht wichtig; es ist einfach.

Die schlechte Nachricht für den Verstand ist, daß er *ist*, wer er zu sein fürchtet. ■

BUCH DREI:

Über Das Funktionieren Ihres Lebens

Mittels Logik können Sie keine im Leben funktionierenden Überzeugungen produzieren. Wenn Sie Logik anwenden, werden Sie ständig durch Gründe behindert. Was funktioniert, können Sie nur aus Nichts erschaffen, und Sie sind für das Erschaffene und die Konsequenzen verantwortlich.

Kapitel Eins:

Vereinbarungen

Ihr Leben funktioniert genau in dem Maße, in dem Sie Ihre Vereinbarungen einhalten. Eine Vereinbarung ist integer, weil Sie sie treffen und aus keinem anderen Grund.

Eine Vereinbarung ist eine bewußte Ausrichtung der Intention. Jetzt, wo Sie über das Selbst Bescheid wissen, kann ich Ihnen sagen, daß Intention eine Manifestation des Selbst ist. Natürlich verwenden Sie Ihren Verstand als das Instrument, mit Hilfe dessen Sie Ihre Intention ausrichten. Im Fall einer Vereinbarung stimmen Sie einem bestimmten Ziel zu. Dies umfaßt die Erfüllung einer Verpflichtung, die Sie mit sich selbst oder mit anderen eingegangen sind. Die Unantastbarkeit einer Vereinbarung hängt nicht vom Einbezogensein anderer ab. Die tiefgreifendsten Vereinbarungen, die Sie im Leben treffen, sind jene, die Sie mit sich selbst treffen. Eine Vereinbarung ist Kraft des Umstandes, daß Sie sie treffen, unantastbar, und aus keinem anderen Grund. Der Zustand, der bei der Erfüllung einer Vereinbarung Ihr Ausgangspunkt ist, wird Integrität genannt. Integrität ist ebenfalls eine Funktion des Selbst.

Zweck einer Vereinbarung ist es, das Leben funktionieren zu lassen, das heißt, dadurch Zufriedenheit zu erlangen und das Leben selbst zu bereichern. Zwischen Ihnen und dem Funktionieren Ihres Lebens steht die Frage des Einhaltens von Vereinbarungen mit sich und anderen. Zwischen Ihnen und dem Funktionieren Ihres Lebens steht die Beschaffenheit des Verstandes. Der Verstand will, was er will, wenn er es will, und wenn sich ihm eine Vereinbarung in den Weg stellt, wird der Verstand die Vereinbarung brechen, um zu bekommen was er will. Somit basiert Ihre Integrität nicht auf der Grundlage dessen, was der Verstand will, sondern auf Ihrer Bereitschaft, Vereinbarungen einzuhalten, egal welche Entschuldigungen Ihr Verstand sich einfallen läßt, um sie zu brechen. Der Verstand zieht sofortige Befriedigung langfristiger Zufriedenheit vor. Der einzige Weg zu langfristiger Zufriedenheit im Leben ist das Einhalten von Vereinbarungen. Mit Ihrem Verstand können Sie nur mittels Intention umgehen.

Brechen Sie niemals eine Vereinbarung! Lügen Sie nie! Betrügen Sie nie! Stehlen Sie nie! Nicht, weil diese Handlungen „falsch" sind. „Falsch" ist lediglich ein Urteil, und Urteile funktionieren nicht. Unterlassen Sie diese Dinge, weil *Sie* nicht funktionieren. Sie haben eine Anzahl von Vereinbarungen, die Sie nie laut ausgesprochen oder aufgeschrieben haben; Lügen, Betrügen und Stehlen gehören dazu. Um Vereinbarungen einzuhalten, müssen Sie zuerst einmal im Zustand der Verantwortlichkeit sein. Sie müssen für die Vereinbarung verantwortlich sein. Aha! Sie sagen, Sie hätten diese Vereinbarungen nicht getroffen. Es hat Sie doch niemand gefragt, bevor diese Vereinbarungen festgelegt wurden, oder? Sie als einzelner sind wahrscheinlich tatsächlich nicht befragt worden. Na und? Glauben Sie, wir wären an Ihnen auf Ihrem niedrigsten Niveau interessiert? Sicherlich können Sie das Brechen von Vereinbarungen rechtfertigen, wenn Sie der sein wollen, der Sie zu sein glaubten, bevor Sie Verantwortung für Ihre Erleuchtung übernommen haben. Aber ich sage Ihnen, die Wirklichkeit interessiert sich nicht für Ihre Rechtfertigungen. Vereinbarungen sind Vereinbarungen. Halten Sie sie ein, seien Sie für sie verantwortlich, und Ihr Leben funktioniert. Halten Sie sie nicht ein, funktioniert Ihr Leben nicht. So einfach ist das. Die Quelle der Vereinbarungen ist das Selbst. Wenn Sie bereit sind, für das Selbst-Sein und nicht nur Ihr Verstand-Sein verantwortlich zu sein, dann sind Sie Quelle der Vereinbarungen. Quelle Ihres Lebens zu sein, ist größer, als Sie vielleicht gedacht haben. Es bringt nämlich mit sich, Quelle des Lebens zu sein, Punkt. Das ist kein Spiel, das Sie halbherzig spielen können. Es ist Alles oder Nichts. Treffen Sie Ihre Wahl.

Was passiert, wenn Sie Ihre Vereinbarungen nicht einhalten, ist, daß Leute verärgert sind. Die Mechanik Ihres

Lebens funktioniert nicht mehr. Sie werden anderen Vorwürfe machen. Sie haben einen Grund, warum aus Ihrem Leben nichts geworden ist. Ein Beispiel ist das Pünktlichsein. Wenn Sie es wirklich darauf anlegen, daß Ihr Leben nicht funktioniert, dann seien Sie einfach nicht da, wo Sie sagen, daß Sie sein werden, wenn Sie sagen, daß Sie da sein werden. Ich garantiere Ihnen, daß dies verhindern wird, daß Ihr Leben übermäßig zufriedenstellend ist. Auch werden Sie Freunde und Jobs verlieren. Halten Sie sich an Ihre Vereinbarungen bezüglich Zeit und Ort, und wir fangen an zu ahnen, daß Ihre Welt funktioniert. Wenn Sie dafür sorgen, daß Ihre Welt funktioniert, dann will jeder mit Ihnen mitmachen. Übrigens, es *ist* Ihre Welt. Ich meine, *die* Welt ist auch *Ihre* Welt. Bis Sie diese Verantwortung annehmen, wird *Ihre* Welt *und die* Welt nie funktionieren. Und ich meine *Sie*, nicht den Typ neben Ihnen. ■

Kapitel Zwei:

Probleme

Probleme sind in Wirklichkeit Gelegenheiten. Je größer das Problem, desto größer die Gelegenheit.

Ich möchte ein paar Worte zu einem Thema sagen, das dem menschlichen Herzen lieb und teuer ist. Ohne Frage finden sich Leute in Umständen und Zuständen, die sie nicht selbst geschaffen haben, die für sie geschaffen wurden und die ihnen aufgezwungen worden sind. Nicht die Tatsache, daß Sie im Leben Probleme haben, macht Sie zum Opfer, sondern, Ihre Probleme vom Standpunkt eines Opfers aus anzugehen, macht Sie dazu. Manche Leute haben sich buchstäblich in Umstände *geboren*, die so problembeladen sind, daß es beinahe wie ein grausamer Witz aussieht. Für solche Leute ist es besonders leicht, den Umständen zu gestatten so auszusehen, als ob sie über die An-oder Abwesenheit von Zufriedenheit im Leben entscheiden würden. Sicherlich *scheint* es so, als hätte man in solchen Umständen kaum oder keine Wahl. Also, im Rahmen dessen, daß wir alle wissen, daß Verhältnisse extrem schwierig sein können, möchte ich, daß Sie wissen, wie solche Dinge wie Scheidung, Armut, grausame Eltern usw., getragen oder betrachtet werden können. Probleme enthalten ein großes Potential, zur Zufriedenheit im Leben beizutragen. Es gilt sogar, je größer das Problem, desto größer sein Potential, etwas zu Ihrem Leben beizutragen. Aber *nur*, wenn Sie es als eine Chance sehen. Wenn es keine Verhältnisse gäbe, die Sie herausfordern, hätten Sie nicht wirklich die Möglichkeit, Ihr Selbst und Ihre Fähigkeit, das Leben gelingen zu lassen, kennenzulernen.

Wenn es in Ihrem Leben keine sich natürlicherweise ergebenden Probleme gäbe, müßten Sie welche erfinden, um sie überwinden und auf diese Weise Ihr Selbst erleben zu können. Sie können sicher sein, daß Leute genau das tun. Problematische Umstände sind also eine riesige Chance, Ihr Leben funktionieren zu lassen und sein Funktionieren zu erleben. Noch phantastischer ist, daß Probleme eine günstige Gelegenheit sind, Sie selbst wirklich als Ihr Selbst zu kennen.

Es ist nun mal so, daß es keine Umstände gibt, die in der Lage wären, Sie zu entwerten. Nur Sie sind in Ihrem Leben mächtig genug, sich zu entwerten. Wenn Sie das tun, dann schreiben Sie sich das bitte freundlicherweise selbst zugute. Wenn Sie denken und fühlen, daß Ihr Leben nicht lebenswert ist, dann möchte ich, daß Sie *wissen*, daß niemand in Ihrer Welt mächtig genug hätte sein können, dies so zu definieren *und* es Sie als stimmig erfahren zu lassen – außer Ihnen. Umstände und andere Leute können Ihnen das nicht antun. Menschen haben angesichts von grausamen Eltern, Konzentrationslagern, Sklaverei und gemeinen Chefs würdige Leben gelebt. Andere haben in ihrem Leben angesichts von Geistesschwäche, keinem Geld, keiner Erziehung, keiner Unterstützung seitens ihrer Eltern, ja, überhaupt keinen Eltern Freude und Zufriedenheit geschaffen. Ich weiß, Sie glauben, Sie seien irgendwie eine Ausnahme, Ihre Umstände seien besondere. Kein anderer hatte es je so schwer wie Sie, und wenn doch, dann konnte der bestimmt kein funktionierendes Leben gehabt haben. Das weiß doch jeder, stimmt's?

Natürlich *sind* Sie einzigartig. Und niemand hatte jemals genau Ihre Probleme. Nicht genauso. Aber da hört's auch schon auf. Sie sollten sich nicht hinter Ihrer Einzigartigkeit verstecken, auch wenn Sie einzigartig sind und selbst genau Ihre Probleme einzigartig sind. Führen Sie Einzigartigkeit nicht als Grund dafür an, daß Ihr Leben nicht gelungen ist. Wenn Sie mit Ihren einzigartigen Situationen nicht umgehen können, liegt das daran, daß Sie nicht mit ihnen umgehen können, und nicht daran, daß mit ihnen nicht umzugehen ist. Die Umstände menschlichen Lebens und die Aspekte menschlichen Erlebens sind von Mensch zu Mensch hinreichend ähnlich, so daß bestimmte Wahrheiten offensichtlich immer zutreffend sind. Es kann sein, daß niemand je Probleme mit dem Vater hatte, mit dem Sie Probleme gehabt haben, aber ich versichere Ihnen, daß andere große – ich meine wirklich große – Probleme mit ihren Vätern hatten und sie gehandhabt haben.

Soviel zu Problemen, die natürlicherweise auftreten. Nun, die meisten der Probleme, die Sie für Ihre natürlicherweise auftretenden Probleme halten, treten nicht natürlicherweise auf. Sie haben sie mittels kluger Manipulation erfunden, sie dann verleugnet und sich dann bezüglich der Urheberschaft der Probleme sogar selbst belogen. Leute tun dies, um Gelegenheit zu haben, Probleme durchzuerleben. Das ist der Zweck von Problemen. Sie werden nie wissen, wie fähig Sie sind, bis (1) Sie aus Ihrer Opferhaltung herauskommen und (2) Ihre Probleme als Weg benutzen, sich selbst als Ihr Selbst zu erleben.

Ein „Opfer", im hier verwandten Sinn, verweist nicht auf eine Person, die Probleme hat, nicht einmal auf eine Person, die Probleme erfindet, ohne das zuzugeben. Ein Opfer ist jemand, der seine Probleme mit der inneren Einstellung angeht, daß (1) andere es ihm angetan haben, wenn sie das nicht haben, oder (2) die Probleme größer sind als er selbst oder (3) er „Probleme" dazu benutzt, etwas zu rechtfertigen. In diesem Sinne sind wir im Leben alle von Zeit zu Zeit mal „Opfer" gewesen. Aber das Spiel wird wegen Mogelei abgebrochen. Es gibt keine „Opfer" in dem Sinn, wie wir das Wort hier verwenden. Es gibt Leute, die ihrem Leben mit Opfer-Nummern Inhalt geben, aber es gibt keine „Opfer", nicht einmal Sie.

Wenn Sie das erst einmal mitbekommen haben, dann möchte ich, daß Sie wissen, daß es niemanden gibt, der mächtig genug ist, Sie dazu zu bringen, Ihr Leben verantwortlich zu führen. Sie müssen das nicht tun und wenn Sie es nicht tun, haben Sie nicht einmal unrecht. Und es gibt Konsequenzen. Wenn Sie sich entscheiden, Probleme in Ihrem Leben verantwortlich zu handhaben, haben Sie damit nicht einmal recht. Und es wird Konsequenzen geben. In Ihrem Leben wird es Freude und Zufriedenheit geben. Sie werden Beziehungen haben, die funktionieren. Sie werden nachts gut schlafen. Sie werden anderen gut tun und andere werden Ihnen gut tun. Sie werden erleben, andere zu lieben, etwas zum Leben beizutragen und zufrieden zu sterben, wenn es soweit ist. Achten Sie auf die Konsequenzen des Kontextes, in den Sie Ihre Probleme stellen; und entscheiden Sie dann, was Sie sein wollen: Opfer oder Meister. ■

Kapitel Drei:

Lebenszweck

Jedes Leben birgt in seinem Innersten einen zentralen Wunsch: Daß es etwas ausmacht, gelebt zu haben.

Jedes Leben birgt in seinem Innersten einen zentralen Wunsch: von Bedeutung zu sein. Daß es zählt, gelebt zu haben, daß es einen Unterschied macht, hiergewesen zu sein. Dieser zentrale Wunsch, von Bedeutung zu sein, wird „Zweck“ genannt. Verwechseln Sie dies nicht mit dem „Grund“ Ihres Hierseins. Der Grund Ihres Hierseins ist etwas, was Sie erfinden müssen und hat mit dem spezifischen Inhalt Ihres Verstandes zu tun. Er ist die *Form*, die Ihr Zweck annimmt, aber nicht Ihr Zweck. Übrigens, *Sie* müssen die Form wählen, die Ihr Zweck annehmen soll. Wenn Sie herumsitzen und auf eine Botschaft Gottes warten, können Sie's vergessen. Sie sind die Quelle dieser Botschaften.

Es ist verführerisch, genauer auf die Formen einzugehen, die Zweck annehmen kann, aber das hieße, sich in das Reich des Verstandes-Zeugs zu begeben, und das entspricht hier nicht unserer Absicht. Urteile darüber, was gut und was schlecht ist, sind unvermeidlich und letztendlich immer unwahr. Ihre Urteile über das, was Sie im Leben tun, um Ihren Zweck zu manifestieren, *sind* vorhanden, aber nicht wichtig, selbst wenn Sie ein anderes Urteil haben sollten, demzufolge sie das sind. Hier schauen wir nicht auf Inhalt, sondern vielmehr auf Kontext.

Wenn Sie *allen* Inhalt, ich meine selbst den, den Sie für Kontext hielten, bis hinunter zu den absoluten Grundlagen, wo nichts mehr entfernt werden kann, abstreifen, taucht etwas Interessantes auf. Was auftaucht, ist die Tatsache, daß Ihr Leben *Bedeutung hat*, und zwar bereits bevor Sie einen „Beweis“ manifestieren. So ist es einfach. Sie brauchen nichts zu tun, um ihm Bedeutung zu geben; es ist natürlicherweise von Bedeutung. Aber menschliche Wesen sind eigenartig, sie möchten gerne handfeste Beweise dafür, daß ihr Leben zählt.

Auf dieser Reise hin zur Manifestierung handfester Beweise für die Bedeutungshaftigkeit des Lebens gibt es Gefahren. Es ist nämlich möglich, die Tatsache, daß das Leben natürlicherweise von Bedeutung ist, aus Ihrem Erleben auszuklammer. Um dies zu tun, müssen Sie zum Leben etwas Unnatürliches hinzufügen, so daß es anfängt *auszusehen, als ob* es anders sei, als es ist. Sie müssen es mit „Zeug“ bedecken. Sie müssen das nehmen, was Sie tun, und darüber Urteile fällen. Vielleicht sagen Sie, daß Sie mit dem, was Sie tun, nicht genug Geld verdienen. Oder nicht genug Freiheit bei Ihrer Arbeit haben. Es könnte sein, daß Sie den Umstand, daß Leute Ihre Arbeit scheinbar nicht bemerken, dazu heranziehen werden, Ihren natürlichen Wert zu verbergen. Oder Sie haben vielleicht nicht genug Ausbildung erhalten. All das sind Urteile und als solche unnatürlich. Wenn Sie sie auf unerleuchtete Art und Weise ernstnehmen, bilden sie ein Rechtfertigungs-System, mit dem Sie sich das Erleben, daß Ihr Leben zählt, verbauen. Sie verleugnen die Natur Ihres Daseins.

Der natürliche Zustand, abzüglich all dem gegenteiligen Zeug, ist vollkommene Integrität, und das ist das, was Sie im Leben verleugnen müssen, um Ihren Zweck zu verdekken. Was Sie *tun*, um Integrität zu manifestieren, ist, Ihre Vereinbarungen einzuhalten. Was Integrität *ist*, ist die Bereitschaft, Ihr wahres Erleben des Lebens so sein zu lassen, wie es ist: wahr. Integrität heißt, es mit nichts Künstlichem zu überdecken. Das Ihr Leben zählt, können Sie nur dann erleben, wenn Sie integer handeln. Wenn Sie von Integrität herkommen, brauchen Sie sich wegen der Form, die Ihr Leben annimmt, keine Sorgen zu machen. Jede Form wird auf natürliche Weise für sich selbst sorgen, ohne Ihre diesbezüglichen Sorgen oder „Versuche“, es hinzukriegen.

Was stets eintritt, wenn Sie von einem Zustand der Integrität herkommen, ist, daß dem Leben gedient wird, Ihrem und dem anderer, und Sie den natürlichen Wert Ihres Lebens erleben. Ihr Zweck wird äußerst wirklich. Wenn ich sage, anderen wird gedient, beziehe ich micht nicht notwendigerweise auf das, was Sie im einzelnen tun. Ich beziehe mich auf Ihre Haltung gegenüber dem, was Sie tun. Es ist möglich, anderen außerordentlich zu dienen und Ihren Beitrag selber nicht zu erleben. Eigentlich ist alles, was Sie tun, was für andere nicht destruktiv ist, ein Dienst. Um diesbezüglich zufrieden zu sein, seien Sie bereit, den Beitrag, den Sie leisten, zu erleben. Sogar wenn Sie sich selbst oder anderen etwas Destruktives antun, und dies in einem Kontext des Beitragens geschieht, wird es sich gegebenenfalls selbst in einen Beitrag transformieren. Sogar Straßenkehren ist ein Beitrag, ein ausgesprochen konkreter Beitrag. Vielleicht wird es Ihnen nie als Verdienst angerechnet werden, außer durch Ihr Selbst, aber, sehen Sie, es ist sowieso nur Ihr Selbst, für das irgendetwas von Bedeutung ist.

Ein sicherer Weg, Zufriedenheit in Ihrer Form der Ausgestaltung Ihres Lebenszwecks zu verbauen, ist, sich in jenen Verstandes-Zustand zu begeben, den man „Stolz" nennt. Ganz gleich was Sie tun, Sie können nicht von Stolz herkommen und wirklich erleben, daß Sie irgendjemandem dienen, egal was Sie machen. Es interessiert mich nicht, ob Sie für eine äußerst „wichtige" Person gehalten werden, wenn Sie in einem Zustand des Stolzes sind, wird das, was Sie tun, Ihrem Erleben nach, niemandem zu Diensten sein. Denn, schauen Sie, Dienst ist nicht eine bestimmte Handlung, es ist der Geist oder Kontext, in dem Handlungen getätigt werden. Der Beitrag, den Sie leisten, liegt nicht in dem, was Sie tun, sondern im Geist, in dem Sie es tun. Das Beste, was Sie tun können, liegt vielleicht genau vor Ihnen. Wonach Sie gesucht haben, ist nicht wirklich etwas anderes, wenngleich Sie das vielleicht dachten. Wonach Sie wirklich gesucht haben, ist Ihr perfekter, *natürlicher* Kontext des Beitragleistens, um darin das, was immer Sie tun, zu tun. Nur dann, wenn Sie wirklich die Verantwortung für den natürlichen Kontext des Ganzen übernehmen, werden Sie den Beitrag, den Sie leisten, daß Ihr Leben nämlich wirklich von Bedeutung ist, wirklich erleben. Bis dahin wird es Ihnen immer so vorkommen, als ob Sie, ganz gleich was Sie tun, eigentlich etwas anderes tun sollten.

Schließlich möchte ich, daß Sie die tiefste Bedeutung dessen kennen, was Sie tun, wenn Sie es in seinem natürlichen Kontext tun. Es ermöglicht anderen, zu wissen, daß ihr Leben wirklich zählt. Es ist von Bedeutung, daß wir leben. ■

Kapitel Vier:

Verpflichtung

Verpflichtung verursacht Vollständigkeit.

Wenn Sie erleben, daß das Leben einen natürlichen Zweck hat und nicht auf besondere Weise manipuliert werden muß, um bedeutungsvoll zu sein, steht es Ihnen frei, es bewußt zu manipulieren. Derjenige Inhalt des Lebens, mit dem umzugehen am bedeutungsvollsten ist, ist derjenige, der auf Beziehungen Bezug nimmt. Verplichtung ist der Grundstein von Beziehungen. Ohne Verplichtung kann es ein Sich-beziehen-auf geben, aber keine Beziehung.

Beziehungen existieren innerhalb festgelegter Grenzen, so daß Leute wissen, was sie von Ihnen erwarten bzw. nicht erwarten können. Da Verpflichtungen notwendigerweise auch das umfassen, was im Leben relativ unveränderbar ist, und da das Leben seinem Wesen nach Veränderung ist, sollten Verpflichtungen auf die grundlegendsten Bestandteile des Lebens beschränkt bleiben. Was ich damit meine, ist, wie einer meiner Klienten mir einmal sagte: „Mach's doch nicht so kompliziert, du Dummkopf!" Und selbst wenn Sie es einfach halten, ist es immer noch Ihre Aufgabe, festzulegen, was diese Einfachheiten, auf die Leute sich bei Ihnen verlassen können, sind.

Wenn Leute in einer Beziehung mit Ihnen bestimmte Verpflichtungen *voraussetzen*, sind Sie für eine klare Kommunikation verantwortlich, in der diese Voraussetzungen offen geprüft werden. Seien Sie sich darüber im klaren, daß Sie in einer Beziehung mit ausgesprochenen und unausgesprochenen Verpflichtungen sein können oder die Beziehung neu definieren können oder vermeiden können, in der Beziehung zu sein. Beziehungen, in denen Sie Ihre Verpflichtungen nicht einhalten, werden für Sie nicht funktionieren. Sich hinter dem Anschein zu verstekken, daß Sie nicht Bescheid wußten, funktioniert auch nicht, und wenn Sie nicht Bescheid wissen, sind Sie dafür verantwortlich, darüber zu kommunizieren. Wahrscheinlich werden Sie entdecken, daß Sie über vorausgesetzte Verpflichtungen Bescheid „wissen" und lieber nicht zugeben würden, daß Sie Bescheid wissen.

Dann gibt es noch die Möglichkeit, überhaupt keine Verpflichtungen einzugehen. Das ist das Rezept für Einsamkeit, und es funktioniert sehr gut, um Einsamkeit in Ihr Erleben des Lebens zu bringen. Leute werden Sie meiden wie die Pest, wenn sie merken, daß Sie nicht gewillt sind, in Ihrem Leben Verpflichtungen einzugehen.

Um eine Verpflichtung wirklich einzugehen, müssen Sie erleben können, daß Sie die Verpflichtung nicht eingehen *müssen*. Wenn Sie müssen, dann können Sie sich nicht dafür entscheiden. Wenn Sie keine Wahl haben, können Sie eine Verpflichtung nicht eingehen. Wenn Sie so tun, als ob Sie eine Verpflichtung eingehen, weil Sie es müssen, dann tun Sie nichts anderes, als Bedingungen herzustellen, um das Brechen Ihrer Verpflichtungen zu rechtfertigen. Sie haben dann Entschuldigungen, wie „Na ja, Sie hat mir keinen Raum gelassen, ich selbst zu sein". Sie waren derjenige, der sich selbst nicht genügend Raum gegeben hat, und das war Ihre eigene Absicht. Um in einer Beziehung eine Verbindlichkeit aufrechtzuerhalten, müssen Sie erleben, daß Sie keine Verpflichtung eingehen müssen. Das brauchen Sie wirklich nicht. Ganz ehrlich, keiner kann Sie zwingen. Absolut niemand.

In Wirklichkeit ist eine Verpflichtung etwas, was Sie mit Ihrem Selbst eingehen und was manchmal in Form der Einbeziehung einer anderen Person geschieht. Wenn Sie eine Verpflichtung brechen, sind Sie letztendlich nur Ihrem eigenen Selbst untreu. Die anderen werden drüberhinwegkommen. Sie werden nie wieder derselbe sein. Dies gilt auch für Verpflichtungen, die Sie mit sich selbst eingehen, ohne daß andere einbezogen sind, wie die Berufswahl. Es hat mit dem Vervollständigen von Lebenszyklen zu tun. Verpflichtungen gestattet diesen Zyklen, zur Vollendung zu kommen. Solange Sie nicht jeden Zyklus, den Sie beginnen, vervollständigen, sind Sie nie wirklich damit fertig. Dessen Unvollständigkeit wird immer in Ihnen weiterleben. Verpflichtung verursacht Vollendung.

Und da ist nichts Mystisches dran. Beispiele gibt es genug. Wenn Sie trotz einer mit Ihnen selbst eingegangenen Verpflichtung ein ungemachtes Bett haben, haben Sie ein Beispiel. Die unaufgeräumte Garage ist eines. Der Stapel Geschirr im Abwaschbecken. Die Beziehung, die Sie mittendrin abgebrochen haben. Diese Dinge werden immer mit Ihnen leben, bis Sie sie vervollständigt haben. Es entspricht der Natur des Lebens, in Zyklen zu verlaufen. Wenn Sie im Leben also ein Gefühl des Abgerundetseins haben wollen, dann ist die Art und Weise, dies zu erreichen, Ihren Verbindlichkeiten nachzukommen. Und Sie müssen nicht. Niemand kann Sie dazu zwingen. Sie können sich entscheiden, in Ihrem Erleben unvollständig zu sein. Sie sind sowieso der einzige, der den Preis zu zahlen hat. Alles hat seine Zeit, stimmen Sie sich also auf die Art und Weise, wie es ist, ein. Lassen Sie Ihr Leben funktionieren. Vervollständigen Sie Ihre Zyklen. Halten Sie Ihre Verpflichtungen ein. ■

Kapitel Fünf:

Eltern

Offensichtlich haben Sie überlebt. Somit haben Ihre Eltern ihre Arbeit getan. Alles, was Sie sonst noch jemals zu diesem Thema gesagt haben, diente dazu, recht zu haben.

„Eltern" sind diejenigen Leute, die eine bedeutende Rolle hatten, indem sie mit Ihnen zusammen waren und sich in Ihren frühen Jahren Ihrer fundamentalen Bedürfnissen angenommen haben, bis Sie angefangen haben, ohne deren Hilfe, eigenständig zu überleben. Ihre biologischen Eltern sind oder sind vielleicht nicht Ihre wirklichen Eltern gewesen. Um mit der Angelegenheit Eltern umzugehen, müssen Sie diejenigen zutreffend identifizieren, die Ihre wirklichen Eltern waren oder sind und aufhören, über die Leute zu meckern, von denen Sie meinen, sie hätten Ihre Eltern sein müssen. Es kann sein, daß Sie im gleichen Haushalt mit Ihren biologischen Eltern gelebt und einen oder mehrere zusätzliche, wirkliche Eltern gehabt haben. Brüder, Schwestern, Onkel, Tanten, Großeltern, Freunde der Familie und andere dienen uns als Eltern. Vielleicht ist Ihnen nicht bewußt, wer Ihre wirklichen Eltern sind, wenn Sie Überzeugungen, wer Ihre Eltern sein *sollten*, verhaftet sind.

Wie bei allen Beziehungen im Leben, hat die Beziehung zu Eltern einen Zweck. Nun, zum wahren Zweck dieser Beziehung wird viel hinzugefügt. Eltern sind nicht dazu bestimmt, all Ihre Wünsche und Bedürfnisse sofort zu befriedigen. Eine Elternbeziehung ist auch nicht dazu bestimmt, Sie zu sich selbst ein gutes Gefühl haben zu lassen. Dafür sind Sie verantwortlich. Eltern sind nicht dazu bestimmt, Sie so zu programmieren, daß Sie im Leben stets die richtige Entscheidung treffen. Sie sind für all Ihre

Entscheidungen im Leben verantwortlich. Der Zweck von Eltern ist folgender: Mit Ihnen zu sein und Sie beim Überleben zu unterstützen, bis Sie eigenständig überleben können. Alles andere, was Sie darüber gesagt haben, ob Gutes oder Schlechtes, hat dazu gedient, Sie in die richtige Position zu bringen, damit Sie der Tatsache nicht ins Auge sehen müssen, daß Sie für Ihr eigenes Leben und das, was daraus wird, verantwortlich sind. Dies gilt in zweierlei Hinsicht. Es ist in Ordnung und großzügig, Eltern das Gelingen des eigenen Lebens zuzuschreiben, und das ist diesbezüglich nicht die letzte Wahrheit. Es ist absolut bösartig, Eltern die Schuld zu geben, wenn Sie das Gefühl haben, daß Ihr Leben mißlungen ist. Es ist bösartig aufgrund des Schadens, den es Ihnen zufügt: Sie opfern Ihre Lebendigkeit. Ihr Leben funktioniert solange nicht, bis Sie Ihre Verantwortung dafür anerkannt haben. Es nützt nichts, herauszukriegen, wie Ihre Eltern es Ihnen angetan haben.

Nun, offensichtlich haben Sie überlebt. Somit haben Ihre Eltern ihre Arbeit getan. Ganz gleich, was Sie sagen, sie haben ihre Aufgabe erfüllt. Die Leute, deren Eltern ihre Aufgabe nicht erfüllt haben, lesen dies hier nicht, weil sie nicht überlebt haben. Demgegenüber sind Sie der lebende Beweis dafür, daß Ihre Eltern ihre Aufgabe erfüllt haben. Wissen Sie was? Es ist nicht einmal Aufgabe Ihrer Eltern, Persönlichkeiten zu haben, die Sie mögen. Ist das nicht ein Hammer? Ich gehe jede Wette mit Ihnen ein, daß Sie der Meinung waren, daß Ihre Eltern bei Ihnen irgendeine Art von Persönlichkeits-Wettbewerb gewinnen mußten. Wenn Sie hiervon irgend etwas als Gepäck mit sich rumschleppen, werfen Sie's weg. Das Leben funktioniert erleichtert/erleuchtet besser.

Das Thema Liebe taucht häufig auf, wenn es um Eltern geht. Die Frage, die immer wieder gestellt wird, ist „Haben mich meine Eltern *wirklich* geliebt?“ Was Liebe ist, ist Erfüllung des Zwecks in Beziehungen, nicht der emotionale Mist, den Sie für Liebe hielten. Die Wahrheit ist, wenn Ihre Eltern es mit Ihnen solange ausgehalten haben, bis Sie eigenständig überleben konnten (was sie offensichtlich getan haben), dann haben Ihre Eltern Sie geliebt. Das heißt, sie haben ihren Zweck in Ihrem Leben erfüllt.

Wenn Sie mit der *Art*, wie sie ihren Zweck erfüllt haben nicht zufrieden sind, dann ist das Ihr Problem und nicht das Ihrer Eltern. Unterstehen Sie sich, denen das anzulasten. Wahrscheinlich fällt es Ihnen nicht schwer zu bemerken, daß Sie im Leben eine Menge „Zeug" mit sich rumschleppen. Das war bei Ihren Eltern nicht anders. Die haben sich auch mit Zeug belastet. Tatsächlich hatten Sie das Vorrecht, etwas davon zu erleben. Wahrscheinlich hat Ihnen manches davon so gut gefallen, daß Sie selbst ähnliches Zeug produziert haben. Wenn Sie also erleuchtet werden, indem Sie Ihr Zeug abladen, tun Sie das im Wissen, daß Sie nicht Ihr Zeug sind und daß Sie dafür verantwortlich *sind.* Wir werden Ihnen nicht erlauben, mit zweierlei Maß zu messen. Wenn Sie nicht Ihr Zeug sind, dann waren auch Ihre Eltern nicht ihr Zeug. Wenn Sie dies wissen, haben Sie eine Chance, sich auf Ihr Selbst als der, der Sie sind und nicht als der, der Sie nicht sind, zu beziehen. Nehmen Sie die Gelegenheit wahr, und tun Sie das gleiche mit Ihren Eltern.

Die Daseinsbasis in Beziehung zu Eltern ist also, daß Eltern und Kinder sich gegenseitig zutiefst lieben. Und auf beiden Seiten gibt es Blockaden, diese Liebe zu erleben und auszudrücken. Na und? Es ist nicht wirklich bedeutungsvoll, wenn sich die Form der Beziehung nie ändert. Dennoch wollen Leute, daß sich die Form der Beziehung ändert, deshalb werde ich Ihnen sagen, wie man das macht.

Lassen Sie Ihre Eltern recht haben; sich selbst unrecht. Wen interessiert es denn überhaupt, wer recht und wer unrecht hat? Hören Sie auf, ihnen Widerstand zu leisten. Lassen Sie sie recht haben. Sie werden nicht nicht überleben, wenn Sie sie recht haben lassen. Ich versichere Ihnen, daß deren Bedürfnis recht zu haben, eine umfassende Liebe zu Ihnen zugrunde liegt. Dadurch, daß Sie den Haltungen Ihrer Eltern Widerstand leisten, blockieren Sie das Erleben und den Ausdruck ihrer Liebe zu Ihnen und Ihrer eigenen Liebe ebenfalls. Wo Sie mit Ihren Eltern sein wollen, ist: die Vergangenheit abgeschlossen zu haben, damit Sie anfangen können, sich in der Gegenwart aufeinander zu beziehen. Den Weg zur Vervollständigung fangen Sie nicht unvollständig an. Unvollständig *sein* gibt es nicht.

Sich unvollständig zu *fühlen*, unterstützt nur Ihre Haltung, recht zu haben. Geben Sie es auf, recht zu haben, und Sie werden Vollständigkeit, die immer schon unter dem Zeug verborgen gewesen ist, erleben. Wenn Sie meinen, Sie könnten damit umgehen, machen Sie Ihre Beziehung zu Ihren Eltern perfekt. Es kann sein, daß Sie das Bedürfnis haben, mit Ihren Eltern nicht auskommen zu wollen. Wenn Sie das haben, dann haben Sie es. In einem solchen Fall, ist es Ihre Aufgabe, diesem verdrehten Bedürfnis gegenüber wach und verantwortlich zu werden, so daß Sie es fallenlassen können, wenn Sie das wollen.

Übrigens, Ihre Eltern müssen nicht am Leben sein, damit Sie die Beziehung vervollständigen können. Vervollständigung ist der Prozess, die Wahrheit, die sich in Ihrem Inneren ereignet, zu erzählen.

Wenn Sie bereit sind, Ihre Beziehung zu Ihren Eltern zu vervollständigen, indem Sie die Wahrheit sagen, dann wird es auch all Ihren anderen Beziehungen möglich, perfekt zu sein. Die Sache mit den Eltern ist so entscheidend, weil sie der Kern ist, innerhalb dessen Ihre Verstandesmuster für Beziehungen anfingen, zu entstehen. Bis Sie anfangen, dort aufzuräumen, ist die ganze Angelegenheit weniger, als sie sein könnte. Wie immer räumen Sie auch hier auf, indem Sie das Zusatzgepäck Ihres Verstandes-Zeugs fallenlassen, das heißt, erleichtert/erleuchtet sind. ■

Kapitel Sechs:

Kinder

Kinder zu haben, entwickelt Ihr Erleben der Welt.

Die „Kinder" meint hier diejenigen Leute, denen gegenüber Sie eine Verpflichtung haben, sie beim Überleben zu unterstützen, bis sie in der Lage sind, selbständig zu überleben. Ich beziehe micht nicht notwendigerweise auf Ihre Blutsverwandten, nicht einmal auf eine bestimmte Altersgruppe. Eltern/Kind-Beziehungen werden im Leben spontan zwischen Leuten aller Altersgruppen als Manifestation der Absicht des Selbst erzeugt, vollständig und zufrieden zu sein. Vielleicht sind Sie sich nicht bewußt, wer die „Kinder" in Ihrem Leben sind.

Es ist wichtig, daß Eltern Klarheit darüber haben, was der fundamentale Zweck des Elternseins ist, und daß Kinder an der Klarheit dieses Zwecks teilhaben. Der fundamentale Zweck, ein Kind zu haben, ist, das Kind zu unterstützen, zu überleben, bis das Kind selbständig überleben kann. Wenn Sie das getan haben, haben Sie Ihre Aufgabe als Eltern erfüllt und lieben Ihre Kinder. Erinnern Sie sich, Liebe ist kein „Gefühl", sondern die Erfüllung des Zwecks in Beziehungen.

Obwohl der Zweck der Beziehung das Überleben ist, passieren im Verlauf des Elternseins bestimmte andere interessante Dinge. Die Sache, auf die ich hier näher eingehen will, hat mit Ihrem Erleben der Welt zu tun. Erinnern Sie sich, daß es *die* Welt gibt, die Sie niemals kennen können, und darum gibt es da noch *Ihre* Welt, die Ihrer Wahrnehmung, die einzige, die Sie überhaupt kennen können, die, die Sie so zusammengesetzt haben, wie sie ist. Mit dieser Erinnerungshilfe werden Sie in der Lage sein, dies hier mitzubekommen: Ihr Erleben der Welt wird durch Ihre Kinder erweitert. Das sollte Ihnen als Anhaltspunkt dafür dienen, wann Sie bereit sind, Eltern zu werden. Wenn Ihre Erfahrung der Welt so ist, daß deren Erweiterung ein Beitrag für die Welt sein wird, dann sind Sie bereit, „Kinder" zu haben. Ich sage damit nicht, sich biologisch fortzupflanzen, und das könnte die Art sein, in der Sie sich entschieden haben, „Kinder" zu haben. Sie erinnern sich, „Kinder" gibt es in allen Größen und Altersgruppen und können mit Ihnen, durch Verwandtschaft oder einfach weil sie eine Beziehung zu Ihnen haben, verbunden sein. Auch wenn Sie ein Erwachsener ohne Nachwuchs sind, haben Sie wahrscheinlich Kinder und sind wahrscheinlich jemandes Kind. Also Kopf hoch, dies trifft auch auf Sie zu.

Kinder zu haben, erfordert noch etwas mehr. Sie müssen in einem solchen Zustand sein, daß Sie einem anderen menschlichen Wesen tatsächlich beistehen können zu überleben. Dies wiederum erfordert ein *Erleben* Ihrerseits, daß Überleben eine vollendete Tatsache ist. Sie können irrsinnig reich sein und dieses Erleben dennoch nicht haben. Und Sie können arm sein wie eine Kirchenmaus und dieses Erleben haben. Es hat also wenig mit Geld zu tun. Abgesehen von den grundlegenden Bedürfnissen des Lebens werden Kinder nicht von Geld genährt; sie werden von Eltern genährt.

Es kann sein, daß Sie Ihre Kinder manchmal nicht mögen. Na und? Elternsein erfordert nicht, daß Sie Ihre Kinder immer mögen. Alle Kinder haben unliebsame Eigenarten. Sie haben vielleicht bemerkt, daß Kinder manipulativ sind. Sie sind im Besitz eines Verstandes, der danach strebt, andere zu beherrschen und zu kontrollieren, genau wie Ihr Verstand. Aber was nun Kinder betrifft, die sind manchmal körperlich klein, haben vielleicht wenig Geld und wahrscheinlich weniger Macht und weniger Freunde als Sie. Deshalb werden sie das, *was* sie haben, einsetzen, um zu beherrschen und zu kontrollieren. Vielleicht mögen Sie die Art nicht, wie sie das tun, aber sie stekken manchmal eben genauso im Überleben wie Sie. Kinder haben also nicht unrecht, manipulativ zu sein. Da Sie aber größer, stärker, reicher sind, mehr über die Welt wissen und mehr Freunde haben, können wir trotz aller Bemühungen Ihres Kindes damit rechnen, daß Sie die Situation völlig beherrschen. Eine Art zu dominieren ist, es so einzurichten, daß alle Beteiligten zufrieden und genährt sind. Es ist sogar so, daß Zufriedenstellung und Förderung die mächtigsten Herrschaftsinstrumente sind, die es gibt, für die Elternschaft wie für jeden anderen Zweck. Bringen Sie also Ihre Macht zum Ausdruck: Befriedigen und nähren Sie Ihre Kinder.

Zum Schluß möchte ich, daß Sie wissen, was aus Ihren Kindern werden und was nicht aus ihnen werden wird. Aus ihnen wird das werden, was aus ihnen wird. Es wird nicht genau das aus ihnen werden, was Sie sich vorgestellt haben. Das passiert nie. Jammerschade. Darüberhinaus werden sie im Leben das tun, was sie tun, nicht notwendigerweise das, was Sie ihnen raten. Sie werden in Bezug auf Lebensstil, Arbeitsgewohnheiten und sexuelle Vorlieben ihre eigene Wahl treffen. Sie haben über diese Dinge keine Kontrolle, und Ihnen kann man deswegen keine Vorwürfe machen. Tatsächlich gibt es überhaupt keinen Vorwurf, wenn Sie außerhalb der Vorurteile Ihres Verstandes operieren. Ihre Kinder sind *Individuen*. Das bedeutet, sie sind von Ihnen getrennt. Sie sind keine Verlängerungen Ihres eigenen Lebens. Gestalten Sie Ihr eigenes Leben so, daß es Sie befriedigt, und Sie werden merken, daß Sie es nicht nötig haben, das Leben Ihrer Kinder zu leben. Letztendlich haben Sie in Bezug auf Ihre Kinder nur die Wahl, sie auf ihrem Weg zu segnen oder sie nicht auf ihrem Weg zu segnen. Ich schlage vor, daß Sie sie auf ihrem Weg, als Ausdruck Ihrer Liebe zu ihnen, segnen, und zwar auch dann, wenn ihr Weg nicht mit Ihren Urteilen in der Sache übereinstimmt. Erinnern Sie sich, daß sie tun werden, was sie tun werden, ob Sie sie nun segnen oder nicht, Sie können sie also genausogut segnen. Sie können Menschen nicht zwingen, verantwortlich zu sein. Sie können ihnen nicht einmal die Möglichkeit geben, zu wählen. Die Wahlmöglichkeit ist immer da; Sie können nur darauf hinweisen. Erinnern Sie sich, es ist unmöglich, irgend etwas zu wählen, wenn man muß. Um sicherzugehen, daß Ihre Kinder wählen, *nicht* verantwortlich zu sein, versuchen Sie, ihnen die „Wahl“ aufzuzwingen. Werden Sie leichter mit Ihren

Kindern! Es wird was aus ihnen werden. Vielleicht wird sogar was aus Ihnen. ■

Kapitel Sieben:

Sex

Sex macht Spaß, und Vergnügen ist gut für Sie, ungeachtet dessen, was Sie darüber denken.

Sexualität ist der Aspekt des Körpers, der für die Fortpflanzung bestimmt ist. Der Mensch ist ein „perfekter Selbsterhalter", und eine Art, in der dies zum Ausdruck kommt, ist das intensive Vergnügen, das in die Aktivität, die die Reproduktion des Körpers ermöglicht, eingebaut ist. Gerade weil Sex so enormes Vergnügen bereitet, baut der Verstand eine unglaubliche Menge Zeug um Sexualität herum auf. Von Ihrem gesamten – bewußten und unbewußten – Zeug bezieht sich mehr als die Hälfte in irgendeiner Weise auf Sexualität. Wenn Ihr Verstand kein anderes, mit dem Überleben des individuellen Organismus, den Sie zur Zeit bewohnen, verbundenes Zeug mehr zum Nachdenken hat, wird er sich höchstwahrscheinlich dem Material zuwenden, das sich auf das Überleben der Art bezieht: Sexualität. Sex ist so allgegenwärtig, daß er unterdrückt wurde, um andere Aufgaben im Leben erledigen zu können. Nichtsdestotrotz, entspannen Sie sich für einen Augenblick, und schon steigt er, sozusagen, hoch.

Sexualität wird ein aktiver Bestandteil all Ihrer Beziehungen sein, ganz gleichgültig, ob Sie jemals darüber sprechen, sie jemals ausagieren oder auch nur darüber nachdenken. Sie können dies mögen, es hassen oder es kann Ihnen auch gleichgültig sein, es wird immer noch so sein. Sie werden um Sex herum Verstandesstrukturen aufbauen, um ihn zu bändigen und zu kontrollieren, ganz gleich, ob Sie dies für notwendig halten oder nicht. Sie werden lernen, wann offen geäußert Sexualität gemäß den Übereinstimmungssystemen der Welt zulässig ist, ganz gleich, ob Sie mit diesen übereinstimmen oder nicht. Sie werden in Ihren jungen Jahren eine sexuelle Vorliebe wählen, die Sie für den Rest Ihres Lebens besitzen werden, ganz gleich, ob Sie die gut oder schlecht finden. Offensichtlich wird sexuelle Vorliebe nicht vom Verstand gewählt, sonst wäre sie der Manipulation zugänglich. Sex hat etwas Geheimnisvolles an sich. Selbst wenn Sie alles wissen, was faktisch darüber bekannt ist, bleibt etwas, was Sie nicht ausdrücken können. Da ist etwas, was sich nicht in Worte fassen läßt. Selbst wenn Sie alle Kommunikations-Kurse, die es gibt, absolviert haben und allen Sex-Unterricht, den es gibt, ist da immer noch etwas sehr Geheimnisvolles und Unsagbares an Sexualität. Das ist der eigentliche Grund, warum Leute zögern, über Sex zu sprechen.

Bei genauerem Hinsehen wird deutlicher, daß diese Aspekte der Sexualität den Aspekten des Selbst ähneln. Im wesentlichen kann über beide letztendlich nicht kommuniziert werden. Weil Sex aber so offensichtlich körperlich ist, will niemand die Nicht-Etwashaftigkeit von Sexualität sehen. Dennoch gibt es einen Aspekt der Sexualität, der, wie alles Erleben, außerhalb der Welt der Etwashaftigkeit, Örtlichkeit und Zeitlichkeit liegt. Und doch ist Sexualität auf der alltäglichen Ebene so profan wie die sanitären Anlagen Ihres Hauses. Es paßt einfach alles nicht so zusammen, wie wir das gerne hätten. Stattdessen paßt es so zusammen, wie es das tut. Pech gehabt.

Nur, damit Sex funktionieren kann, das heißt Ihnen in Ihrem Leben Befriedigung bringt, müssen Sie Sexualität von all ihren Seiten her sehen, einschließlich der, die „keine Seite" genannt wird, das ist der Teil der Sexualität, der im Erleben geschieht (außerhalb von Etwas, Ort und Zeit). Wenn Sie einen wichtigen Aspekt der Sexualität unbeachtet lassen, wird die ganze Sache nicht funktionieren. Man kann nicht die Wahrheit verneinen und Resultate erzielen. Der letzte Teil dieses Kapitels handelt von den verschiedenen Wahrheiten über Sex. Beim Lesen wird Ihnen vielleicht schlecht werden, werden Sie vielleicht wütend, entrüstet, hoffnungslos oder gelangweilt. Ich sage

Ihnen ja, Sie haben eine Menge Zeug in Verbindung mit Sex. Akzeptieren Sie das. Blockieren Sie sich nicht selbst, indem Sie versuchen nachzuweisen, daß Sie das nicht haben. Sie haben eine Menge Zeug. Na und? Der menschliche Körper hat eine bestimmte physische Form. Es gibt zwei Standard-Ausführungen. Eine ist mit einem (manchmal) langen Organ ausgestattet, das Penis genannt wird. Die andere Ausführung ist mit einem Raum ausgestattet, in den das (manchmal) lange Organ gesteckt werden kann. Leute, die das gerne machen, werden „Heterosexuelle" oder „straight" genannt. Was die gerne tun, ist, den Raum zu füllen und mit Ihren Organen Reibung hervorzurufen. Allerdings findet vorher normalerweise ein ausgedehntes Werbespiel mit bestimmten, (kulturell) festgelegten Verhaltensweisen statt. Manchmal werden Überleben und Liebe in den Akt eingebaut, und das Ganze wird dann „Ehe" genannt. Manchmal wird nur Überleben in den Akt eingebaut, und das wird dann „Prostitution" genannt. Manchmal wird nur Liebe eingebaut, und das wird „Affäre" genannt. Gelegentlich erzeugt so ein Akt neue Individuen. Dies mag von den Teilnehmern angestrebt worden sein oder auch nicht. Das Töten des Individuums vor der Geburt wird „Abtreibung" genannt. Es gibt andere Leute, die sexuell gerne mit Individuen des gleichen Körpertyps umgehen. Diese Leute werden „Homosexuelle" oder „lesbisch/schwul" genannt. Außer der Körperform und dem Ersetzen bestimmter Körperöffnungen ist die Thematik und die Tätigkeit genau die gleiche, nur die Zeugung neuer Individuen und die damit verknüpften Probleme treten hier nicht auf. Manchmal funktioniert Sex nicht. Das (manchmal) lange Organ will nicht langwerden, oder der Raum will kein Gleitmittel produzieren. Diese Zustände werden „Impotenz" bzw. „Frigidität" genannt. Manche Leute sind nicht in der Lage, Ihre Organe dann funktionieren zu lassen, wenn Sie das wollen; bei anderen funktionieren ihre Organe dann, wenn sie nicht wollen, daß sie das tun. Während des Geschlechtsaktes denken Leute manchmal an andere Personen als an die, mit denen sie zusammen sind. Leute spielen häufig zum Vergnügen mit ihren Organen. Manche Leute zeigen ihre Organe gerne; andere wiederum beobachten sie dabei gerne. Diese beiden Zustände werden „Exhibitionismus“ bzw. „Voyeurismus“ genannt. Manche schauen sich gerne Filme oder Bilder an, die Sex oder Nacktheit zeigen. Andere finden Tiere reizvoll und werden durch sie sexuell erregt. Manche haben gerne mehrere Partner zur gleichen Zeit. Wieder andere ziehen es vor, über all das oder Teile davon zu fantasieren und ihre Fantasien nie auszuagieren. Und manche lieben es, das Ganze zu psychoanalysieren.

Ich könnte das fortführen, glaube aber, daß Sie jetzt ein Erleben davon haben, daß Sie in Verbindung mit Sex einiges an Zeug haben. Sie glauben, daß bestimmte Formen (fast immer die Formen, die anders sind als Ihre) „schlecht“, oder „falsch“ sind. Sie sind auch überzeugt, daß andere Formen (fast immer Ihre) „gut“ und „richtig“ sind.

Nun zur wirklichen Wahrheit über Sex. An Sex ist nichts richtig und nichts falsch. Ihre Überzeugungen sind lediglich Ihre Überzeugungen, nicht die Wahrheit. Sie erinnern sich an Wahrheit. Das ist der Typ, der ganz für sich steht, ohne die Unterstützung Ihrer Überzeugungen. Im Bereich der Sexualität gibt es mehr „Unrecht-geben“ als in irgendeinem anderen, ausgenommen Rasse.

Vielleicht erinnern Sie sich, daß es in diesem Buch um das Funktionieren Ihres Lebens geht? Was dies für Beziehungen mit anderen heißt, ist: zufrieden zu sein. Vielleicht erinnern Sie sich auch, daß es nichts bringt, anderen unrecht zu geben? Daß es Sie lediglich rechthaben läßt und Ihnen einen „Grund“ gibt, warum Ihre Beziehung nicht funktionierte? Bitte bekommen Sie folgendes mit: Was an dieser Aussage für alles andere im Leben wahr ist, trifft auch auf Sexualität zu. Es bringt nichts, andere wegen der Form, die ihre Sexualität auf der körperlichen Ebene hat, ins Unrecht zu setzen. Auf der körperlichen Ebene ist Sexualität sowieso nur mehr Verstandeszeug, und Sie wissen inzwischen, daß Menschen nicht ihr Verstandeszeug sind.

Wenn es auch zutrifft, daß es auf dem Gebiet der Sexualität kein richtig oder falsch gibt, so gibt es doch Konsequenzen. Sexualität bietet uns umfassend Gelegenheit, Verantwortung zu üben. Es ist wirklich in Ordnung, Sex zu haben. Sex ist Spaß, und Vergnügen ist gut für Sie, ungeachtet dessen, was Sie darüber denken. Seien Sie, während Sie all Ihren Spaß und Ihr Vergnügen haben, verantwortlich. Berücksichtigen Sie den anderen Menschen. Nehmen Sie wahr, was die/der andere daraus macht. Erkennen Sie die Möglichkeit, ein neues Inidviduum zu zeugen. Vergnügen Sie sich; vergnügen Sie Ihr Selbst. Wenn Sie Sex dazu verwenden wollen, den Sinn des Lebens zu *symbolisieren*, dann sollten Sie das auf jeden Fall tun. Sex *verleiht* dem Leben keinen Wert; das Leben ist natürlicherweise wertvoll. Dennoch kann Sex ein recht schönes Symbol für den natürlichen Wert des Lebens sein. Ich gebe Ihnen den Rat, Überleben und Sex auseinanderzuhalten, weil es nicht allzu gut funktioniert, Ihr Überleben mit der Ausübung Ihrer Sexualität zu verknüpfen. Seien Sie ganz bewußt, wenn Sie Liebe und Sex verbinden. Wenn es das ist, was Sie wollen, gehen Sie sicher, jemanden zu wählen, die/der auf dem gleichen Trip ist. Sagen Sie Worte, die Ihnen peinlich sind, wenn die Situation das erfordert. Worte sind weder „gut" noch „schlecht", weder „richtig" noch „falsch", außer in der unwirklichen Welt des Zeugs.

Der Körper ist so eindeutig eine Äußerung von Kontext, wie das in der physischen Welt nur möglich ist. Der sexuelle Aspekt des Körpers ist ebenso eindeutig eine Äußerung des Selbst, wie das in der physischen Welt nur möglich ist. Es ist eine Art kosmischer Witz, daß er *scheinbar* aus so enorm viel Klempnerarbeit besteht. Sex kann für Sie auf einer Ebene von Zufriedenheit funktionieren, für die es keine Worte gibt, wenn Sie ihn als physische Manifestation des Selbst behandeln. Und Sex kann wirklich überhaupt nicht funktionieren, wenn Sie ihn als das behandeln, was er zu sein scheint: so enorm viel Klempnerarbeit. Bevor Sex in Ihrem Leben perfekt funktioniert, gilt es, eine Menge Ballast und eine Menge Zeug loszuwerden. Ich schlage vor, Sie fangen mit dem Abladen an und werden erleichtert/erleuchtet. ■

Kapitel Acht:

Geld

Geld verkörpert ein falsches Gefühl der Sicherheit in Bezug auf die Wahrscheinlichkeit des Überlebens.

Ebenso wie bei Sex, ist mit Geld unglaublich viel Zeug verknüpft, wahrscheinlich mehr als mit irgend etwas anderem im Leben. Geld repräsentiert eine enorme Vielzahl unzusammenhängender Themen. Die Komplikationen, die das Zeug um Geld verursachen kann, hat einige Leute und Bewegungen dazu gebracht, die Probleme überhaupt zu vermeiden, indem sie ihm als dem Bösen schlechthin abschwören. Geld ist nicht die Wurzel allen Übels. Selbst die Liebe zum Geld ist nicht die Wurzel allen Übels. Die Wurzel allen Übels ist der enorme Drang des Menschen zu überleben, recht zu haben, anderen unrecht zu geben, zu dominieren und zu manipulieren. Geld kann einfach nur sehr leicht in diesen Prozeß eingearbeitet werden.

Ursprünglich gab es kein „Geld“. Geld ist eine Erfindung des Verstandes, um anderen dinglichen Besitz zu repräsentieren. Das erste Geld bestand aus den Gütern, die es zu späteren Zeiten repräsentieren sollte. Es war praktisch, wenn das Zahlungsmittel kompakt und leicht zu transportieren war. Beispiele früher Zahlungsmittel, die immer noch in Teilen der Welt benutzt werden, sind: Eier, Muscheln, Felle usw. Schließlich wurden ungefähre Gleichungen aufgestellt, um die Wertverhältnisse zwischen verschiedenen Zahlungsmitteln wiederzugeben.

Der menschliche Verstand ist ständig unsicher und soweit wir die Vergangenheit kennen, haben Menschen Angst gehabt, nicht zu überleben. Manchmal war und ist diese Angst berechtigt, aber meistens sprechen die Tatsachen für die Wahrscheinlichkeit des Überlebens, während der Verstand sich wie wild mit dem Nicht-Überleben beschäftigt. Das Erleben des sicheren Überlebens war in der Geschichte der Menschheit schwer zu erreichen, und deshalb konnte es geschehen, daß Geld ein falsches Gefühl der Sicherheit in Bezug auf die Wahrscheinlichkeit des Überlebens vermittelte. Aus diesem Zustand heraus fingen Menschen an, Geld zu begehren, und angesichts dieser Begierde wurde Macht in die Hände derer gelegt, die Geld hatten – in der Hoffnung, sie günstig zu stimmen und somit die eigenen Überlebenschancen zu erhöhen. Wenn Sie sich all dies genau anschauen, können Sie sehen, daß diese Vermutungen vollkommen absurd, ja sogar unlogisch sind. Egal. Leute würden sich lieber sicher fühlen, als ihren gesunden Menschenverstand zu benutzen. Wenn es um Geld geht, fühlen Menschen sich weder sicher noch sind sie vernünftig.

Der Verstand erzeugt die Illusion, daß das Selbst unvollständig, daß es nicht ganz und genug sei. Der Verstand verkündet ferner, daß Dinge das Selbst vollständig machen werden. Geld repräsentiert Dinge; deshalb strebt der Verstand, in dem Bemühen ein Erleben der Vollständigkeit zu schaffen, nach Geld. Der Verstand erkennt Vollständigkeit jedoch niemals an. Wenn er bemerkt, daß immer noch ein Gefühl der Unvollständigkeit vorhanden ist, ist er auf noch mehr Geld aus. Manchmal bemerkt der Verstand tatsächlich, daß es mit Geld doch nicht zu schaffen ist. Hieraus kann er dann unlogischerweise schließen, daß Geld selbst die Ursache für dieses Gefühl der Unvollständigkeit ist. Aus dem Glauben an diesen Unsinn geben Leute ihr Geld weg, nur um zu bemerken, daß sie immer noch nicht zufrieden sind. Sehen Sie, zufrieden zu sein und Vollständigkeit zu erleben, hat mit nichts anderem als mit Zufriedensein und Vollständigsein zu tun. Mehr Geld wird es nicht schaffen. Weniger Geld wird es nicht schaffen. Zufriedenheit ist für eine *sehr* ausgesuchte Gruppe von Leuten da: die, die bereit sind, zufrieden zu sein. Davon gibt es nicht viele.

Ihr Gelderwerb wird Ihr Gefühl, vollständig zu sein, um keinen Deut vergrößern. Aber ich sage Ihnen nicht, Sie sollten das Geldspiel nicht spielen. In dieser Welt zu leben heißt, daß es sogar äußerst schwierig ist, es nicht zu spielen. Ich möchte Sie lediglich wissen lassen, was Sie davon erwarten können und was nicht. Wir wollen uns einige Haltungen Geld gegenüber anschauen, die nichts bringen. Dann werden wir uns einige ansehen, die das tun.

Es bringt nichts, von sich selbst zu meinen, man sei aufgrund seines Reichtums *oder* seiner Armut besser als irgendjemand. Das nützt niemandem. Über Ihre finanzielle Situation verbittert zu sein, hilft weder Ihnen noch anderen. Es bringt auch nichts, Überzeugungen in Bezug auf das zu entwickeln, was „die“ Ihnen auf dem Sektor Geld alles antun. Alles, was Sie dann haben werden, ist, einen Haufen Gründe, anstatt das, wovon Sie sagen, daß Sie es wollen. Hoffnungsvoll auf Ihre Eltern zu schauen, daß sie Ihnen bis in Ihr Erwachsenenleben hinein Geld geben mögen, funktioniert nicht. Letztendlich müssen Sie sich selbst darüber irgendwann mal Klarheit verschaffen. Das können Sie ebensogut früher als später machen. Geld als Ziel an sich zu betrachten, bringt nichts. Geld ist ziemlich kalt. Es wird Sie nie lieben und Sie bestimmt nachts nicht warm halten.

Wenn Sie Geld wollen, holen Sie sich's. Es gibt eine ganze Menge davon, und die Techniken, wie man es bekommt, sind gründlich dokumentiert und können von Ihnen nachgelesen werden. In der Welt ist kein Mangel an Dingen. Wenn Sie Dinge haben wollen und sie nicht haben, müssen Sie zuerst Ihre Verantwortung für Ihren Zustand erleben, bevor Sie ihn klären können. Das Studium der Regeln, wie Geld rechtmäßig erworben werden kann, steht Ihnen jederzeit offen. Wenn Sie meinen, daß Sie Geld haben wollen und die Regeln nicht studieren, dann folgere ich daraus, daß Sie lieber darüber jammern, kein Geld zu haben, als es zu haben.

Um Geld zu verstehen, müssen Sie sich erleichtern, indem Sie Ihre Geld betreffenden Glaubenssysteme fallenlassen. Bis Sie bereit sind, von Ihren Haltungen wegzukommen und die Möglichkeit ins Auge fassen, daß Sie vielleicht mit dem, was Sie Geld betreffend glauben, nicht recht haben, wird Geld für Sie ein Problem bleiben. Sogar für Geld gilt, wirklich seinen Weg zu machen, geht nur durch Erleichterung/Erleuchtung.

Übrigens, mit Geld läßt sich leicht umgehen: Geben Sie weniger aus, als Sie einnehmen, und nehmen Sie mehr ein, als Sie ausgeben. Sie sind nicht Ihr Geld, lassen Sie *es* deshalb *Ihnen* zu Diensten sein und nicht umgekehrt. ■

Kapitel Neun:

Vergehen

Ein Vergehen ist ein Gedanke oder eine Handlung, die einem anderen sein Gefühl der Lebendigkeit abspricht. Im Alltag des Lebens neigen wir dazu, unsere Vergehen zu rechtfertigen, abzustreiten oder über sie die Unwahrheit zu sagen. Man könnte sagen, daß dieser Vorgang die Quelle allen Leidens im Leben ist.

Ein Vergehen ist der Gedanke oder das Tun von etwas Bösem, Kriminellem oder Anstößigem einer anderen Person gegenüber. Worum es uns hier in erster Linie geht, ist das Tun oder Denken von etwas Bösem, das heißt etwas, was in einem anderen das Gefühl der Lebendigkeit vermindert. Ich möchte, daß Ihnen klar ist, daß ein Vergehen ebensogut ein Gedanke wie eine Handlung sein kann, und möchte, daß Sie die hinter Vergehen steckende Dynamik genau verstehen, damit Sie sich Ihrer Vergehen anderen gegenüber bewußt werden.

Ein Vergehen basiert auf dem Nichtakzeptieren der Art und Weise, wie ein Mensch ist. Das löst spontane Gedanken oder Handlungen aus, dieser Person etwas anzutun, was damit gerechtfertigt wird, daß die Art, wie derjenige ist, nicht mit Ihren Bildern davon übereinstimmt, wie derjenige sein sollte. Mit anderen Worten, ein Vergehen beginnt *immer* in Ihnen und nirgendwo sonst, ganz gleichgültig, wie die Umstände sind (die, nebenbei bemerkt, Sie verursacht haben), und ganz gleichgültig, wie gut diese Umstände für Ihr Nichtakzeptieren der anderen Person zu sprechen scheinen.

Wenn Sie Ihr Nichtakzeptieren der Art und Weise, wie eine andere Person ist, gerechtfertigt haben, ist es sehr wahrscheinlich, daß Sie, offen oder versteckt, etwas tun, um deren Gefühl der Lebendigkeit zu schmälern. Um dies zu tun, müssen Sie notwendigerweise die Übereinstimmung mit Ihrem Selbst verlassen, und das führt zu einer Entfremdung von Ihrem Selbst. Wenn Sie das geschafft haben, sind Sie frei, den anderen so zu provozieren, daß er auf eine solche Art und Weise handelt, die das, was Sie ihm Ihrerseits angetan haben, als richtig und angemessen rechtfertigt. Mit anderen Worten, derjenige fängt an, so auf Sie zu reagieren, daß das Vergehen, das Sie ihm gegenüber begangen haben, und die, die Sie ihm gegenüber vielleicht in Zukunft noch begehen werden, gerechtfertigt werden. Wenn der andere auf Ihre Provokationen nicht reagiert, werden Sie einfach – was immer er tut – nehmen, es in Ihrer Wahrnehmung umändern und Ihre Wahrnehmung als Rechtfertigung für Ihre Bösartigkeit heranziehen. In Ihren Augen fängt der andere an, böse zu erscheinen, und Sie fangen an, sich selbst rechtschaffen zu erscheinen. Vielleicht fangen Sie an, anderen von dessen Mängel zu berichten. Ihre Beziehung funktioniert nicht, aber Sie haben jetzt die Gründe gesammelt, warum sie das nicht tut, und kein einziger davon bezieht sich auf Sie.

Die beste Art des Umgangs mit Vergehen ist, sie weder zu denken, noch auszuführen, vielleicht merken Sie jedoch, daß Sie derart unbewußt in Ihren Vergehen drinstecken, daß Sie Ihre Wahlmöglichkeit damit aufzuhören, gar nicht erleben. *Nachdem* Sie ein Vergehen begangen haben, ist Ihre einzige Aussicht auf Erfolg habende Möglichkeit, darüber zu kommunizieren und dafür die Verantwortung zu übernehmen. Wenn Sie das tun, wird das Vergehen aus Ihrem Erleben verschwinden, und die nächste Phase wird eingeläutet: Vergebung, die Ihre Beziehung wieder ganz und vollständig machen wird. ■

Kapitel Zehn:

Vergeben

Jemandem zu vergeben ist ein handfester Beweis für Ihre Absicht, Ihr Leben jetzt zu leben, während Sie es haben, und später tot zu ein, wenn Sie es sind.

Von Zeit zu Zeit werden Leute Ihnen in Ihrem Leben Dinge antun, die Ihrer Lebendigkeit oder Ihrer Zufriedenheit im Leben bestimmt nicht förderlich sein werden. Vielleicht tun sie diese Dinge, mit oder ohne Ihre Mithilfe, über einen Zeitraum von Jahren hinweg. Obwohl es stimmt, daß Sie das Erleben, daß Ihnen etwas „angetan" wird, selbst erschaffen, ist es gleichzeitig wahr, daß Leute Ihnen *tatsächlich* etwas antun. Wenn Sie das nicht wissen, sind Sie in großen Schwierigkeiten. Ich werde Ihnen eine Landkarte schicken, damit Sie Ihren Weg nach Hause finden können.

Nun, wenn ich auch nicht will, daß Sie andere Leute für ihre Handlungen ins Unrecht setzen, so will ich doch bestimmt, daß Sie sie für ihre Handlungen *in die Verantwortung übernehmen*. Wenn Sie Leute für ihre Handlungen verantwortlich sein lassen, wird es aller Wahrscheinlichkeit nach nie soweit kommen, daß Ihnen etwas zugefügt wird, was wichtig genug wäre, um „Vergeben" erforderlich zu machen. Wenn Sie Leute für ihre Handlungen nicht verantwortlich sein lassen, dann wollen Sie es nicht anders und Sie haben wahrscheinlich schon bemerkt, daß Sie es bekommen. Was es heißt, jemanden für seine Handlungen verantwortlich sein zu lassen, ist, daß Sie deren Handlungen *bemerken* und dann mit ihnen darüber *kommunizieren*, was Sie von den Konsequenzen solcher Handlungen in dieser Welt wissen. Mit anderen Worten, Sie begleiten Leute durch Ihre Unbewußtheit demgegenüber, was sie wirklich im Leben vorhaben. Nebenbei bemerkt, das ist das, was ich hier mit Ihnen mache. Leute für Ihre Handlungen verantwortlich sein zu lassen, bedeutet, außerhalb des Richtig/Falsch-Systems zu arbeiten. Wenn Sie Leuten recht oder unrecht geben, werden sie weniger bewußt. Im Fall des Rechtgebens werden diese nicht dazu herausgefordert, sich ihr eigenes Leben anzusehen. Wenn Sie ihnen unrecht geben, mobilisieren sie ihre Abwehr, um Ihren Angriff abzuwehren und selbst recht zu haben. Niemand ist weniger bewußt, als einer, der damit beschäftigt ist, recht zu haben.

Wenn Sie also Leute ständig für deren Handlungen verantwortlich gelassen haben, haben Sie wahrscheinlich nicht viel, was Sie irgendjemandem vergeben könnten. Wahrscheinlich haben Sie deren Rechenschaftspflicht etwas vernachläßigt und merken, daß Sie etwas oder eine Menge zu vergeben haben. Zunächst will ich, daß Sie sich darüber im klaren sind, was „vergeben" bedeutet, und dann will ich, daß Ihnen klar ist, wer das ist, dem Sie vergeben. Was es heißt, jemandem zu vergeben, ist, daß Sie *jedweden Anspruch auf Rache für immer aufgeben*. Das ist es. Punkt. Stop. Bringen Sie da keinen Extraballast rein. Halten Sie's einfach. Vergeben heißt, daß Sie *Rache* nicht aufgeben müssen, sondern lediglich den Anspruch darauf. Und begreifen Sie diese Worte „für immer". Sie zeugen von der bedingungslosen Art des Vergebens. Zu „vergeben" heißt nicht, daß Sie daran Bedingungen knüpfen werden. Sie werden daran nicht einmal die Bedingung knüpfen, die lautet: „Ich werde Dir vergeben, wenn Du es nie wieder tust". Wenn er es wieder tut, brauchen Sie ihm somit nicht noch einmal zu vergeben; das haben Sie schon getan. Wiederholen Sie sich nicht. Wenn Ihnen einfällt, daß Sie jemandem nochmal vergeben müssen, dann haben Sie das beim erstenmal nicht getan. Was Sie getan haben, müssen wir dann anders nennen. Jemandem zu vergeben ist also nicht ein selbstgerechtes Ritual, das Sie von Zeit zu Zeit wiederholen. Warten Sie! Ich habe nicht gesagt, daß Sie andere nicht verantwortlich sein lassen sollten. Sie tun besser daran, sie verantwortlich sein zu lassen, es sei denn, Sie wollten *wirklich* etwas abkriegen. Was das bedeutet, ist, daß Sie, nachdem Sie jemandem etwas vergeben haben, sich außerhalb des Richtig/Falsch-Systems befinden. Wenn die es dann wieder tun, haben die nicht unrecht und sie sind verantwortlich für die Konsequenzen. Das sollte Ihnen als Hinweis dafür dienen, für *wen* Sie durch den Prozess des Vegebens gehen.

Wenn Sie meinen, Sie hätten anderen um *derentwillen* vergeben, wissen Sie nicht, was es heißt zu vergeben und haben es wahrscheinlich noch nie getan. *Sie* sind derjenige, für den Sie das tun. Denen *braucht* nicht vergeben zu werden. Die haben getan, was sie getan haben, und das ist es – abgesehen von den Konsequenzen, mit denen sie leben müssen. Wenn Sie jemandem vergeben, lösen sich die Konsequenzen dadurch nicht in Luft auf. Die Konsequenzen sind die Konsequenzen. Sie tun dieses „Vergeben" also für sich, damit Sie von Ihrem Groll runterkommen und mit Ihrem Leben weiterkommen können. Wissen Sie, Sie haben eine Menge vitaler Lebensenergie in Ihren Groll gesteckt. Wenn Sie sich davon lösen, bekommen Sie die ganze Energie wieder zurück. Jetzt können Sie sogar noch mehr Zwietracht säen.

Wie können Sie feststellen, ob Sie jemandem vergeben haben? Nun, Sie werden es wissen, und dafür brauchen Sie kein „wie". Es wird für Sie offensichtlich sein, aber merkwürdigerweise werden Sie sich nicht jedesmal irgendwie besonders „fühlen". Vielleicht fühlen Sie überhaupt keinen Unterschied, und es ist gut möglich, daß Sie bald merken, daß Sie mehr Energie haben, als Sie für möglich gehalten haben, vielleicht aber auch nicht. Eine Sache tritt mit Sicherheit ein: Ihre Beziehung zu demjenigen wird viel klarer werden. Wenn nicht, dann haben Sie nicht vergeben. Sie werden merken, daß Sie nicht immer wieder darüber nachgrübeln, wie ungerecht Sie behandelt worden sind. Sie werden merken, daß Sie tiefer schlafen, vielleicht und vielleicht nicht.

Vergeben ist nicht kompliziert; es ist einfach. Sie identifizieren einfach den Groll und fragen sich: „Bin ich bereit, in dieser Angelegenheit weiterhin meine Energie zu verschwenden?" Wenn die Antwort „nein" ist, dann ist das so. Wenn die Person erreichbar ist, werden Sie vielleicht mit ihr sprechen wollen. Aber darum geht es nicht. Sie tun das für sich, nicht für die anderen. Deshalb ist, es ihr zu sagen, nur ein kleines Extra, am Schluß dazugefügt, wenn Sie das dazufügen wollen. Aber um zu vergeben, müssen Sie wirklich ehrlich in Bezug darauf werden, wem Sie wofür die Schuld geben. Solange Sie sich diesbezüglich nicht selbst die absolute Wahrheit sagen, können Sie nicht vergeben.

Nachdem die Wahrheit gesagt ist, müssen Sie wissen, daß es eine Wahl gibt: Sie *müssen* niemandem vergeben. Sie können an Ihrem Groll, an Ihren alten Rechnungen festhalten, bis Sie sterben und sie, wenn Sie wollen, mit ins Grab nehmen. Wenn Sie dies tun, haben Sie damit nicht unrecht; Leute entscheiden sich ständig so. Alte Rechnungen bis ins Grab mit sich herumzutragen ist ein Lebensstil. Für manche Leute wäre zu vergeben stilwidrig, und was so jemand tun sollte, ist, seinen Groll bis ins Grab mit sich herumzutragen. Es ist also *wirklich* nicht falsch zu beschuldigen und zu grollen – und es gibt Konsequenzen. Gehen Sie sicher, daß Sie sehen, was die Konsequenzen sind; und dann wählen Sie.

Und ich meine nicht entscheiden. Ich meine wählen. Nicht aufgrund einer Liste von „Gründen", aufgrund derer Sie „sollten". Aus Gründen können Sie nicht wählen; das wird „entscheiden" genannt. Wenn Sie etwas wählen, tun Sie das aus der Klarheit heraus, daß Sie der verantwortliche Handelnde sind. Sie *sind* der verantwortliche Handelnde, Sie können sich darüber also ebensogut im klaren sein. Wählen ist also nicht etwas, wozu wir Sie bringen oder nicht bringen können. Es ist sogar so, daß, wenn Sie es tun müssen oder nicht tun müssen, können Sie keins von beiden tun. *Sie können niemandem vergeben, weil Sie „sollten".*

Übrigens, wenn die Person, an die Sie hier vielleicht denken, nicht mehr lebt, dann hat das in Bezug auf Vergeben keine Konsequenzen. Es ist sogar so, daß, wenn sie nicht mehr lebt, Ihnen dieser Zustand eine ausgezeichnete Gelegenheit gibt, zu erleben, wem Sie vergeben. Sicherlich nicht demjenigen, und sicherlich müssen Sie Leuten nicht vergeben. ■

Kapitel Elf:

Familie

Eine Familie ist etwas, was Sie aus Nichts erschaffen, nicht etwas, was Ihnen in den Schoß fällt. Wenn Sie sich nicht darum kümmern, Menschen in Ihre Familie aufzunehmen, werden Sie keine haben.

Es könnte sein, daß Ihre Familie nicht aus den Menschen besteht, aus denen Sie Ihrer Meinung nach besteht. Also lassen Sie uns gleich jetzt klarstellen, wer Ihre Familie ist, und wer sie nicht ist. Ihre Familie ist jene Gruppe von Menschen, vielleicht sind es nur zwei Personen, denen Sie vertrauen und deren Unterstützung Sie dazu benutzen, sich zu befähigen, in einer Welt fortzuschreiten, in der es widrige Umstände gibt, und Ihren Lebenszweck zu verwirklichen. Eine Familie im hier verwendeten Sinn, meint nicht notwendigerweise die Menschen, mit denen Sie durch Verwandtschaft in Beziehung stehen. Diese Leute werden „Verwandte“ genannt. Ihre Verwandten können Ihre Familie sein oder auch nicht. Dafür gibt es keine Regeln; überzeugen Sie sich, ob Ihre Familie in Ihrem Fall aus Verwandten oder Nicht-Verwandten besteht. Wenn Ihre Familie aus Nicht-Verwandten besteht, erwarten Sie von ihnen dann kein familiäres Verhalten. In Abhängigkeit davon, wie Sie Ihren Lebenszweck manifestieren, besteht Ihre Familie vielleicht aus zwei besonderen bis hin zu Tausenden von besonderen Menschen, die Sie beim Manifestieren Ihres Lebenszwecks unterstützen.

Eine Familie ist etwas, was Sie aus Nichts erschaffen. Sie ist nicht etwas, was Ihnen in den Schoß fällt. Wenn Sie sich nicht darum kümmern, Menschen in Ihr Leben aufzunehmen, werden Sie keine Familie haben. Wenn Sie eine festgefügte Verwandtschaftsfamilie haben, werden

Sie die als Familie schnell verlieren, wenn Sie sich nicht darum kümmern, sie als Ihre Familie in Ihr Leben aufzunehmen. Blutsverwandtschaft ist für Sie keine Garantie dafür, eine Familie zu haben. *Sie* sind für die Schaffung einer oder keiner Familie verantwortlich. Wie alles andere im Leben muß sie von Augenblick zu Augenblick erschaffen und wiedererschaffen werden. Wenn das nicht geschieht, wird sie alt, schal und verliert ihre Bedeutung. Familie ist also nicht etwas, was Sie einmal aufbauen und dann vergessen können. Wenn Sie das tun, werden Sie sich bald ohne eine vorfinden. Sie müssen Ihre Familie Tag für Tag erschaffen.

Jetzt, da Sie dies wissen, lassen Sie uns weitergehen und den Zweck, eine Familie zu haben, genauer betrachten. Warum nicht keine haben? Ist sie nicht eine Quelle von Streitigkeiten im Leben? Sind ihr nicht die meisten Ihrer Probleme zuzuschreiben? In Wirklichkeit stimmt das nicht, aber ich möchte, daß Sie wissen, daß ich weiß, daß sie dem *Anschein* nach eine Menge Schwierigkeiten verursacht. Manche Familien sind besonders gut darin, diesen Eindruck zu erwecken. Von allen Beziehungsstrukturen, die der Mensch auf diesem Planeten bisher entwickelt hat, ist die Familie unübersehbar diejenige, der das meiste „Zeug“ anhaftet. Das ist eine Funktion der mangelnden Bereitschaft des Verstandes, für das Erleben im Leben verantwortlich zu sein. Der Verstand wird die Verursachung des Erleben allem anderen im Universum, hauptsächlich jedoch dem Nahestehenden zuweisen. Die Familie ist nun mal nah, deshalb bekommt die Familie soviel Zeug ab. Je länger wir uns dies ansehen, desto mehr sieht es danach aus, als ob Sie für die Art und Weise, wie Ihre Familie ist, nicht verantwortlich, zumindest nicht total verantwortlich seien. Und das stimmt: Sie sind für den Zustand Ihrer Familie, ob Sie den nun als gut oder schlecht beurteilen, nicht verantwortlich. Aha! Moment mal. Erinnern Sie sich, es gibt *die* Familie, die Sie niemals kennen können; und dann gibt es *Ihre* Familie, die Familie Ihres *Erlebens*, die einzige, die Sie jemals kennen können. Es gibt *die* Welt, und es gibt *Ihre* Welt. Sie können nur über Ihre Welt, die Welt Ihres Erlebens, Bescheid wissen. So ist es auch mit Familien. Also, sind Sie nun für Ihr Erleben Ihrer Familie verantwortlich? Natürlich sind Sie für Ihr Erleben Ihrer Familie verantwortlich. Wenn Sie nicht existieren würden, gäbe es kein „Ihr Erleben“ von irgendetwas. Der Zweck, eine Familie zu haben, ist also, deren Unterstützung für Sie zu *erleben*, die es Ihnen ermöglicht, in eine Welt hinauszugehen und zu deren Erleichterung/Erleuchtung beizutragen, in der es widrige Umstände gibt. Für das Erschaffen dieses Erlebens sind Sie verantwortlich. Wenn Sie das nicht getan haben, und mir ist es gleichgültig, wie „schlimm“ Ihnen Ihre Familie Ihrem Urteil nach erscheint, sind Sie nicht verantwortlich gewesen; das heißt, Sie erkennen Ihre Verantwortung für das Erschaffen der Familie Ihres Erlebens nicht an.

Familie ist also manchmal ein Problem, vergessen Sie aber nicht, daß Probleme eine Gelegenheit sind, Ihre Größe zu erleben. Ein Familienproblem gibt Ihnen die Möglichkeit zu erleben, was Ihre Größe ist. Sie haben Glück, eins zu haben.

Wenn Sie mit Ihrer Familie Probleme haben, sind Sie höchstwahrscheinlich auf das fixiert, was Ihnen Ihre Familie Ihrer Meinung nach schuldig ist. Ich garantiere Ihnen, daß das nicht der Angelpunkt ist. Der Angelpunkt ist, daß Sie Ihrer Familie etwas schulden. Und für Ihr eigenes Wohlbefinden sollten Sie besser selbst bezahlen. Sie schulden ihnen Ihre Unterstützung. Was ich mit Unterstützung meine, ist nicht notwendigerweise Geld. Alles, was sie in die Lage versetzt, rauszugehen und zu einer Welt, in der es widrige Umstände gibt, einen Beitrag zu leisten, ist das, was Sie ihnen schulden. Wenn Sie nicht zahlen, werden Sie keine Familie haben. Wenn Sie deren Unterstützung nicht erleben, ist das *keine* Rechtfertigung dafür, sie nicht zu unterstützen. Es ist sogar so, daß Sie deren Unterstützung *nicht* erleben *können*, bis Sie sie unterstützen. Wenn Sie sich fragen, warum Sie deren Beitrag zu Ihrem Leben nicht erleben, dann sollte deutlich werden, wer hierfür die Ursache ist. Ich gebe Ihnen einen Tip: Die sind's nicht.

Was Sie tun sollten, *falls* Sie wollen, daß Ihre Familie ihren Zweck erfüllt, ist, Ihr Erleben von ihr zu erleichtern/erleuchten. Das tun Sie, indem Sie alle Ihre Familie betreffenden Urteile, Meinungen, Haltungen, Überzeugungen fallen lassen und ebenso all das Zeug, das sie festgeschrieben hat und bleiben läßt, was sie nicht ist. Merken Sie sich die Schritte zur Aufklärung von Problemen: Akzeptieren Sie sie, seien Sie bereit, mit ihnen zu sein, akzeptieren Sie sie, lassen Sie Ihre Urteile über sie fallen, seien Sie noch etwas mehr mit ihnen, akzeptieren Sie sie, lassen Sie Urteile fallen, und seien Sie mit ihnen. Wenn Sie das tun (was Sie nicht *müssen*, keiner kann Sie zwingen), geschieht ein Wunder. Das Wunder, das geschieht, ist, daß die Familie, die Sie haben, die Familie wird, die Sie wollen, die, die Sie nährt und unterstützt und Sie wirklich stärkt. Sie werden wissen, wann dieser Prozeß der Erleuchtung anfängt, weil Kommunikation beginnen wird. Kommunikation ist also das Thema des nächsten Kapitels. ■

Kapitel Zwölf:

Kommunikation

Wahre Kommunikation wird im „anderen" Universum erzeugt. Die natürlichen Ergebnisse wahrer Kommunikation sind Liebe und Zufriedenheit.

„Kommunikation" bedeutet nicht das, was Sie meinen. Ich beziehe mich hier auf *wirkliche* Kommunikation. Ich beziehe mich nicht auf die Masse von Worten und anderen Zeichen, die versucht, die Wahrheit aus dem herzustellen, was nicht wahr ist. Ich *beziehe* mich auf das, was die Wahrheit reflektiert. Die einzige Art, in der Sie wahrhaftig kommunizieren können, ist, die Wahrheit zu sagen. Um das zu tun, müssen Sie über die Strukturen Ihres Verstandes, die die Quelle der Unwahrheit sind, hinausgehen. Was in der Welt als Kommunikation gilt, ist eine getarnte Form von Lügen, die geschickt gemacht wie Wahrheit aussehen und dafür bestimmt sind, andere zu beherrschen und zu manipulieren. Bevor Sie hier weitermachen können, bevor Sie eine Ahnung davon haben können, wovon ich hier spreche, müssen Sie bereit sein, anzuerkennen, daß Sie über das, was wahre Kommunikation ist, verwirrt sind. Wenn Sie nicht in Verwirrung wären und wirklich kommunizieren würden, würden Sie eine glückliche, freudvolle Welt managen. Es interessiert mich nicht, wer Sie sind; was Sie in Ihrem Leben Kommunikation nennen, ist nicht wahre Kommunikation. Oh, sie hört sich gut an, und Leute sagen Ihnen, daß sie gut ist, aber Sie müssen bereit sein zu sehen, daß sie, egal wie gut sie klingt, ihre Aufgabe irgendwie nicht erfüllt. Wenn sie das täte, würden Sie die Welt anführen.

Dennoch haben Sie von Zeit zu Zeit eine Erfahrung wahrer Kommunikation. Es geschah in einem unerwarteten Augenblick, ungeplant. Es geschah, vielleicht, als Sie Ihre Aufmerksamkeit nicht auf Kommunikation gerichtet hatten. Das war jener „magische Moment", als Sie „sich verliebt haben". An den erinnern Sie sich, und alle nachfolgenden Bemühungen auf dem Gebiet der Kommunikation sind Bemühungen gewesen, ihn wieder passieren zu lassen. Wenn Sie wirklich damit beschäftigt sind, haben Sie Bücher gelesen, Techniken gesammelt, Workshops besucht, gebetet, Weihrauch für die Götter angezündet oder was immer Sie auch tun. Alles im Bemühen „ihn" zurückzubringen.

Ich hoffe, Sie haben gemerkt, daß Techniken und Rituale nichts bringen. Nur wenn Sie die Hoffnung aufgeben, daß Kommunikation so ist, wie Sie Ihrer Meinung nach sein sollte, können Sie sehen, was sie wirklich ist. Falls Sie die Hoffnung noch nicht aufgegeben haben, rate ich Ihnen, noch mehr Bücher über Kommunikationstechniken zu lesen, noch mehr Workshops zu besuchen oder zu beten oder was immer Sie tun. Wenn Sie überzeugt sind, daß mehr Techniken und Rituale aufzunehmen Kommunikation für Sie klären wird, lesen Sie den Rest dieses Kapitels nicht; Sie werden nur noch verwirrter. Sie werden noch verwirrter, weil Sie versuchen werden, das, was ich Ihnen sage, in ein „System" zu pressen, das Sie kennen. Was ich Ihnen sagen werde, hat keine Form, ist keine Methode und kann als Methode nicht funktionieren, wenn Sie es zu einer Methode machen.

Kommunikation ist nicht etwas, was Sie geschehen *machen* müssen. Kommunikation geschieht ausschließlich dann, wenn Sie sie geschehen *lassen*. Kommunikation ist etwas, was natürlicherweise geschieht. Bemühung um Kommunikation bringt lediglich Verwirrung und Komplikationen. Wahre Kommunikation findet nicht in der gleichen Welt statt, in der wir sehen, hören, riechen, schmekken und tasten. Sie hat physische Repräsentationen in dieser Welt, aber sie findet dort nicht statt.

Ich möchte, daß Sie sich jetzt ein Erleben vorstellen. Wie lange dauert es, ein Erleben zu haben? Ich meine nicht, wie lange es dauert, ein Erleben *auszudrücken*, ich meine, wie lange dauert es, ein Erleben zu *haben*? Sehen Sie, was Sie für ein Erleben gehalten haben, ist eigentlich die physische Manifestation des Erlebens. Zu den physischen Manifestationen gehören Tränen der Augen, Klopfen des Herzens, ein leichtes Gefühl im Körper und solche Dinge mehr. Das sind die physischen Manifestationen eines Erlebens, aber sie sind nicht das Erleben selbst.

Erleben geschieht in einer anderen Dimension, sozusagen in einem anderen Universum. In dieser Dimension gibt es keine Zeit. Ein Erleben geschieht also im Nu. Ich meine nicht 0,000000001 Sekunde, ich meine 0,0000000000000000000000 ... bis zur Unendlichkeit Sekunde. Das ist absolut Null. Etwas, das absolut Null braucht, um sich zu ereignen, geschieht nicht in diesem Universum. Es geschieht in dem Universum aller Zeit und keiner Zeit. Ein Ereignis, das ohne Zeit geschieht, hat naheliegenderweise keine physischen Eigenschaften wie Größe, Gewicht, Farbe und so weiter. Wenn es sie hätte, würde es in der Zeit existieren. Etwas, das keine Körperlichkeit hat, existiert selbstverständlich nicht an einem bestimmten Ort.

Was das mit Kommunikation zu tun hat, ist, wahre Kommunikation einzuführen. Ich meine *authentische* Kommunikation, nicht das gefälschte Zeug, das man mit Methoden erhält. Wahre Kommunikation bewegt Menschen und schafft einen Zustand der Einheit des Seins, der Liebe und der Zufriedenheit. Wenn das, was Sie Kommunikation nennen, diese Qualitäten nicht herstellt, dann haben Sie eine Methode und nicht authentische Kommunikation.

Das beste, was wir tun können, um ein Nicht-Zeit, Nicht-Etwas-, Nicht-Ort-Ereignis zum Ausdruck zu bringen, ist zu sagen, daß es sich im „Nichts" ereignet. Was könnte diesen Zustand entstehen lassen? Offensichtlich könnte Nichts ihn entstehen lassen. Mehr noch, Nichts hat die Fähigkeit, alles entstehen zu lassen. Nichts ist die Quelle wahrer Kommunikation und nimmt die *Form* von etwas an. Wenn man alle Etwas im Universum zusammenrechnet und als Ganzes betrachtet, sieht man, daß sie als Ganzes, ohne Bezugspunkte, existieren. Alles hat keine Position, weil es nichts weiteres gibt, was mit Allem in Beziehung stehen könnte. Es existiert nicht zu einer bestimmten Zeit, weil Zeit eine Funktion der Veränderung ist. Wenn man Alles betrachtet, vollzieht Veränderung sich nur relativ als Folge der internen Arbeitsweise des Systems, was den Vergleich des *Tempos* von Veränderung impliziert. Wenn man Alles betrachtet, gibt es nichts, mit dem es verglichen werden kann, wodurch Zeit zu einer Fiktion wird. Lassen Sie uns nun wieder unsere Etwas-, Ort- und Zeitwelt betreten.

Zurück in unserer Welt sehen wir, daß sie auf der Kommunikations-Ebene nicht gerade gut funktioniert, wenn wir nicht berücksichtigen, daß Nichts Alles erzeugt. Nichts ist auf der Etwas-Ebene Kontext. Auf der menschlichen Ebene nennen wir es Selbst. Selbst ist Alles/Nichts mit der Fähigkeit, mit sich selbst zu kommunizieren.

Damit sich Kommunikation ereignen kann, muß offensichtlich mehr als ein Selbst in der Welt vorhanden sein. Wenn es nur ein Selbst gäbe, wäre Kommunikation nicht nur unnötig, es würde sie nicht geben. Auf der Ebene der *Erscheinungen*, das heißt, auf der Ebene dieser Welt, gibt es *viele* Selbst. Der Kontext des Universums hat augenscheinlich die Wahl getroffen, ein Spiel zu spielen, indem er Individuen wurde.

Jetzt, da sozusagen das Fundament für Kommunikation gelegt ist, können wir über Kommunikation sprechen. Was es heißt zu kommunizieren, ist, auf nichtkörperlicher Ebene ein Erleben zu erzeugen, die Intention zu entwikkeln, dieses Erleben auszusenden und empfangen zu lassen, es dann in den physischen Bereich zu leiten und das Erleben als eine Botschaft durch den Körper zu überbringen, was Stimme, Gesichtsmuskeln, Körperspannung, -haltung und -bewegung umfaßt. Mit anderen Worten, das Selbst sendet das Erleben durch die Maschine aus. Wenn die Maschine von sich aus eine Botschaft sendet, hört oder bemerkt sie niemand, weil keine Intention vorhanden ist. Die Intention zu kommunizieren ist das Wesentliche erfolgreicher Kommunikation und geht von dem aus, der Sie sind. Wenn Sie nicht die Intention haben zu kommunizieren, wirkt Ihr Selbst nicht, und in Ihrer Abwesenheit spielt Ihre Maschine Verstandes-Spiele. Niemand außer den anderen Maschinen fällt dies auf. Dieser Zustand führt in Beziehungen zu einer bestimmten Art von Automatismus und einem Ersatz für Kommunikation, der einem Tonbandgerät ähnelt. Es hat die Neigung, wieder und wieder und wieder das gleiche Zeug zu wiederholen.

Von der Position des Zuhörers aus, bedeutet ein Erleben zu empfangen, es durch den physischen Bereich aufzunehmen und in den nichtphysischen Bereich, das heißt, das Selbst zu leiten. Wenn es lediglich in den physischen Bereich eindringt, wird es zu einer Aufzeichnung unter vielen anderen Aufzeichnungen. Wenn es zum Selbst geleitet wird, wird es ein wiedererschaffenes Erleben. Ein wiedererschaffenes Erleben ist ein genaues Duplikat des ursprünglichen Erlebens des Absenders. Um die Wahrheit zu sagen, es *ist* das Erleben des Absenders. Weil es im nicht-physischen Bereich nur ein Selbst gibt, werden alle Erlebnisse nicht nur einfach genau reproduziert; sie sind eins. In dieser Welt sind sie zwei.

Um also im wahren Sinn des Wortes kommunitativ zu sein, gilt es zwei Fähigkeiten zu entwickeln: Botschaften abzusenden und zu empfangen. Ich meine „entwickeln" nicht im üblichen Sinn. Normalerweise wird das Wort in dem Sinn verwendet, daß man an etwas arbeiten muß, um es „besser" zu machen. Das meine ich nicht. Was ich meine, ist, daß Sie den Ballast Ihres Verstandes fallenlassen, damit sich das zeigen kann, was schon da ist. Ihre eigenen Verstandesstrukturen sind die einzigen Hindernisse, die Sie in Bezug auf perfekte Kommunikation haben. Sie umfassen Überzeugungen, Meinungen, Haltungen, Vorurteile usw. Wenn Sie über diese hinauskommen, werden Sie überrascht sein, was da draußen vorhanden ist, um darüber zu kommunizieren. Den Ballast fallenzulassen, wird Erleuchtung genannt.

Obwohl dies das einzige Kapitel über Kommunikation ist, geht es in diesem ganzen Buch darum, daß Sie in Ihrem Leben die Bedingungen dafür schaffen, daß vollständige Kommunikation sich ereignen kann. Wenn das geschieht, offenbaren sich ihre natürlichen Nebenprodukte: Liebe und Zufriedenheit. Sie erreichen dies, indem Sie nichts tun. Wenn Sie nichts tun, ist Kommunikation eher der übliche als der unübliche Zustand.

Wenn Sie sich über all die „schlimmen" und all die „guten" Dinge, die Sie bedenken können, verständigt haben, und Ihr Verstand von all dem, was Sie im Leben vor anderen zurückgehalten haben, völlig gereinigt ist, werden Sie entdecken, daß der letzte Satz „Ich liebe Dich" ist. Das wird sich vielleicht sogar zu Ihrer Überraschung – und vielleicht sogar wenn Sie vom Gegenteil überzeugt sind – von selbst zeigen, wenn Sie all die Dinge, von denen Sie dachten, Sie könnten oder sollten sie nicht mitteilen, aufgegeben haben. Um im Erleben der Liebe zu jemandem zu bleiben, halten Sie einfach niemals irgendeine Kommunikation zurück.

Als nächstes werden wir uns das Gegenteil von Kommunikation anschauen: Streitgespräch. ■

Kapitel Dreizehn:

Streit

Sich zu streiten, ist das, was Sie tun, wenn Sie recht haben wollen, für Ihr Erleben nicht verantwortlich sein wollen und gelangweilt sind. Wenn Sie wissen, daß es in Ordnung ist, sich zu streiten, sind Sie wahrhaft erleuchtet.

Damit wir auf der gleichen Wellenlänge sind, will ich hier „Streit" definieren. Ein Streit ist ein verbaler Konflikt von Überzeugungs-Systemen, dessen Zweck darin besteht, den anderen ins Unrecht zu setzen und die Gründe dafür zusammenzutragen, warum die Beziehung nicht funktioniert, statt eine funktionierende Beziehung zu haben. Wenn es dieser Definition nicht entspricht, ist es kein Streit und was ich gleich sagen werde, trifft nicht zu. Es ist nun einmal so, daß Streitigkeiten mit viel Unbewußtem vollgekleistert sind, so daß es für Sie schwer sein wird zu erkennen, ob das, was Sie haben, Streitgespräche sind oder nicht. Wenn Sie nicht sicher sind, ob das, was Sie haben, Streitgespräche sind oder nicht, dann sind es welche. Der entscheidende Anhaltspunkt ist Ihre mangelnde Klarheit.

Nun, es kursiert die Lüge, daß Streit unvermeidlich sei. Eine Menge Leute sind dieser Lüge verhaftet und versuchen, aus einer schlechten Situation das Bestmögliche zu machen, indem sie streiten für „therapeutisch" erklären. Das ist völlig in Ordnung, und wenn Sie der Lüge, Streit sei unvermeidlich, Glauben schenken, dann wird „therapeutisches" Streiten das sein, worum es in Ihren Beziehungen geht.

Lassen Sie mich Ihnen eine Frage stellen. Wenn Sie in einen Streit verwickelt wären und plötzlich die andere Person werden würden, was würde dann mit dem Streit geschehen? Würden Sie weiterhin Ihre Einstellungen, Überzeugungen und Urteile verteidigen und dem anderen unrecht geben? Bedenken Sie, Sie sind jetzt die andere Person geworden und Sie sind immer noch Sie selbst. Der Streit würde überflüssig werden, nicht wahr? Also lassen Sie mich Ihnen diesbezüglich die letztendliche Wahrheit sagen: Sie *sind* die andere Person. Wenn Sie wirklich wissen, wer Sie sind, sind Sie die/der andere. Die/der „andere" ist eine Ausweitung Ihrer eigenen Wahrnehmungen und, darüber hinaus noch hinausgehend, einer genauen Beschreibung trotzend, Sie *sind* die/der andere. Deren Selbst ist das gleiche Selbst wie Ihres. Offensichtlich hat jeder einen anderen Verstand. Das ist aber, außer für das Streiten, irrelevant.

Ich spreche hier nicht von Kommunikation. Kommunikation ist ein Prozess, in dem Leute miteinander klar werden, um sich das Leben gemeinsam befriedigend zu gestalten. Ich spreche von Streitgesprächen, bei denen der Zweck darin besteht, dem anderen unrecht zu geben. Streitgespräche sind nicht notwendigerweise laut und ausfallend. Sie können sehr gelassen und feinsinnig sein. Andererseits muß Kommunikation nicht notwendigerweise feinsinnig und höflich sein. Ob das, was Sie haben, eine Kommunikation oder ein Streitgespräch ist, hängt von Ihrer Intention bzw. deren Nichtvorhandensein ab. Der Diskussionsinhalt bestimmt nicht Ihre Intention in der Diskussion. Zweck von Streitgesprächen ist es, andere zu beherrschen, sie ins Unrecht zu setzen und zu kontrollieren. Das bringt nichts, aber machen Sie sich nichts draus. Zweck von Kommunikation ist es, Zufriedenheit in einer Beziehung herzustellen. Sie können jemanden total niederbrüllen, und wenn Ihr Ausgangspunkt Kommunikation ist, wird es etwas bringen. Sie können vernünftig sein, was das Zeug hält, wenn es Ihrer Absicht entspricht zu streiten, wird es niemals etwas bringen.

Wenn Sie einem Verstandes-Schema, sich mit Leuten zu streiten, verhaftet sind, werden Sie solange daran festkleben, bis Sie es akzeptieren und anerkennen, daß Sie es verursachen. Bis Sie die Tatsache mitbekommen, daß es weder gut, noch schlecht ist, daß es nur diese eine Sache, genannt Konsequenzen, gibt, bleiben Sie dem verhaftet.

Wenn Sie meinen, es sei schlecht, sind Sie dem verhaftet. Ganz gleich, wozu Sie ein Urteil (Widerstand) haben, Sie werden daran in irgendeiner Form festhängen. Was Sie mit Sich-streiten machen, ist: es akzeptieren. Wenn Sie es akzeptieren, werden Sie merken, daß Sie dieses brennende Bedürfnis, im Recht zu sein, nicht mehr haben. Nun, *so* werden Sie auch wissen, daß Sie es akzeptiert haben: Es wird anfangen sich aufzulösen. Das trifft übrigens auch für all Ihre anderen „Probleme" zu. Als nächstes werden Sie merken, daß Sie sich sowieso nur über Dinge streiten,die für Sie mit Zeug verbunden sind. Dann werden Sie sich entsinnen, daß, eine Sache mit Zeug zu verbinden bedeutet, daß Sie mit einer falschen Ursache hantieren. Seien Sie sich dann davon bewußt, daß Ihr Überleben nicht von Rechthaben und dem „Gewinnen" von Streitgesprächen abhängt. An diesem Punkt angelangt, sind Sie jetzt, was Streit betrifft, Ursache und haben jetzt die Wahl. Erkennen Sie, daß sich zu streiten nichts bringt, daß es immer Ihrer Teilnahme bedarf (es braucht immer zwei, um sich zu streiten), und dann kommunizieren Sie, wenn Sie etwas zu kommunizieren haben. Wenn nicht, seien Sie still. Ich versichere Ihnen, es ist in Ordnung, still zu sein oder einfach zu sein.

Schließlich gibt es da noch diese Überzeugung, Streit sei unvermeidlich; die müssen Sie aufgeben, um Streit aus Ihrer Welt „auszuerleben". Solange Sie diese Überzeugung für die Wahrheit halten, können Sie nicht beim Ursprung Ihrer Streitgespräche sein und haben Sie nicht die Wahl aufzuhören oder weiterzumachen. Streit ist *nicht* unvermeidlich. Sie *müssen* sich nicht streiten. Es gibt in der Welt keine diabolische Macht, die Sie zwingt, zu streiten. Die Vorstellung, daß es sie gäbe, ist ein kosmischer Witz, und ich finde ihn amüsant und erleichternd/erleuchtend. Und Erleuchtung ist der Zustand, in dem Sich-zu-streiten nicht nur nicht vorkommt, es ist nicht einmal angebracht, noch wird jemals daran gedacht. Die Welt mag im Dunklen liegen, aber Sie müssen das nicht.

■

Kapitel Vierzehn:

Sucht

Sucht nach etwas ist eine physische Repräsentation all dessen, womit Sie in Ihrem Leben nichts zu tun haben wollten, und für dessen Zustandekommen Sie nicht verantwortlich sein wollen.

Sucht ist ein Verstandeszustand, der von der tief verwurzelten Überzeugung, Sie könnten ohne eine bestimmte Substanz nicht überleben, beherrscht wird. Zweck einer Sucht ist, Ihr gesamtes Erleben oder auch Teile Ihres Erlebens der Ereignisse in Ihrem Leben auszulöschen. Das kann, außer den wirklichen Überlebensnotwendigkeiten: Luft, Nahrung und Liebe, alles sein. Und sogar die können Sie zur Sucht machen, wenn Sie die Überzeugung entwikkeln, daß Sie davon mehr zum Überleben brauchen, als tatsächlich der Fall ist. Wenn es um Luft geht, heißt der Zustand: Hyperventilation. Wenn es um Nahrung geht: Fettleibigkeit. Und wenn es um Liebe geht: abhängige Persönlichkeit. Mit praktisch jeder Substanz kann süchtig umgegangen werden. Fast jeder ist in irgendeiner Form süchtig. Wenn Sie sich keiner Sucht in Ihrem Leben bewußt sind, ist sie Ihnen wahrscheinlich nicht offenkundig. Sucht ist unglaublich verbreitet. Die meisten von uns denken an Sucht in einem Bezugsrahmen von falsch/richtig, gut/schlecht. Damit hat Sucht nichts zu tun, und es gibt Konsequenzen.

Sucht nach etwas ist eine physische Repräsentation all dessen, womit Sie in Ihrem Leben nichts zu tun haben wollten, und für dessen Zustandekommen Sie nicht verantwortlich sein wollen. Die Substanz kann zwei Funktionen dienen: (1) Sie kann dazu benutzt werden, das bis zur Unkenntlichkeit zu betäuben, was Sie nicht wahrhaben wollten, und/oder (2) sie kann vom Verstand vorstellungsmäßig zur Ursache dessen gemacht werden, was Sie nicht wahrhaben wollten. Dies sind weitverbreitete Vorkommnisse im Zusammenhang mit Sucht, aber sie *müssen* nicht vorkommen. Sucht kann einfach in Ihrem Leben herumsitzen wie ein Frosch unter Prinzen und schlichtweg nicht weggehen. Sie bleibt aus gewichtigen Gründen. Sucht repräsentiert Verstandesstrukturen durch unbewußte Assoziationen. Aber fangen Sie nicht an, nach den unbewußten Assoziationen zu suchen. Die sind vorhanden, aber deren Verstehen versetzt Sie nicht in die Lage, Sucht gegenüber eine Wahlmöglichkeit zu haben. Sucht ist nicht falsch, und *wenn* Sie ihr gegenüber die Wahl haben, ist sie nicht einmal ein Problem. Fast niemand hat, was Sucht betrifft, das Gefühl, wählen zu können.

Der Prozess des Süchtig-werdens verläuft in etwa so: Nichtanerkannte Verantwortung für Erleben – Übertragung der Verantwortung auf eine Substanz – Schaffung von Überzeugungen bezüglich der Substanz, um die Verwendung der Substanz zu rechtfertigen – unangemessener Gebrauch der Substanz. Dann wird die Sucht durch das Bedürfnis, recht zu haben, fixiert, und die Substanz eignet sich in Ihrem Leben außergewöhnliche Macht an. Und dies ist in Wirklichkeit die Macht, die einmal Ihnen gehört hat und die Sie weggegeben haben, als Sie sich selbst mit dem Zeug Ihres Verstandes identifiziert haben.

Diesem Zustand kommt dann die Funktion zu, Ihnen eine Identität zu geben. Ich meine nicht eine umfassende Identität, obwohl sogar das sein kann. Aber zumindest ein Teil von Ihnen ist ein „Süchtiger". Dann haben Sie etwas, dessen Sie sich schämen oder auf das Sie in bestimmten Fällen stolz sein können. In beiden Fällen vermittelt es Ihnen irgendeine Art von Identität. Vielleicht haben Sie so etwas wie einen festen Club anderer Süchtiger. Plötzlich gibt es Leute in Ihrem Leben. Vielleicht bekommen Sie von denen, die nicht abhängig sind, Mitleid. Mit denen, die abhängig sind, haben Sie etwas gemeinsam. Es gibt etwas, worüber Sie sprechen können: Ihre Sucht (Sie können es auch „Angewohnheit" nennen) oder die Sucht (Angewohnheit) der anderen.

Vielleicht ahnen Sie jetzt bereits, daß Sucht ein Spiel mit bestimmten Regeln und Ergebnissen ist. Es ist eines.

Vielleicht stecken Sie wirklich fest in diesem Spiel drin, das hängt davon ab, wieviel Ihrer Macht Sie weggegeben haben. Wenn Sie diesbezüglich wählen können wollen, werde ich Ihnen jetzt sagen, wie Sie dahin kommen. Schauen Sie sich das Leben an, und wissen Sie, daß alles gut werden wird. Nichts ist wirklich wichtig. Präsidenten und Könige kommen und gehen. Kriege und Krankheiten kommen und gehen. Heilige und Weise werden geboren und sterben. Große Völkerwanderungen haben ganze Völker über die Welt gefegt. Und immer ist es etwas geworden. Das wird es auch immer tun. Alles, was Sie sonst noch darüber zu sagen haben, ob es gut oder schlecht war, falsch oder richtig, ist nichts als belangloses Zeug, das Ihr Verstand eines Tages erfunden hat, als er nicht bereit war, gelangweilt zu sein. Belanglos deshalb, weil all das Zeug, was Ihr Verstand darüber sagt, nichts verändert. Es ist immer noch so, wie es ist. Ist es nicht so, wie es ist? Natürlich ist es das! Immer so gewesen. Wird immer so sein. Jetzt möchte ich, daß Sie sich Ihre Sucht anschauen. Wenn Kriege, Krankheiten, Könige und Länder kommen und gehen, ist Ihre Sucht dann wichtig? Was sagen Sie? Wichtig für Sie? Das habe ich nicht gefragt! Ich habe gefragt, ob sie wichtig ist. Ist sie das? Natürlich nicht. Jeder Narr kann sehen, daß sie nicht wichtig ist, Ihre kleine (oder große) Angewohnheit. Wenn Sie *erleben* können, daß da nichts Verkehrtes dran ist, passiert folgendes:

Es ist Ihnen doch bereits bekannt, daß es in Ordnung ist, nicht süchtig zu sein, oder? Jetzt wissen Sie, daß es in Ordnung ist, süchtig zu sein, *falls* das Ihr Erleben ist, *wenn* es Ihr Erleben wird. Übrigens, es wird nicht Ihr Erleben sein, bis es das ist. Wenn es das ist, sind Sie in einem Zustand, der innerhalb des Rahmens dessen existiert, was in Ordnung ist, genannt: Sucht/Nicht-Sucht. In diesem Augenblick geschieht ein Wunder. Sie können wählen. Jetzt können Sie wählen, ein Spiel zu spielen das Nicht-Sucht genannt wird. Dieses Spiel läßt sich mühelos spielen. Es ist keinerlei Anstrengung damit verbunden. Sie tun einfach das, was funktioniert, um in einem Zustand der Nicht-Sucht zu sein. Wenn es mit Anstrengung verbunden ist, können Sie nicht wählen, was bedeutet, daß Sie nicht mitbekommen haben, daß es nicht wichtig ist. Vielleicht wählen Sie auch, Ihre Substanz weiterhin zu benutzen, und es wird alles gut werden; wir werden alle leben, bis wir sterben. ■

Kapitel Fünfzehn:

Die Wahl Ihres Lebenswerkes

Wählen Sie Ihr Lebenswerk, um Ihren Daseinszweck zu manifestieren, tun Sie dann, was Sie tun, mit Feuer und Hingabe. Leisten Sie Ihren Beitrag. Seien Sie zufrieden.

In diesem Kapitel geht es um den Prozeß des Werdens. Die meisten von uns gehen auf das, was wir im Leben zu tun gedenken, mehr oder weniger rückwärts zu. Was ich damit sagen will, ist, daß Sie dem, was Sie meinen tun zu wollen, meist ohne das erlebt zu haben, was notwendig ist, um das, was Sie tun, wirklich gut zu tun, nachgehen. Das fehlende Erleben ist, tatsächlich der, wer auch immer zu sein, der das, was auch immer, tut, was Sie tun wollen. Wir werden uns also jetzt die Abstraktionen ansehen, die Ihnen erlauben, das, was Sie tun, wirklich mit völliger Hingabe zu tun, so daß die Arbeit erledigt wird und Sie Zufriedenheit erlangen.

Zunächst müssen wir einen Schritt zurückgehen und anerkennen, daß niemand etwas und jeder alles ist. Damit meine ich, daß niemand mit einer spezifischen Identität im Leben geboren wird. Das Kind hat ein in alle Richtungen grenzenloses Potential und keine vorbestimmte berufliche Identität. Wenn Sie in einem Körper Form annehmen, verpflichten Sie sich, diejenigen charakteristischen Merkmale anzusammeln, die Sie in der Welt als von anderen verschieden ausweisen. Einige dieser charakteristischen Merkmale beziehen sich auf das, was Sie für Ihren Lebensunterhalt tun und zur Welt beitragen.

Leute arbeiten an dem, was sie tun, für zwei völlig legitime Zwecke. Der erste Zweck ist das Überleben. Wenn Sie nicht überleben, gibt es kein „Was-Sie-als-nächstes-tun“, um einen Beitrag zu leisten. Sie sollten also besser überleben. Unglücklicherweise ist es so, daß viele von uns nie über diese Ebene hinauskommen. Selbst Millionäre steigen manchmal nicht zur nächsten Ebene, der Ebene des Beitragleistens, auf. Das ist insofern paradox, als die nächste Ebene diejenige ist, wegen der die Leute wirklich hier sind. Ich habe noch nie jemanden gesehen, der, unter all seiner Angst nicht zu überleben, nicht anderen oder der Welt einen Beitrag leisten wollte. Wie dem auch sei, die Angst, nicht zu überleben, treibt den fundamentalen Wunsch, einen Beitrag zu leisten, ins Unbewußte. Das Wiedererwachen des Beisteuerns hängt von der Bewältigung der Überlebensängste ab.

Wenn Sie das hier lesen, haben Sie überlebt. Ich garantiere Ihnen, daß Sie so gut wie wissen, daß Sie auch dann noch überleben würden, wenn Sie Ihre Aufmerksamkeit vom Überleben abwenden würden. Wenn Sie Ihre Aufmerksamkeit nicht mehr auf Überleben gerichtet haben, können Sie den Prozess des Werdens erleben. Der Prozess des Werdens bringt es mit sich, etwas aufzugeben. Was Sie aufgeben müssen, ist Ihr Gefühl eines in allen Richtungen unbegrenzten Potentials. Sie werden dieses Potential immer haben, aber Sie können es nicht manifestieren. Sie haben in Ihrem Leben nicht genug Zeit, um das zu tun. Sie können nur das manifestieren, was Sie manifestieren. Wenn Sie nicht bereit sind, Ihren Wunsch, alles zu sein, aufzugeben, das heißt Ihr *gesamtes* Potential zu manifestieren, werden Sie nicht in der Lage sein, irgendetwas davon zu manifestieren. Wenn Sie also Installateur werden, heißt das, daß Sie aufgeben, Tischler, Mechaniker, Arzt, Politiker zu sein und noch etwa tausend andere Dinge, zu denen Sie potentiell fähig sind; das heißt, die Sie werden könnten.

Beachten Sie jetzt das Wort „become" („werden"). In diesem Wort ist alles enthalten, was Sie über Wählen und das Verrichten Ihres Lebenswerkes wissen müssen. Drehen Sie es einfach um und lesen Sie es als „coming to be" („werden zu sein"). Das ist das Wesentliche des Etwas-Werdens. Zuerst schaffen Sie sich das Erleben (aus dem Nichts), es zu sein. Sie *sind* „es", nebenbei bemerkt, weil Sie mit einem in alle Richtungen unbegrenzten Potential anfangen. Nachdem Sie das Erleben, „es" zu sein oder zu werden, gründlich erschaffen haben, kommt der nächste Schritt von selbst, ohne Mühe. Das Erleben, Was-auch-immer zu sein, können Sie nur haben, wenn Sie auch wissen, daß Sie es nicht sein müssen. Das ist unsere alte Freundin, die Wahl. Wahl heißt, – nachdem Sie die Gründe dafür und dagegen erwogen haben – von der Ursache und nicht von den Gründen aus auszuwählen. Nochmals: Wahl heißt, von der *Ursache* ausgehend auszuwählen. Die Ursache sind *Sie*. Sie wählen, Was-auch-immer, frei, wissend, daß Sie nicht müssen. Das bedeutet, wenn Sie es nicht tun, werden Sie immer noch überleben. Sie müssen auch die Tatsache akzeptieren, daß Sie durch die Wahl einer Sache, eine Menge anderer Träume, die Sie gehabt haben, „abwählen".

Wenn Sie den ersten Schritt machen, folgt der nächste ohne Mühe von selbst, so wie die Nacht dem Tage. Sie *tun*, was das, was auch immer Sie sind, im Prozess, es zu sein, tut. Das richtet Ihre Aufmerksamkeit auf Ihre Intention. Wenn Sie wirklich wählen, was Sie wählen, dann manifestiert Ihre Intention sich selbst durch das, was Sie tun, wann und wo Sie sagen, daß Sie es tun werden. Das nennt man, Ihre Vereinbarungen einhalten. Das Einhalten Ihrer Vereinbarungen lenkt den Blick auf Ihre Intention und Integrität. Erinnern Sie sich, Sie bekommen *immer*, was Sie intendieren, ob Sie das mögen oder nicht. Das ist das Wesen der Intention. Die Manifestation der Integrität in Vereinbarungen ist eine Folge Ihrer Intention das zu werden, wovon Sie sagen, daß Sie es werden wollen.

Der nächste Schritt ist zu einfach, um ihm viel Aufmerksamkeit zu widmen. Sie bekommen immer das, was das, was auch immer Sie sind, bringt, indem Sie tun, was es tut. Mit anderen Worten, Sie bekommen den gerechten Lohn Ihrer Arbeit.

Es gibt einen letzten Schritt, den die meisten Leute übersehen. Selbst wenn Sie „werden", „tun" und „haben" ganz durchgegangen sind, ist Ihnen eine daraus erwachsende Zufriedenheit nicht garantiert. Sie sind der Verursacher von Zufriedenheit oder ihres Nichtvorhandenseins. *Nichts* wird Sie zufrieden machen. Zufrieden ist eine Art und Weise, die Sie wählen zu sein oder nicht zu sein. Was normalerweise Zufriedenheit genannt wird, erreicht uns auf zwei Wegen: Arbeit und Liebe. Wir haben gerade aufgehört, über Arbeit zu sprechen; jetzt werden wir uns Liebe ansehen. ■

Kapitel Sechzehn:

Liebe

Liebe ist die fundamentale Verbundenheit im Universum, was genau die Art ist, wie das Universum ist. Sie können dies in dem Maße erleben, in dem Sie bereit sind, sie als Ihren Ausgangspunkt zu nehmen und nicht versuchen, von ihr Besitz zu ergreifen.

Das Erleben der Liebe wird normalerweise in Begriffen romantischer Vorstellungen gedacht. Zweifellos gibt es Liebe auf der romantischen Ebene und wenn, dann hat das zur Folge, daß Sie in Ihrem Erleben jemanden, so wie er oder sie ist, als perfekt seiend erschaffen. Wie er/sie ist, umfaßt ebenfalls, wie er/sie sich verändert. Somit ist die romantische Liebe also auch ein fortwährendes Wiedererschaffen der erfahrenen Perfektion eines anderen Menschen, während dieser Form und Inhalt verändert. Romantische Liebe ist für den Verstand, der durch Fehlerfinden aufblüht, eine gewaltige Konfrontation. Dennoch ist die Macht des Selbst, das Sie besitzen, dergestalt, daß Sie einen Menschen auf der romantischen Ebene unendlich lange lieben können, wenn Sie das wählen. Um jemanden im eigenen Erleben als perfekt zu erschaffen, ist es notwendig, das Zeug des eigenen Verstandes *und* das des geliebten Menschen zu durchschauen und zu hinterblikken. Und es gibt einen noch fundamentaleren Aspekt der Liebe als diesen.

Es gibt eine fundamentale Verbundenheit im Universum, das ist einfach die Art, wie das Universum ist. Es ist die Kraft, die Materie und Selbst auf allen Ebenen, von der atomaren zur zellularen bis hin zur nicht-physischen, zusammenhält. Damit dies so ist, brauchen Sie nichts zu tun. Es ist so, ist immer so gewesen und wird immer so sein. Es gibt sogar nichts, was Sie tun können, um diesen Zustand aufzuheben. Falls Ihnen dies nicht gefallen sollte oder Sie der Meinung sind, daß es anders sein sollte, gibt es nichts, was Sie diesbezüglich tun könnten.

Diese fundamentale Verbundenheit rührt von der Tatsache her, daß wir alle dem gleichen Alles/Nichts entstammen. Jetzt sind wir *anscheinend* Individuen. Anscheinend hat sich Nichts oder Kontext dafür entschieden, ein Spiel mit seinem Selbst zu spielen, und da sind wir nun. Es wird lange dauern.

In der Zwischenzeit haben wir kurze Einblicke in das fundamentale, jenseits von Zeit, Ort und Etwas stattfindende Erleben der Verbundenheit, das wir „Liebe“ genannt haben. Dies geschieht normalerweise mit einem anderen Menschen und bringt immer Kommunikation mit sich, das heißt das Wiedererschaffen des Erlebens eines anderen. In diesem Augenblick, der nicht in der Zeit existiert, lieben wir *und* wissen es. Nach dem tatsächlichen Erleben der Liebe verbleibt ein Verstandeszustand, der als Erinnerungs-Spur des Erlebens zurückgelassen wird. Dieser Verstandeszustand ist für sich selbst genommen angenehm, bis er sich mit den Verstandesstrukturen verstrickt.

Das tatsächliche Erleben der Liebe geschieht also außerhalb von Zeit, und der Verstand versucht, es in die Zeit zu bringen und einzufrieren, damit es erhalten und genossen werden kann. Das funktioniert nicht. Zu schade. Wie bei allem anderen gilt auch hier, wenn Sie sich dem Zustand des Nicht-Liebens widersetzen, dauert der einfach an.

Was Liebe betrifft, so müssen Sie erkennen, daß sie immer vorhanden ist. Das heißt nicht, daß Sie sie immer erleben. Was das heißt, ist, daß sie immer vorhanden ist, um erlebt zu werden. In dem Maß, in dem Sie Ihre Jagd nach ihr aufgeben können, können Sie sie haben. Das vor dem Erleben der Liebe liegende Hindernis ist der Verstand. Lassen Sie sich daran erinnern, daß der Verstand dasjenige Organ ist, das aus Ihrer gesamten Körperlichkeit besteht und dessen Zweck es ist, selbst zu überleben. Er wird alles tun, um selbst zu überleben, außer, daß er manchmal wählen wird, lieber recht zu haben als zu überleben. Seine Überlebenstechniken sind Domination und Manipulation durch ständiges Rechthaben. Der Verstand lebt in äußerster Angst, nicht zu überleben, und so gut wie alles wird vom Verstand auf seinen Überlebenswert abgeklopft. Schmerz hat, was den Verstand betrifft, negativen und Freude positiven Überlebenswert. Also, da haben wir dann das Erleben der Liebe; wie unglaublich wohltuend. Und schon klinkt sich der Verstand ein, macht eine Erinnerung daraus, versucht in der Nähe dessen zu bleiben, *von dem er denkt*, er oder sie sei die Quelle des Ganzen, und meistens verpfuscht er alles durch Rechthaben und indem er das „Liebesobjekt" mit Forderungen nach Treue belastet.

Die Quelle der Liebe ist nicht der andere Mensch. Die Quelle der Liebe ist nicht einmal der, für den Sie sich gewöhnlich halten. Liebe oder fundamentale Verbundenheit ist die Art und Weise, wie das Universum ist. Sie können dies in dem Ausmaß erleben, in dem Sie bereit sind, sie als Ihren Ausgangspunkt zu nehmen und nicht versuchen, von ihr Besitz zu ergreifen. Sie müssen nicht losgehen und sie suchen. Sie ist nicht irgend „wo". Sie ist überall. Liebe ist nur ein Gast, der zu Ihnen kommt, wenn sie nicht muß, und *nur* wenn sie nicht muß. Sie können ihren Besuch nicht fordern und ihn erhalten.

Ja, Sie müssen auch im Zustand der Erleuchtung sein, um häufig Besuch von der Liebe erleben zu können. Nebenbei bemerkt, ist häufiger Besuch, der zeitlos ist, das Beste, was Sie erhoffen können. Zwischen den Besuchen müssen Sie einfach sein und akzeptieren, da zu sein. Ausgenommen natürlich, Sie akzeptieren nicht, einfach da zu sein; in diesem Fall werden die Besuche der Liebe sehr selten sein.

Was Liebe betrifft, so ist Ausgangspunkt der meisten Menschen der Kontext des Mangels. Was ich damit meine, ist, daß Sie *sagen*, es gäbe wenig fundamentale Verbundenheit im Universum und daß Sie Ihre besser nicht weggeben sollten, um nicht ohne dazustehen, oder Sie geben immer nur ein bißchen an die „richtigen" Leute, zur „rechten" Zeit, unter den „richtigen" Bedingungen. Der der Liebe angemessene Kontext ist der Kontext der hinreichenden Menge. Innerhalb dieses Kontextes können Sie anfangen, im Hinblick auf Liebe die Wahrheit zu erleben. Die Wahrheit ist, daß Sie sie nicht horten müssen. Ich lade Sie zu dem Kontext ein, in dem Sie wirklich *alles*, was Sie haben, weggeben können, und immer noch unendlich viel zum Weggeben übrig haben. Sie gehört Ihnen *nur* dann, wenn Sie sie weggeben.

Schließlich möchte ich noch etwas zu Liebe und Brauchen sagen. „Brauchen“ ist derjenige Zustand, in dem Sie sich befinden, wenn Sie meinen, zum Überleben eine bestimmte Sache haben zu müssen, die Sie in Wirklichkeit nicht haben müssen. Liebe *ist* etwas, was Sie zum Überleben haben müssen, aber sie müssen Sie nicht von einer *bestimmten* Person bekommen. Wenn Sie der Meinung verhaftet sind, daß dies für Sie sehr wohl so ist, gibt es einen Menschen in der Welt, den Sie nicht Sie liebend haben können: den Menschen, den Sie brauchen. Wen Sie brauchen, können sie nicht lieben, und von diesem Menschen können Sie auch nicht geliebt werden. Außerdem kann Liebe sehr wohl in Abwesenheit von Bedürfnisbefriedigung existieren. Liebe ist ziemlich mächtig und kann ohne Sexualität, körperliche Anwesenheit, finanzielle Unterstützung und alles, was Ihnen sonst noch einfällt, existieren. Liebe ist das einzige, was selbst die Zeit nicht auslöschen kann. Sie ist, wer Sie sind und woher Sie kommen.

Ein beliebter Ort, um Liebe zu erleben, ist in Beziehungen. Schauen wir uns also als nächstes Beziehungen an. ■

Kapitel Siebzehn:

Beziehungen

Beziehung ist das, ohne das Sie das Erleben zu existieren, nicht haben können.

Leben handelt vom Entdecken des eigenen Selbst. Alle Spiele, die Sie in Ihrem Leben arrangiert haben, kreisen um das Finden und Erleben Ihres Selbst. Sogar das Überlebensspiel ist so angelegt, daß Sie hier bleiben und Ihr Selbst erleben können. Es gibt etwas, was man über das Erleben des eigenen Selbst wissen muß: Es kann nur in Beziehung erlebt werden. Beziehung kann die Beziehung, die Sie zu Steinen, Bäumen, Tieren und den Elementen haben, miteinschließen. Hier werden wir jedoch über Beziehung in dem Sinne sprechen, wie sie mit einem anderen Menschen existiert, als der Hauptquelle Ihres Erlebens des Selbst.

Machen Sie mit mir eine imaginäre Reise. Die Reise beginnt im Nichts, was, wie Sie wissen, nirgends ist. Obwohl ich Ihr Begleiter sein werde, werden Sie diese Reise in Wirklichkeit alleine machen. Sie werden aus dem Nichts kommen und eine Welt betreten, wo es keine Lebewesen gibt, nicht einmal Pflanzen. Sie werden eine lebendige Form annehmen, die der ziemlich ähnlich ist, die Sie jetzt haben, nur werden Sie völlig allein sein. Jetzt, da ich Sie in diese Welt ohne Leben geführt habe, werde ich Sie verlassen, und Sie werden vergessen, wer Sie dahin gebracht hat. Sie werden nicht nur nicht mit irgend jemandem zusammensein, Sie werden sich nicht einmal daran erinnern, jemals mit jemandem zusammen gewesen zu sein. Lehnen Sie sich jetzt zurück und erleben Sie, wie das

Leben auf diesem Planeten ist.

Wenn Sie sehr aufmerksam sind, werden Sie in der Lage sein, zu erkennen, daß Sie auf diesem verlassenen Planeten keine Vorstellung davon haben, daß Sie existieren. Es gibt absolut niemanden und nichts, um Sie zu bestätigen oder Ihnen auch nur zu sagen, daß Sie da sind. Sie werden Ihr Leben in diesem Zustand zu Ende leben. Ihre Körperteile erscheinen Ihnen so bedeutungslos wie die Steine um Sie herum. Ihr sexuelles Verlangen ist Ihnen ein absolutes Rätsel. Sie haben keine Ahnung was Sehvermögen ist, obwohl Ihre Augen einige Dinge sehen. Die wenigen Geräusche, die Sie hören, verwirren Sie. Sie haben keine Vorstellung vom Zweck all dessen, was Ihnen zu eigen ist. Wenn Sie eine Sprache besäßen, in der Sie denken könnten (Sie haben keine), könnten Sie denken, das Leben sei nicht lebenswert. Aber Sie wissen nicht einmal, daß Sie leben, somit kommt Ihnen dieser Gedanke niemals. Im Laufe der Jahre verändert sich Ihr Körper, und schließlich sterben Sie, ohne zu wissen, daß Sie gelebt haben. Ihre einzigen Beziehungen spielten sich auf der rein physischen Ebene ab, wo sich ein Stein bewegte, wenn Sie gegen ihn gestoßen waren.

Ich habe ein Kein-Beziehung-Bild gemalt, um Ihnen ein Gefühl davon zu vermitteln, worum es bei Beziehung geht. Bei Beziehung geht es um das Erleben Ihres Selbst. Aber die Sache hat einen Haken: Sie können ein anderes Selbst nicht direkt erleben, da Sie Ihrer Körperlichkeit verhaftet sind. Das heißt, Sie müssen Ihre Beziehungen durch Ihre Maschine erleben und ausdrücken. Ihre Maschine hat (ist) einen (ein) Verstand, der überleben und recht haben will. Damit liegt schon ein großes Hindernis vor Ihrem Erleben des Selbst. Ihre Beziehungen werden also, abhängig davon, in welchem Ausmaß es dabei um Überleben geht, in verschiedene Kategorien fallen, und zwar folgende: (1) ABSTRAKTIONEN, (2) FREUNDE, (3) LIEBENDE, (4) ARBEITER, (5) SKLAVE/HERR.

Beziehung auf der Ebene von Abstraktionen, ist wie die, die Sie und ich haben. Auf dieser Ebene ist es leicht, eine grundsätzliche Verbundenheit zu erleben, da dem nicht viele Verstandesstrukturen im Wege stehen. Mein Erleben ist, daß ich Sie liebe. Das ist alles, was es auf der Ebene von

Abstraktionen gibt. Ich meine nicht Ideen und Begriffe. Ideen und Begriffe sind im Verstand ansässig, und wenn Sie dieses Buch nur mit Ihrem Verstand gelesen haben, werden Sie meine Liebe zu Ihnen für irgendeine absurde Verrücktheit halten. Sehen Sie, Abstraktionen sind die Gesetze, die das Universum bestimmen. Schwerkraft ist eine Abstraktion. Jedesmal, wenn Sie einen Gegenstand loslassen, bewegt er sich auf den Körper im Weltall zu, der die Aspekte der Größe und Dichte in sich vereinigt, in Ihrem Fall, die Erde. Wenn Sie also die Abstraktion Schwerkraft bewußt wahrnehmen (was jemand zum ersten Mal erst vor wenigen Jahrhunderten getan hat), dann können Sie sich auf das Universum einstimmen und vermeiden, abzustürzen. Dieses Buch handelt von Abstraktionen, die Ihre Lebensbedingungen ebenso sicher erzeugen wie die Schwerkraft das Fallen.

Fügen Sie jetzt noch körperliche Nähe hinzu, und Sie haben es mit den Elementen der Abstraktion *plus* der Erfüllung eines Ihrer Überlebens-Bedürfnisse: Liebe zu tun. Leute auf dieser Ebene sind als „Freunde“ bekannt. Ihr Verstand verbringt Überstunden damit, herauszukriegen, ob dieser Person „vertraut“ werden kann, das heißt, ob sie nicht etwas sagt oder tut, was außerhalb Ihrer Überzeugungssysteme liegt. Abhängig davon, wieviel Kraft Sie Ihren Überzeugungssystemen zukommen lassen, haben Sie wenige oder viele Freunde, denen Sie „wirklich“ vertrauen können, wie Sie sagen.

Fügen Sie das Element Sex hinzu und Sie sind auf der Ebene der Liebenden. Jetzt fängt Ihr Verstand wirklich an zu arbeiten, urteilt und bewertet, und Sie haben erneut Gelegenheit, Ihren Verstand zu konfrontieren und zu transzendieren. Fügen Sie noch das Element Überleben hinzu, und Sie sind bei der Ehe, in der Leute voneinander abhängig sind, daß etwas zu essen auf den Tisch kommt. In einer solchen Beziehung entwickelt der Verstand enorme Aktivitäten, er beurteilt, bewertet, entwickelt Meinungen und Haltungen, Überzeugungen und Glauben. Beziehungen auf dieser Ebene sind eine wunderbare Gelegenheit zu erleben, was Ihre Größe ist.

Nehmen Sie das Element Sex heraus, lassen Sie das Element Überleben drin, und Sie befinden sich auf der Ebene der Arbeiter. Wie gut Sie mit Leuten arbeiten, bestimmt, wie gut Sie überleben, und manchmal, *ob* Sie überleben. Arbeiten ist eine gewaltige Herausforderung und hinsichtlich der Gelegenheit, die es Ihnen für das Funktionieren Ihres Lebens bietet, gleicht es der Ehe. Was auf dieser Ebene paradoxerweise funktioniert, ist, zu vergessen, daß Überleben ein Thema ist und sich mit dem wahren Zweck Ihres Hierseins auf diesem Planeten zu vereinen, nämlich: anderen zu dienen. Wenn Sie das in Ihrer Arbeit machen, garantiere ich Ihnen, daß Sie in Kürze Ihre eigene Organisation leiten werden.

Sklave/Herr-Beziehungen werden errichtet, um das Überleben einer Person auf Kosten der Lebendigkeit einer anderen zu fördern. In Sklave/Herr-Beziehungen sind beide Parteien vollständig ins Überleben eingerastet. Auf beiden Seiten gibt es keinen Raum für Zufriedenheit. Diese Art von Beziehung ist zwar offiziell überholt, besteht aber in inoffizieller Form bis zum heutigen Tag. Wenn Sie eine haben, werden Sie sie los. Das Leben ist zu kurz.

Es gibt noch etwas, was Sie über Beziehungen wissen müssen. Das sind die Weggeh-Mechanismen. Hervorgebracht durch Ihre mangelnde Bereitschaft, für Ihr Erleben eines Menschen verantwortlich zu sein, zeigt sich eine Lösung für Ihre erfundenen Probleme: wegzugehen. Ich möchte, daß Sie einiges über das Verlassen von Leuten wissen. Es ist in Ordnung, das zu tun. Nicht verkehrt. Und es gibt Konsequenzen. Die Konsequenzen sind, daß Sie Ihr „Zeug" in die nächste Beziehung, die Sie haben, mitnehmen und Ihr Erleben wiedererschaffen. Sie haben dann erneut Gelegenheit, für Ihr Erleben von Menschen verantwortlich zu werden. An diesem Punkt können Sie Verantwortung übernehmen oder erneut weggehen. Wenn Sie weggehen, wiederholt sich der Kreislauf, und Sie erhalten erneut eine Gelegenheit. Früher oder später werden Sie, vielleicht, erkennen, daß Sie die Quelle Ihres unangenehmen Erlebens anderer Menschen sind. Die Alternative zu Weggehen ist, größer zu werden als die Weggeh-Mechanismen Ihres Verstandes. Das verschafft Ihnen Gelegenheit, zu erleben, daß Sie mehr als die Summe der Teile Ihres Verstandes sind. Solange bis Sie bereit sind, sich mit Ihrem Erleben von Menschen zu konfrontieren, sind Sie innerhalb Ihres Verstandes gefangen, was Sie vielleicht als „Freiheit" tarnen. Sie sind dann dem Gefühl verhaftet, so klein zu sein, wie Sie glauben zu sein, oder (falls Sie *wirklich* nicht verantwortlich sind) so klein, wie Sie glauben, daß der andere ist. Ich ersuche Sie, in Ihren Beziehungen zu bleiben, verantwortlich für Ihr Erleben derselben zu werden und herauszufinden, daß selbst Sie groß genug sind, Ihr Leben zufriedenstellend zu machen, ohne andere ins Unrecht zu setzen. Eine weitere Sache, die Sie über Beziehungen wissen sollten, ist, daß Sie nicht „versuchen" oder dran arbeiten müssen, daß sie stattfinden. Wenn sie in Ihrem Leben einen Mangel an Beziehungen haben, müssen Sie nicht *mehr* tun, sondern weniger. Sie müssen aufhören, die Dinge zu tun, die das Vorkommen von natürlichen Beziehungen in Ihrem Leben verhindern. Beziehung ist die natürliche Ordnung der Dinge. Wenn Sie mit der Leichtigkeit, mit der Beziehungen für Sie stattfinden nicht zufrieden sind, werden Sie sich dann darüber bewußt, was Sie tun, um diesen natürlichen Prozeß zu verhindern, und hören Sie damit auf. Wenn Sie beim Prozeß des Bewußtwerdens Begleitung brauchen, werden Leute Ihnen diese Begleitung dann anbieten, wenn sie erleben, daß Sie bereit sind, hinsichtlich der Art und Weise Ihres Handelns oder Ihrer Selbstdarstellung vom Rechthaben wegzukommen, um deren Kommunikation mitbekommen zu können.

Schließlich möchte ich, daß Sie wissen, daß Menschen in ihrem Verstand existieren. Da dies der Zustand ist, in dem wir uns befinden, kommt „Zeug" in Beziehungen, früher oder später, immer hoch. Urteile werden gefällt. Sie merken, daß es am anderen Züge gibt, die Sie nicht mögen. Er/sie glaubt nicht so wie Sie. Sie haben andere Interessen. Wenn Sie lange genug in einer Beziehung bleiben, in *jeder* Beziehung, werden diese Dinge hochkommen. Immer wieder. Hier nun setzt Verpflichtung ein. Sehen Sie, wenn das Unvermeidliche geschieht, werden Sie weggehen wollen. Ihre Weggeh-Mechanismen werden aktiviert. Sie werden durch einen stereotypen, maschinengleichen Prozeß gehen, der für Ihren spezifischen Verstand charakteristisch ist, und dessen Endergebnis ist, daß Sie gehen und das als gerechtfertigt empfinden. Ich fordere Sie dazu auf, größer als das zu sein. Ihr Verstandeszeug ist wirklich nicht wichtig, aber das werden Sie niemals wissen, bevor Sie nicht lange genug bleiben, um das zu erleben. Diese Art von Verpflichtung heißt: „Egal was aus meinem oder deinem Verstand hochkommt, ich werde nicht weggehen". Da hindurchzugehen ist der einzige Weg, wie Sie Ihre eigene Größe, Ihr Selbst, das über Ihre Identität in dieser Welt hinausreicht, jemals erleben werden. ■

Kapitel Achtzehn:

Funktionierende Liebesbeziehungen

Starke Liebesbeziehungen werden nicht im Verstand erzeugt. Sie müssen das machen, weil Ihre Maschine das nicht kann. Sie können das machen, wenn Sie bereit sind, sich hinzugeben, und Hingabe anzunehmen. Sie müssen „den Verstand verlieren".

Manche Liebesbeziehungen fallen durch das von ihnen erzeugte Ausmaß an Stärke und Liebe auf. Starke Liebesbeziehungen erreichen auch andere und ermöglichen anderen Beziehungen zu funktionieren. Solche Beziehungen haben mehrere Merkmale, die es wert sind, gekannt zu werden. Die wichtigste Sache ist, daß sie sich natürlicherweise vollziehen, ohne Mühe. Sie werden aus dem Nichts erzeugt und sind als solche nicht gleich den Beziehungen, die durch den Verstand geschaffen werden. Weil der Verstand in einer machtvollen Liebesbeziehung nicht beteiligt ist, sind die das Zustandekommen der Beziehung betreffenden Bedingungen den Beteiligten auf der begrifflichen Ebene normalerweise nicht zugänglich. Deshalb können Leute, die eine machtvolle Liebesbeziehung haben, normalerweise nicht erklären, wie sie das machen. Sie *können* einem sagen, wie sie *denken*, es getan zu haben, aber es zeigt sich fast immer, daß es ihnen ebenso rätselhaft ist, wie es so wurde wie es ist, wie jedem anderen auch.

Nun, damit Sie wissen werden, wie sie das machen, werde ich es Ihnen jetzt sagen. Bevor ich das tue, möchte ich, daß Sie wissen, daß es Ihrem Verstand nicht gefallen wird. Es wird einigen der fundamentalen Zustände Ihres Verstandes widersprechen. Also, wissend, daß Sie das nicht schätzen werden, nun folgendes: Einer oder beide Personen geben sich dem Lebenszweck des jeweils anderen hin. Mit „sich hingeben" meine ich, daß Sie die Ziele des anderen zu Ihren eigenen machen und Ihre aufgeben. Sie geben Ihre dabei so vollständig auf, daß „Ihre“ nicht einmal das passende Wort für Ihre ehemaligen Ziele ist. Was dies hervorbringt, ist das Auf-einander-abgestimmt-sein der Ziele. Die Ausrichtung des Zwecks ist der Zustand, aus dem heraus mächtige Liebesbeziehungen geformt werden. Es hat nichts mit Vorlieben oder Abneigungen zu tun oder damit, wie gut sie aussehen, auch nicht mit Musik, Büchern, Parfüm oder mit irgendwelchem anderen Zeug, was Ihnen noch einfällt. Wenn Sie in Beziehungen auf dieser Ebene festhängen, das heißt wenn Sie meinen, daß diese Dinge wichtig seien, haben Sie keine Chance, eine machtvolle Liebesbeziehung zu erschaffen.

In den meisten Fällen gibt es einen Macht-Geber und einen Macht-Empfänger. Der Macht-Geber ist derjenige, der sich den Lebenszielen des Macht-Empfängers unterwirft. Macht zu haben ist für den Macht-Empfänger mit keinerlei Gefühlen des Stolzes verbunden, und er erinnert sich immer, von wem sie kam. Derjenige, der sich hingibt und Macht abgibt, tut das bedingungslos. Nichts, was der Empfänger tun kann, wird Machtverlust zur Folge haben. Der Empfänger nimmt dann diese Macht und benutzt sie, um die Beziehung in Perfektion zu manifestieren. Der Inhalt der Beziehung wird in einem Kontext der Freude gehalten. Beide sind in ihrem Erleben der Beziehung genährt und belebt, die in einem Zustand der Verpflichtung und Loyalität existiert. Das Ergebnis ist, daß die Beziehung *viel* mehr als die Summe ihrer Teile ist. Die Macht der Beziehung belebt all jene, die mit ihr in Kontakt kommen. Tatsächlich schafft sie für andere die Bedingungen, die gleiche Beziehung zu haben.

Obwohl die Beziehung aus dem Nichts geschaffen wird, steuert sie der Welt immer *etwas* bei. Nicht ein bestimmtes Etwas, einfach etwas für andere Wertvolles. Die Macht, die die Beziehung hervorbringt, drängt in die Welt hinaus und wird weggegeben. Je mehr sie weggegeben wird, desto mehr ist in der Beziehung verfügbar. Normalerweise ist der Macht-Empfänger der *sichtbare* Kanal, durch den an die Welt Macht in Form von Beiträgen zum Leben anderer weitergegeben wird. Dies ist jedoch nur dem Anschein nach so. Erinnern Sie sich, daß der Macht-Geber die

Machtquelle ist. Jeder aus einer solchen Beziehung stammende Beitrag zur Welt kann bis zu seiner Machtquelle zurückverfolgt werden.

Ich möchte betonen, daß dies der *natürliche* Zustand einer Liebesbeziehung ist. Um die Manifestation einer machtvollen Liebesbeziehung zu verhindern, müssen Sie Ihre Verstandesmechanismen benutzen. Es gibt folgende Wege, um das Offenbarwerden einer funktionierenden machtvollen Liebesbeziehung zu verhindern. Erstens, wenn Sie die Macht-Quelle sind, geben Sie Ihre Macht unter der Bedingung, daß sie auf eine bestimmte Art und Weise verwendet werden muß, andernfalls werden Sie sie zurücknehmen, das heißt Ihre Unterstützung zurückziehen. Oder seien Sie *stolz* auf Ihre phantastische Beziehung, und lassen Sie andere in jedem Fall wissen, daß Sie, da Sie eine solche haben, besser sind als sie. Damit schaffen Sie es jederzeit. Wenn Sie der Macht-Empfänger sind, benutzen Sie die Macht für die Ziele Ihres Verstandes. Setzen Sie sich mittels des Gebrauchs Ihrer Macht ins Recht. Streiten Sie, und setzen Sie andere ins Unrecht. Kommunizieren Sie nicht. Seien Sie nicht bereit, mit der Postition des Macht-Gebers oder -Empfängers in der Beziehung zufrieden zu sein. Wenn Sie derjenige sind, dem Macht gegeben wurde, vergessen Sie, woher Sie kam, und erkennen Sie die Quelle nicht an. Das sind nur einige der zahlreichen Methoden, mittels derer Sie vermeiden können, daß Ihre Beziehung machtvoll, nährend und beitragend ist. Ein erfinderischer Verstand findet noch andere Wege.

Es ist kein besonderer Verdienst, solch eine machtvolle Beziehung zu haben. Es ist einfach eine weitere Daseinsweise, und für diejenigen, die sie wählen, funktioniert sie. Aber, wie auch immer Sie in einer Beziehung sind, es ist in Ordnung. Wenn es das nicht ist, sitzen Sie darin so lange fest, bis Sie erkennen, daß das für Sie nicht verkehrt ist.

Schließlich möchte ich, daß Sie wissen, daß Sie nicht losziehen und einen anderen Menschen suchen müssen, um eine machtvolle Liebesbeziehung zu schaffen. Im Grunde sind alle Menschen gleich, wenn *Sie* den Zustand der Verantwortlichkeit erreichen. Derjenige, den Sie jetzt haben, genügt völlig. Es könnte sein, daß Sie etwas aufgeben müssen, um mit dem Menschen, mit dem Sie jetzt zusammen sind, eine machtvolle funktionierende Beziehung zu erschaffen. Was Sie vielleicht aufgeben müssen, sind alle Beziehungen zu anderen Menschen, die sein *könnten.* Nicht nur das, Sie müssen auch Ihre *Träume* von diesen anderen Beziehungen, die sein könnten, aufgeben. Und ich verspreche Ihnen: Diese anderen Beziehungen *könnten* sein. Das müssen Sie wissen, um in der Beziehung, die Sie jetzt haben, wirklich sein und diesbezüglich Ursache sein zu können. Das Suchen von einer Beziehung zur anderen in dieser Welt wird von zwei Faktoren angetrieben: (1) dem dringenden Verlangen nach der oder dem „Richtigen" (die oder den es nicht gibt) und (2) der Selbstablehnung, die sich in der Welt als Ablehnung von anderen manifestiert.

Sobald Sie diese Hindernisse vor einer machtvollen Beziehung überwunden haben, werden Sie mit der Tatsache konfrontiert werden, daß das „Finde-eine-Beziehung"-Spiel zu Ende ist und daß es von Ihnen abhängen wird, den Zweck Ihrer Beziehung hervorzubringen, das heißt ein neues Spiel, das das „Finde-eine-Beziehung"-Spiel ablöst. Wenn Sie keinen Zweck hervorbringen, werden Sie sich wieder im alten „Finde-eine-Beziehung"-Spiel vorfinden, das, nachdem Sie schon eine Beziehung haben, ziemlich unangebracht scheint und ist. Nichtsdestoweniger ist dies das natürliche Ergebnis einer Beziehung ohne Zweck.

Wenn all diese Hindernisse überwunden sind, ist das letzte, was Sie innerhalb Ihrer Beziehung zu tun haben werden, sich selbst und die/den anderen in einem Zustand der Loyalität zu erhalten. Das nächste Kapitel handelt von diesem Thema. ■

Kapitel Neunzehn:

Loyalität und Anerkennung

Loyalität ist derjenige Zustand in einer Beziehung, der Ihnen erlaubt, ursächlich zum Zweck der Beziehung beizutragen. Anerkennung ist der Raum, in dem Loyalität existiert.

Es ist angebracht, Loyalität und Anerkennung zusammen zu besprechen, da Loyalität ohne Anerkennung nicht lange existieren kann. Loyalität ist derjenige Zustand in einer Beziehung, der Ihnen erlaubt, ursächlich zum Zweck der Beziehung beizutragen. Wenn Sie ursächlich einen Beitrag zu etwas leisten, kostet Sie das nichts. Das heißt, es ist kein „Opfer" damit verbunden, ja, Sie verdienen sogar dabei. Im Zustand der Loyalität wissen Sie ganz deutlich, daß, wenn Sie zum Zweck einer Beziehung beitragen, Sie in Wirklichkeit sich selbst einen Dienst erweisen. Der Zweck kann auch der einer Familie, einer Organisation oder der Welt sein.

Loyalität hat etwas Merkwürdiges an sich. Es gibt etwas, was vorhanden sein muß, damit Loyalität Bestand hat: Sie muß bemerkt werden. Der Beitrag, der im Zustand der Loyalität geleistet wird, muß tatsächlich bemerkt und anerkannt werden. Wenn Sie sich einfach daran erinnern, daß Ihnen niemand etwas *schuldet*, wird es Ihnen leicht fallen, Loyalität zu bemerken und anzuerkennen. Wenn Sie anfangen zu meinen, daß „die" Ihnen Loyalität schulden, begeben Sie sich in Schwierigkeiten. Wenn Sie einen Angestellten haben, der einen Beitrag leistet, und Sie wollen, daß er bleibt, dann erkennen Sie ihn, seinen Beitrag und seine Loyalität an. Wenn Sie ihn nicht wissen lassen, daß Sie sich seiner Bedeutung in Ihrem Leben und Ihrer Organisation bewußt sind, werden Sie ihn nicht lange bei sich haben. Wenn Sie eine Frau haben, die Ihnen im

Leben wirklich dient, und Sie wollen, daß sie die Freiheit hat, in einem Zustand der Loyalität zu der Beziehung zu bleiben, dann lassen Sie sie wissen, daß sie Ihr Leben durch ihre Loyalität stärkt. Wenn Sie das nicht tun, könnten Sie eines Morgens allein aufwachen.

Loyalität erfordert also Anerkennung, um dauerhaft bestehen zu können. Für das Hervorbringen von Loyalität bedarf es keiner Anerkennung. Menschen können dies ohne Unterstützung aus dem Nichts tun. Wovon wir hier jedoch sprechen, ist die *Erhaltung* der Loyalität. Ich sage Ihnen einfach, was funktioniert. Sie müssen das nicht anwenden. Vielleicht entspricht es gar nicht Ihrer Intention, Loyalität in Ihrem Leben zu haben. Wenn das für Sie so ist, werden Sie dies demonstrieren, indem Sie Leute in Ihrem Leben nicht anerkennen.

Wie steht's mit der Kehrseite der Medaille? Was, wenn es *Ihr* Zustand der Loyalität ist und er dabei ist, zu verschwinden, weil niemand Ihren Beitrag zu bemerken scheint? Was tun? Wenn Sie Ihr Leben als Verursacher leben wollen, dann ist dies für Sie eine ausgezeichnete Gelegenheit anzufangen zu sehen, daß Sie das Ergebnis von niemand anderem als von sich selbst sind. Sie können Ihre eigene Anerkennung hervorbringen, zuerst, indem Sie das, was immer Sie auch tun, gut tun. Wenn Sie dann nicht bemerkt werden, werden Sie wissen, daß Ihre Intention nicht auf die Hervorbringung von Anerkennung gerichtet ist. Wenn Sie Ihre Intention ausgerichtet haben, werden Sie das tun, was für die Hervorbringung der Anerkennung, die Sie haben wollen, angebracht ist. Nebenbei bemerkt, Anerkennung haben zu wollen, ist nicht selbstsüchtig. Zweck des Anerkanntwerdens ist, die Bedingungen zu haben, unter denen Sie weiterhin loyal sein und gute Arbeit leisten können. Wenn Sie also zum Beispiel jemandes toller Ehemann sind und dafür nicht anerkannt werden, dann sind Sie dafür verantwortlich, die Bedingungen und Umstände herzustellen, unter denen Sie anerkannt werden können und werden.

Nun, ich meine nicht, notwendigerweise, verbale Anerkennung. Vielleicht wird sie ausgesprochen oder sogar niedergeschrieben. Sie muß aber nicht verbal sein. Sie kann so nonverbal sein wie ein Bewegen der Hand. Letztlich hängt alles von Ihrer Fähigkeit und Bereitschaft ab, sich selbst anzuerkennen. Wenn Sie das tun, werden Sie merken, daß andere Sie bereits rechts und links anerkennen. Wenn Sie sich selbst nicht anerkennen, wird kein Lob groß „genug" sein, um Sie zufriedenstellen zu können. Sehen Sie, wie alles wieder zu Ihnen zurückkommt? Sie sind die Quelle Ihres Erlebens. Sie sind verantwortlich, nicht nur für das Bekommen dessen, was Sie wollen, sondern ebenso auch für das Erleben desselben. Und niemand kann Sie dazu bringen. Es ist nicht einmal richtig, Bemerkt-und Gelobtwerden hervorzubringen. Das erlaubt Ihnen lediglich, im Leben weiterhin gut zu funktionieren.

Ich möchte sichergehen, daß Sie wissen, daß Loyalität der *natürliche* Zustand im Leben ist. Leute sind einander gegenüber einfach natürlicherweise loyal. Um einen Zustand der Disloyalität herzustellen, müssen Sie etwas tun oder absichtlich etwas auslassen. Sie müssen sie mit „Zeug" beladen. Sie müssen über sie urteilen, sie kritisieren oder nicht bemerken. Sie müssen Loyalität aktiv aus dem Dasein vertreiben, und das ist nicht einfach. Sie müssen wirklich geschickt und ausdauernd sein, um dies tun zu können.

Schließlich möchte ich, daß Sie wissen, daß niemand Ihnen Loyalität schuldet. Sie können nicht genug tun, um sie zu verdienen. Sie ist ein freies, bedingungsloses Geschenk, das von der Tatsache herrührt, daß es im Universum eine fundamentale Verbundenheit gibt, was einfach so ist, wie es ist. Wenn Sie in Ihrem Leben keine Loyalität haben, haben Sie sie weggeworfen. Wenn Sie sie haben, gehen Sie sicher, daß Sie sich erinnern, daß sie Ihnen niemand schuldet. Während Sie sich erinnern, sorgen Sie dafür, daß Sie die Person, die Ihnen gegenüber loyal ist, wissen lassen, daß Sie ihr Geschenk zu schätzen wissen. Um sie zu verdienen, ist Loyalität einfach ein zu großes Geschenk.

Das ist der Schluß des Buches über das Funktionieren Ihres Lebens. Jetzt fängt es an. Was anfängt, ist, daß Ihr Leben Ihrem Erleben nach funktioniert. Sehen Sie, Ihr Leben funktioniert schon. Aus Ihrem Erleben von allem in Ihrem Leben ist das geworden, was es Ihrer Intention nach werden sollte. Um das zu erleben, übernehmen Sie die Verantwortung dafür. Wenn Sie diese Ebene der Verantwortung tatsächlich erreichen, werden Sie erkennen, daß das, was schon immer direkt darunter gelegen hat, ein unglaublich starker Wunsch ist, die Welt auf der Ebene Verantwortung und Zufriedenheit funktionieren zu sehen. Das nächste Buch handelt von Ihrer Übernahme der Verantwortung auch dafür. ■

BUCH VIER:

ERLEUCHTUNG AUF DER EBENE DER WELT

Dieses ist Ihre Welt. Ihre Welt wird von Ideen bestimmt. Sie sind die Quelle von Ideen.

Kapitel Eins:

Das Böse

Sie können nicht größer sein, als Sie bereit sind anzuerkennen klein zu sein.

Man könnte sagen, daß das Böse das Opfern der Lebendigkeit in Beziehungen um des Rechthaben willens ist. Ich bin hier nicht daran interessiert, Ihnen mitzuteilen, daß es in der Welt Böses gibt. Ich bin sicher, daß Sie das wissen. Was ich will, ist, das Böse bis zu der Ebene der Abstraktion auszudehnen, die es ihm ermöglicht, zu einem natürlichen Ende zu kommen. Alles, was bis auf die angemessene Ebene der Abstraktion ausgedehnt wird, löst sich auf, mit Ausnahme der fundamentalen Gesetze, die das Universum bestimmen. Schwerkraft, zum Beispiel, wird sich auf der Ebene der absoluten Abstraktion nicht auflösen, da sie selbst eine absolute Abstraktion ist. Abstraktion (z.B. Schwerkraft) erzeugt Erleben (z.B. „etwas fällt") und Erleben erzeugt Verstand. Das ist genau das Gegenteil von dem, was Ihnen beigebracht worden ist, daß nämlich der Verstand Erleben erzeugt, was wiederum Abstraktion erzeugt. Abstraktionen existieren jedoch nicht in Abhängigkeit von Ihrem Erleben. Die zutreffende Abfolge ist also: Abstraktion, Erleben, Verstand. Dann entwickelt der Verstand Begriffe, was seine Art des Zusammensetzens oder „Verstehens" der Abstraktionen ist. Begriff ist aber nicht Abstraktion. Sie stehen sich diametral gegenüber. Das Böse wird ebenso wie Begriffe vom Verstand hervorgebracht. Im Universum gibt es keine Abstraktion, die „das Böse" genannt wird. Das Böse kann auf der Ebene der Abstraktion nicht einmal existieren, geschweige denn auf der Ebene des Nichts, die Abstraktion hervorbringt.

Das Böse wird so lange Bestand haben, wie ihm widerstanden wird. Der Widerstand gegenüber dem Bösen ist im Grunde genommen nichts anderes, als daß das Böse in einem Kontext des „Schlecht"-Seins gehalten wird. Die *Konsequenzen* des Bösen beziehe ich nicht in den ihm entgegengebrachten „Widerstand" mit ein. Die Konsequenzen sind einfach die Konsequenzen. *Widerstand* ist dasjenige, was das Weiterbestehen des Bösen verursacht. Mit anderen Worten, das Gesetz ist das Gesetz. Das Gesetz ist nicht „Widerstand" und hat mit dem Andauern oder Nichtandauern des Bösen, wie Sie vielleicht schon bemerkt haben, nichts zu tun. Was den Fortbestand des Bösen erlaubt, ja sogar ermöglicht, ist das rechthaberische Urteil, das wir ihm überstülpen. Das ist der Treibstoffvorrat, den das Böse benutzt, um seinen Motor laufenzulassen. Mit anderen Worten, es ist unsere mangelnde Bereitschaft, uns mit der Quelle des Bösen zu konfrontieren: unserem eigenen Verstand. Dieser Umstand ermöglicht den Fortbestand des Bösen.

Die individuelle Wahrnehmung des Bösen ist merkwürdig. Vom Verstand aus gesehen existiert das Böse immer „außerhalb" des Verstandes. Das sollte Sie nicht weiter überraschen, da Sie wissen, daß der Verstand denkt, er würde dadurch überleben, daß er sich selbst recht gibt. Um das zu tun, definiert er das Böse so, daß er sich nicht damit konfrontieren muß. Da die Definition, die der Verstand bezüglich des Bösen handhabt, nicht funktioniert, um dessen Verschwinden verursachen zu können, lassen Sie uns genauer betrachten, was das Böse ist. Dann werden wir uns die Definition ansehen, die das Böse bis auf die Ebene der Abstraktion ausweitet, was ihm erlaubt zu verschwinden. Der Verstand definiert das Böse folgendermaßen: Alles, was irgendjemand tut (vielleicht sogar denkt), was merklich außerhalb dessen liegt, was der Verstand für richtig hält. Diese Definition taugt dazu, Leuten unrecht zu geben, und wenn sie zum Gesetz gemacht und angewandt wird, taugt sie dazu, Leute einzusperren. Unglücklicherweise tut sie nichts, was das Verschwinden des Bösen verursachen könnte. Was *ist* das Böse wirklich? Ich meine, was ist die Definition, die die Wahrheit repräsentiert und dem Bösen erlaubt zu sein und zu verschwinden?

Das Böse ist jeder Gedanke, mit der Intention, irgendein Individuum oder eine Gruppe von Individuen auszuschließen, um so eine Handlung gegen dieses Individuum oder diese Gruppe zu rechtfertigen, die deren Lebendigkeit und deren Erleben ihres Wertes nicht förderlich ist. Es ist der Ausverkauf der Lebendigkeit, um recht zu haben und andere ins Unrecht zu setzen. Beachten Sie, daß es der *Gedanke* ist, der das Böse ist, nicht die Handlung. Es ist, wenn Sie so wollen, das Urteil, was dem Handeln vorausgeht und was die Handlung rechtfertigt. „Handeln" umfaßt in manchen Fällen übrigens auch das Unterlassen einer Handlung, wenn das vorenthaltene Wort oder die Tat mit der Absicht vorenthalten wird, dem anderen unrecht zu geben, dessen Lebendigkeit oder Erleben seines Wertes nicht zu fördern. Diese Definition ist aus der fundamentalen Abstraktion abgeleitet, deren exakte Formulierung folgendermaßen lautet: „Sie können nicht größer sein, als Sie bereit sind anzuerkennen klein zu sein". Wenn Sie das Böse bis zu dieser Abstraktionsebene anheben, fängt es an, in Ihrem Erleben des Lebens, zu verschwinden.

Der Verstand legt das Böse jedoch dort fest, wo es nicht ist („da draußen"), um ihm zu gestatten dort zu bleiben, wo es ist („hier drin"). Jedes Mal, wenn Sie einem anderen unrecht geben, haben Sie Böses erschaffen und den Weg für das offene Ausagieren dieses Bösen vorbereitet. Vielleicht wählen Sie, es nicht selbst auszuagieren. Vielleicht ermutigen Sie andere oder sogar die Gesellschaft, es für Sie auszuagieren.

Also, ist das Böse nun schlecht? Nein, es ist lediglich böse. Ist das, was Sie tun oder andere ermutigen zu tun, schlecht? Nein, und es gibt Konsequenzen. Sehen Sie, Sie können anderen Leuten nichts Schlechtes zufügen. Sie können sich nur selbst Schlechtes zufügen. Dem äußeren Anschein nach mögen Sie anderen Schaden zugefügt haben. Die werden darüber hinwegkommen. Sie nicht. Sie werden es für den Rest Ihres Lebens mit sich herumtragen. Sie können es ableugnen, rechtfertigen, ignorieren, es wird immer noch da sein. Ist das nun schlecht? Nein. Es ist lediglich die der Natur eigene Art und Weise, sich selbst zu erhalten. Wenn Sie das in ausreichendem Umfang tun, werden Sie anfangen, schlecht zu schlafen. Ein bißchen mehr und andere körperliche Beschwerden werden auftreten. Noch mehr, und Sie werden im Zustand des lebenden Todes sein. Also, ist das nun schlecht? Nein. Bringt es etwas, wenn Sie sich selbst für das Böse, das Sie anderen zugefügt haben, ins Unrecht setzen? Nein. Wie üblich, bringt sich selbst recht oder unrecht zu geben nichts. Sie werden schlichtweg größer sein müssen als die Fehler, die Sie gemacht haben.

Es ist nun mal so, daß im Rahmen der Gesetzgebung alles Böse legal ist. Wir können Sie nicht für etwas bestrafen, was Sie denken. Es ist auch so, daß das meiste von Ihrem Bösen, was Sie beschließen auszuagieren, der Gesetzgebung nach legal ist. In den meisten Formen ist, anderen unrecht zu geben, nicht ungesetzlich.

Wir sind durch diese Besprechung des Bösen gegangen, damit Sie, wenn wir in den folgenden Kapiteln die verschiedenen Formen besprechen, einen Kontext haben, in dem Sie das Böse halten können. Ich kann nicht genug betonen, daß der alte Kontext: „Das Böse ist schlecht" nicht dazu taugt, das Böse zum Verschwinden zu bringen. Der neue Kontext: „Das Böse ist, und es gibt Konsequenzen" funktioniert, wenn Sie dafür Verantwortung übernehmen. Das ist die nächstfolgende Ebene nach der Ebene der Übernahme der Verantwortung für Ihr eigenes Leben. Offensichtlich können Sie nicht auf diese Ebene kommen, bis Sie Verantwortung auf der persönlichen Ebene gehandhabt haben. Sie können nicht herumsitzen und warten, daß jemand anders die Welt in Ordnung bringt. Das wird nicht passieren. Vielleicht fragen Sie, warum ich? Nun, warum nicht Sie? Seien Sie einfach bereit, die Möglichkeit in Betracht zu ziehen, daß dies der Beginn eines Zeitalters ist und daß Sie zufälligerweise zu dessen Beginn leben. Sie haben somit das Privileg, das Zeitalter der Erleuchtung einzuleiten. Aber, warum jetzt? Warum nicht jetzt? Irgendwann muß es geschehen, und das ist es. Ich muß Ihnen nochmals sagen, daß Sie, um das Zeitalter der Erleuchtung zu erleben, die Verantwortung dafür übernehmen müssen. Wenn die ganze Welt erleuchtet würde und Sie verdunkelt blieben, würde *Ihre* Welt immer noch im Dunkeln liegen. Wenn Sie auf der Ebene der Welt erleuchtet werden, können Sie das, was ist, auf der Ebene der Welt erleben. Sie sollten dies nicht als ein freischwebendes Gedankengebäude auffassen. Ganz wörtlich, damit die Welt erleuchtet wird, müssen *Sie* persönlich die Verantwortung dafür übernehmen. Nicht als Last, sondern als Privileg. Schließlich ist dies Ihre Welt. Das Böseste, das Sie tun können, ist, ihr Ihre Liebe vorzuenthalten. ■

Kapitel Zwei:

Rassismus

Im biologischen Sinne gibt es so etwas wie „Rasse" nicht.

Lassen Sie uns Schritt für Schritt vorgehen. Die Menschheit hat sich mit sich selbst einen grausamen Scherz geleistet, indem sie sich in der Fähigkeit geübt hat, die Hautfarbe den klimatischen Bedingungen anzupassen. Auf der Erde gibt es bestimmte Gebiete, wo die Intensität der Sonneneinstrahlung weißhäutigen Menschen das Überleben schwer macht. Natürlich hat der Mensch, der perfekte Selbsterhalter, einen Weg gefunden, um nicht von der Sonne gebraten zu werden. Verteilen Sie die Melanin-Pigmente der Haut nur gleichmäßig, entwickeln Sie noch ein bißchen mehr und das wär's! Automatischer Schutz vor der Sonne.

Soweit die Natur. Alles andere ist das Werk des menschlichen Verstandes. Selbstverständlich ist die Hautfarbe nicht das einzige körperliche Merkmal, das die Menschheit dazu benutzt hat, sich selbst zu spalten, aber sie leistet hervorragende Dienste, um einen Grundsatz zu verdeutlichen. Im biologischen Sinne gibt es so etwas wie „Rasse" nicht. Rasse ist ein falsches Konzept, das der menschliche Verstand zum Zweck der Beherrschung und Manipulierung anderer erfunden hat. Der genaue „Standort" des Konzepts „Rasse" liegt in jenem Teil des Verstandes, der als „Überzeugungssysteme" bekannt ist. Es existiert der Glaube, es gäbe eine *natürliche* Unterteilung der Menschheit. Auf diesem Glauben basiert ein Rechtfertigungssystem, dem zufolge es in Ordnung ist, einige von anderen abzusondern. Weitere Rechtfertigungen lassen es richtig erscheinen, die andere Rasse für von Natur aus minderwertig oder sonst irgendetwas zu halten. Dies alles sind Haltungen oder Standpunkte. Der Aufbau sieht also wie folgt aus: Grundstein ist die Überzeugung „*Rasse* ist eine natürliche Unterteilung der Menschheit". Das läßt einen Standpunkt aufkommen, der lautet „Die sind von Natur aus so, wie sie sind". Dieser Standpunkt macht es dann möglich, Menschen auf schlechte Behandlung durch Rassentrennung vorzubereiten. An diesem Punkt tritt die ganze Sache ans Tageslicht, und schlechte Behandlung wird „schlechte Behandlung" genannt. Was hier wichtig ist, zu erkennen, ist, daß schlechte Behandlung ohne ihr Stützkorsett nicht in Erscheinung treten könnte.

Ein Diagramm wird dies verdeutlichen:
(von unten nach oben zu lesen)

Schlechte Behandlung	ist	Schlechte Behandlung.
Vorbereitung	ist	Rassentrennung.
Standpunkt	ist	Die sind von Natur aus so, wie sie sind.
Rechtfertigung	ist	Es gibt eine natürliche Unterteilung der Menschheit.
Glaube	ist	„Rasse" ist eine natürliche Gegebenheit.

Dieser Prozeß läßt sich auch auf andere Bereiche menschlicher Beziehungen, in denen Menschen schlecht behandelt werden, anwenden. Und Grundlage des Ganzen ist ein Verstandeszustand, nämlich eine Überzeugung, ein Glaube. Dieser Glaube ist so tief verwurzelt, daß es für viele Leute überhaupt nicht zur Debatte steht, ihn zu hinterfragen. Das ist ein ausgezeichnetes Beispiel dafür, daß der Verstand das definiert und formt, was wir gewöhnlich für die Wirklichkeit halten. Niemand von uns steht da drüber. Auch Sie machen das. Sogar Sie.

Der wirklich unglückselige Aspekt von Überzeugungssystemen ist, daß sie bei anderen gleiche und entgegengesetzte Überzeugungen hervorrufen. Rassismus provoziert Gegen-Rassismus. Gegen-Rassismus provoziert Gegen-

Gegen-Rassismus und so weiter. Opposition gegen Rassismus muß, um wirkungsvoll zu sein, den Zweck verfolgen, Rassisten sich selbst sichtbar zu machen, *nicht* sie ins Unrecht zu setzen. Sie ins Unrecht zu setzen, stößt sie nur tiefer in ihren Zustand. Sehen Sie, Leute sind dem Glauben verhaftet, sie seien so klein, wie sie scheinen. Sie sich noch kleiner fühlen zu lassen, bringt nichts. Ich spreche hier nicht nur von Rassismus, obwohl all dies auf Rassismus zutrifft; ich spreche hier von Prinzipien, die unsere Welt transformieren und erleuchten.

Selbst einem Glauben wie „*Rasse* ist eine natürliche Gegebenheit" liegt die angenommene Voraussetzung zugrunde, daß wir der Inhalt unseres Verstandes sind, daß es keine Möglichkeit gibt, jemals mehr als die Summe unserer Teile zu sein. Das ist *die* Lüge, die die Welt verdunkelt. Wissen Sie, Sie können aufhören, ein Rassist zu sein, und Sie werden immer noch der sein, der Sie sind. Ihr Leben wird immer noch von Natur aus wertvoll sein. Sie werden überleben. Die Welt wird nicht untergehen. Und Sie können immer noch zu ihr beitragen. Wenn Sie die Verantwortung für *Ihre* Überzeugungen in Bezug auf „Rasse" übernommen haben, wird der Zustand der Welt Ihre Sache werden. Die Art und Weise, wie Sie die Welt in dieser Hinsicht transformieren können, ist, von Ihrem Rassismus herunterzukommen. Das gibt anderen Gelegenheit, von ihrem Rassismus herunterzukommen. Behandeln Sie Leute als die, die sie sind, nicht als die, die sie Ihrer Überzeugung nach sind. Ich versichere Ihnen, daß sie in Ihrem Erleben transformiert sein werden und häufig auch in deren eigenen Erleben.

Schließlich möchte ich, daß Sie die letztendliche Wahrheit hinsichtlich „Rasse" kennen: SO ETWAS GIBT ES NICHT. ■

Kapitel Drei

Krieg

Krieg ist ein gigantisches Ins-Unrecht-Setzen auf Weltebene. Erleuchtung auf Weltebene wird Kriege beenden. Nichts anderes.

Seit Menschengedenken hat es Kriege gegeben. Seit Beginn der Geschichtsschreibung wurde fast ununterbrochen Krieg geführt. Scheinbar ist Krieg auf diesem Planeten ein natürlicher Zustand. Augenscheinlich gibt es keinen Weg, das Sich-Ereignen von Kriegen zu verhindern. Große Kriege, kleine Kriege, mittlere Kriege, alles außer: kein Krieg. Es ist eine große Tragödie der menschlichen Natur, daß Kriege unvermeidlich sind. Wegen der Politiker gibt es weiterhin Kriege. Außerdem weiß jeder, daß es auf diesem Planeten nicht genug Reichtum gibt, und um zu überleben, werden wir zweifellos kämpfen müssen. Und so weiter und weiter.

Was Sie gelesen haben, ist die wahre Ursache, warum es weiterhin Kriege gibt. Nicht die oben genannten Überzeugungen als solche, sondern die Tatsache, daß diese Überzeugungen für Wahrheit *gehalten* werden. Wir stehen unseren alten Bekannten, Überzeugungen, gegenüber. Kriege gehen aufgrund von Überzeugungen weiter. Solange es „keinen Weg" gibt, Krieg zu beenden, gibt es in der Welt wirklich keinen Raum für die Beendigung des Krieges als ein den Menschen mögliches Unterfangen. (Das gilt übrigens auch für Streitigkeiten auf der persönlichen Ebene.) Sehen Sie, Krieg ist ein Produkt des Verstandes. Es *sieht* nur so *aus*, als ob er das Produkt von Generälen und Kanonen wäre. Krieg ist die perfekte Umgebung für den unerleuchteten Verstand, weil der Verstand durch Sich-selbst-ins-Recht-setzen, Andere-ins-Unrecht-setzen und Überleben gedeiht (außer, daß wir im Krieg *manchmal* beobachten können, daß der Verstand lieber recht behält und nicht überlebt). Krieg ist ein gigantisches Ins-Unrecht-Setzen auf gesellschaftlicher Ebene. Erleuchtung auf der Ebene der Welt wird Krieg beenden. Nichts anderes.

Der Krieg hervorbringende Zustand ist, abgesehen vom unerleuchteten Verstand, die vorausgesetzte Daseinsbedingung des Mangels. Diese Theorie behauptet, daß es in der Welt nicht „genug" gibt und daß um das, was vorhanden ist, gekämpft werden muß. Und so streiten wir uns dann um Nahrung, Land, Geld, Öl usw. Mangel, als angenommene Seinsbedingung ist bei „Regierungen" ganz offenkundig. Zweck von Regierungen auf dieser Welt ist es, uns voreinander auf der Ebene von Nationen, Organisationen und Individuen zu schützen. Dieser „Schutz" basiert auf der Knappheits-Theorie, der zufolge ich meinen Teil nur auf Kosten deines Teils haben kann. Das heißt, damit einer profitieren kann, muß ein anderer etwas verlieren. Im Rahmen der grundlegenden Annahme des Mangels gibt es keine Möglichkeit, daß alle gewinnen. Jemand muß verlieren. (Das erklärt auch kriminelles Verhalten.)

Wenn wir die Wahrheit der hinreichenden Menge wirklich kennen würden, wäre das Weiterbestehen von Krieg, Verbrechen und Hungertod ernsthaft bedroht. Nur eine erleuchtete Welt kann diesen Zustand hervorbringen. Ich möchte Sie daran erinnern, daß es *die* Welt gibt, die Sie niemals kennen können, und es gibt *Ihre* Welt, die einzige, die Sie kennen können. Die Welt wird niemals anfangen, erleuchtet auszusehen, bis Ihre Welt das tut. Ich weiß, daß Krieg Ihnen als Individuum riesig erscheint. Und ich möchte auch, daß Sie wissen, daß Sie größer sind, als Sie glauben, und daß Ihr Leben einen Unterschied machen kann.

Ich habe Krieg dazu benutzt, Sie wieder auf Ihre Verantwortung für die Welt hinzuweisen, die Ihre Welt ist. Krieg ist nicht etwas, was „dort drüben" stattfindet. Wenn er irgendwo stattfindet, findet er in unserem Raum statt. Unter diesen Umständen sind wir unendlich viel weniger als wir sein könnten. Wir werden das Potential des Lebens niemals kennen, bis wir den Kontext schaffen, in dem Krieg sich allmählich in Nichts auflösen kann. Solange wir uns gegenseitig zerstören, werden wir immer klein sein. Und wir werden uns immer gegenseitig zerstören, solange wir klein sind. Die Gelegenheit, Krieg zu beenden, hat es immer schon gegeben; wir haben schlichtweg nicht die Verantwortung dafür übernommen. Wir haben uns hinter einer kleinen Überzeugung versteckt, die lautet, „Na ja, mein Leben ist unbedeutend und zählt nicht". Solange wir von der grundlegenden Annahme ausgehen, daß Krieg (unvermeidlich) sein muß, werden wir nie die Verantwortung dafür übernehmen, sein Verschwinden zu verursachen, was für Sklaverei übrigens ebenso gilt.

Sich deswegen schuldig zu fühlen, bringt nichts. Was passiert, wenn Sie anfangen, sich deswegen schuldig zu fühlen, ist, daß Kriege weitergehen und Sie sich schuldig fühlen. Auch sich voller Hoffnung oder hoffnungslos zu fühlen, bringt nichts. Was etwas bringt, ist das gleiche, was in Ihrem privaten Leben etwas bringt: dafür verantwortlich zu sein. Krieg wird aus Ideen erzeugt. Wir sind die Quelle von Idee. Können Sie sich vorstellen, wie diese Welt sein könnte, wenn wir auf Weltebene davon wegkommen würden, einander unrecht zu geben? ■

Kapitel Vier:

Hungertod

Die natürlichste Handlung, wenn Sie hungrig sind, ist, etwas zu essen. Menschen sterben nicht aus Dummheit am Hungertod. Sie sterben, weil wir sie sterben lassen.

Hungertod, also *Tod* durch Verhungern, kostet derzeit jedes Jahr etwa 15 Millionen Menschen das Leben. Ich möchte, daß Sie wissen, wieviele das sind. Das entspricht ungefähr der gesamten Bevölkerung von Dallas, Madison, Denver, Menneapolis, Houston, Atlanta, San Francisco, Oklahoma City, Springfield, Salt Lake City, Phoenix und New Orleans (entspricht der gesamten Bevölkerung der Bundesländer Hessen und Bayern, d.Übers.). Es bedeutet, daß allein durch Verhungern jede *Minute* 28 Menschen sterben. Dreiviertel davon sind Kinder. Die Weltbevölkerung umfaßt gegenwärtig vier Milliarden Menschen. Dieser Planet hat die Kapazität, acht bis elf Milliarden Menschen zu ernähren. Somit entspricht Ihr Glaube, daß Menschen aufgrund des Unvermögens dieser Erde, sie ernähren zu können, verhungern, nicht gerade der Wahrheit. Die Ursache des Hungertodes ist nicht die, die sie zu sein *scheint*. Die Ursachen für den Hungertod in dieser Welt sind genau die gleichen wie die für das Nichtfunktionieren unseres Lebens auf der persönlichen Ebene. Sie sind gedanklicher Art. Alles, wonach es sonst noch aussieht, ist nichts als *Schein*. Solange bestimmte Ideen und Überzeugungen weiter bestehen dürfen, wird nichts, was wir tun, ganz gleich, wie aufwendig das Unternehmen auch sein mag, das Verhungern beenden.

Die erste Idee ist eine „Nicht-Idee“. Es existiert in der heutigen Welt keine vorherrschende Vorstellung davon, daß Menschen ein *Recht* auf genügend Nahrung für die

Erhaltung ihres Lebens haben. Verhungernde Menschen wissen, daß es so ein Recht gibt, aber sie bleiben nicht lange genug, um von dem, was sie wissen, sprechen zu können. Ein Mensch ist nicht weniger Mensch, weil seine Schüssel leer und Ihre voll ist. Dennoch ist die Nicht-Idee, die heute in der Welt vorherrscht, die, daß Menschen kein Recht auf ausreichende Nahrung zur Lebenserhaltung haben. Es *gibt* sehr wohl die Idee, daß Menschen ein Recht auf freie Meinungsäußerung und Glücksstreben haben. Ist hier vielleicht etwas übersehen worden? Nun, es gibt einen Zustand, der dieses Versehen hervorgebracht hat. Dieser Zustand ist tatsächlich eine angenommene Daseinsbedingung, die tiefer sitzt, als uns bewußt ist. Sie ist so tief verwurzelt, daß sie von uns, praktisch genommen, nicht zu unterscheiden ist. Es ist eine Überzeugung, die unhinterfragt für Wahrheit gehalten wird.

Diese Überzeugung lautet, daß es in der Welt nicht genug Nahrung gibt. Angenommen, Sie wollen dem Verhungern in der Welt ein Ende machen und stossen auf diese „Wahrheit", dann werden Sie Ihre Absicht, dem Hungertod ein Ende zu machen, begraben. Was Sie dann dafür tun, wird lediglich eine *Geste* sein, und Sie werden fortfahren, das Mögliche zu erreichen, statt das Unmögliche. Sie sind unmittelbar in einer Haltung festgefahren, und Menschen verhungern weiterhin infolge der „Tatsache", daß es unvermeidbar ist. Unvermeidbarkeit ergibt sich quasi natürlich aus der grundlegenden Annahme des Mangels. Solange Ihre Haltung die ist, daß Hungertod unvermeidbar ist, wird es ihn geben. Einfache Beobachtung, ich meine, *einfache* Beobachtung, zeigt, daß er nicht unvermeidbar ist. Wenn er so unvermeidbar ist, warum hat dann nicht jeder von uns jemanden gekannt, der aufgrund mangelnder Nahrung den Hungertod gestorben ist? Was sagen Sie? Er ist in manchen Teilen der Welt unvermeidbar und in anderen nicht? Ja, und warum ist das so? Die Wahrheit ist, daß er nicht unvermeidbar ist, *und* er ist, zumindest heutzutage, etwas, was wir verursacht haben.

Aber es gibt doch nichts, was ich tun könnte?" DOCH, ES GIBT ETWAS. Kommen Sie von Ihren Haltungen der Unvermeidbarkeit und des Mangels weg. Das nächste, was auftaucht, wenn Sie das tun, ist, daß Sie dafür nicht verantwortlich sind. Es passiert doch in einem anderen Teil der Welt, oder? Ich meine, was haben Sie damit zu tun? Nun, nichts und alles. Wenn Sie die Welt gerne funktionieren sehen wollen, lassen Sie sich sagen, sie kann. Sie können jedoch nicht darauf warten, daß der Rest der Welt erleuchtet wird, bevor Sie erleuchtet werden. Diesen Augenblick werden Sie niemals erleben. Erinnern Sie sich, es gibt *die* Welt, die Sie niemals kennen können und dann gibt es *Ihre* Welt, die einzige, die Sie kennen können. Wenn Sie erleuchtet werden, werden Sie entdecken, daß „die" Welt für Sie erleuchtet wird. Was passiert, ist, daß Ihre Welt anfängt zu funktionieren, und wenn sie das tut, werden Sie anfangen zu bemerken, daß „die" Welt schon im Begriff ist zu funktionieren. Bis zu diesem Augenblick der transformierten Erleuchtung erscheinen Ihnen die Zustände in „der" Welt, einschließlich Hungertod, festgefahren und hoffnungslos. Das bedeutet nicht, daß sie festgefahren und hoffnungslos sind. Was es bedeutet, ist, daß Sie dem Hoffen verhaftet, *und* hoffnungslos sind, ohne etwas Wirkungsvolles zu tun. Erinnern Sie sich an die Polaritäten? Der Zustand, der die Hoffnungslosigkeit andauern läßt, ist ihr polarer Gegensatz: Hoffnung. Leute wie Sie „hoffen", daß das Verhungern aufhört. Die „Hoffnung" dient der Rechtfertigung des Nichtstuns oder blosser Gesten. In dieser Hinsicht funktioniert „Hoffnung" etwa ebensogut wie „Glaube" und „Wohltätigkeit", die beide ihren polaren Gegensatz ins Leben rufen.

In meiner Arbeit treffe ich viele Leute, und ich bin ein scharfer Beobachter. Und ich kann Ihnen ohne Vorbehalte sagen, das, was Leute wirklich wollen, ist, daß ihre Welt funktioniert. Für einige ist es notwendig, eine Weile Nabelschau zu halten oder das Entsprechende in einer Psychotherapie zu tun. Nach einer Weile wird es jedoch offenkundig, daß ihr Nabel in sehr guter Verfassung ist, und daß das, was ihrer diesbezüglichen Neugier zugrunde liegt, der Wunsch ist, daß ihre Welt funktionieren möge. Dann zeigt sich, daß persönliche Erleuchtung nicht von der Erleuchtung der Welt zu trennen ist. Sie bekommen beides oder keins von beiden. Wenn Sie das eine ohne das andere wollen, haben Sie Pech gehabt. Basis jedes Lebens ist das Erschaffen eines Kontextes von Ideen, der „die"

(Ihre) Welt funktionieren läßt. Ob Sie das glauben oder nicht, das *ist* Ihre Basis. Sie brauchen es nicht einmal zu glauben. Wenn das nicht Ihre Basis wäre, wären Sie jetzt in der Oper, statt dies hier zu lesen.

Also, innerhalb des Kontextes der funktionierenden Welt – Beendigung des Hungertodes, zum Beispiel – funktioniert alles, was Sie tun, sogar das, was vor dem Augenblick der Erleuchtung wie Wohltätigkeits-„Gesten" ausgesehen hat. Vor dem Erschaffen des Kontextes der funktionierenden Welt, das heißt vor dem Augenblick der Erleuchtung funktioniert nichts von dem, was Sie tun. Alles was Sie tun, wie heroisch, wie großartig es auch sein mag, degeneriert zu einer Geste. Bisher haben wir nur die Oberfläche dessen angekratzt, was möglich ist. Der Hungertod ist ein gigantisches „Zum Teufel mit euch!" für 15 Millionen Menschen, jedes Jahr. Auf eine sehr wirkliche Art und Weise bedeutet es für uns alle das gleiche. Es wird damit gesagt, daß das Leben nicht zählt, daß es nicht von Bedeutung ist. Solange wir dieser Ungeheuerlichkeit nicht ein Ende bereiten, werden wir unser volles Potential niemals verwirklichen können. Ein aus mehr, besseren und anderen Ideen bestehender Inhalt, der in einem Kontext von „Es ist nicht zu verwirklichen" gehalten wird, wird nichts bringen. Nur ein erleuchteter Kontext bringt etwas. Es *ist* zu verwirklichen, und jetzt ist der Zeitpunkt, die Gelegenheit zu ergreifen, dafür verantwortlich zu sein. Verantwortlichkeit bedeutet ein neuer Kontext, in dem sogar die „Gründe", denen zufolge es nicht möglich ist, zu einem Beitrag zur Verwirklichung werden.

Übrigens, Überbevölkerung verursacht den Hungertod nicht; Hungertod verursacht Überbevölkerung. In der „Dritten Welt" erfordert es die Geburt von nahezu fünf Kindern, um einen lebenden männlichen Erben hervorzubringen. Ein lebender männlicher Erbe sichert alten Leuten jemanden, der in ihren letzten Jahren für sie sorgt. Wenn vier von fünf Kindern verhungern, muß man viele Kinder haben, um sicherzugehen, einen männlichen Erben zu haben. Dies ist ein Beispiel für Überzeugungen, die den rechtmäßigen Eigentümern: uns, die Verantwortung für den Hungertod in der Welt nehmen.

Wenn wir ein Atom spalten, einen Mann auf den Mond

und eine Kamera auf den Mars bringen können, können wir eine Mahlzeit auf den Tisch bringen. Hungertod ist eine Gelegenheit, eine Herausforderung, nicht eine Last. ■

Kapitel Fünf:

Religion

Meine Absicht bezüglich Ihres Erlebens von Religion ist, daß es eine Religion des Selbst wird. Das bedeutet keine neue Kirche. Es bedeutet einen neuen Kontext für die Kirche, in der Sie schon sind.

Erleuchtung der Welt ist keine neue Idee. Viele haben sie schon gehabt und eine Menge erreicht. Die wahrhaft großen Meister, die den Kontext für das geschaffen haben, was später die Weltreligionen wurden, hatten die Bereitschaft, das Selbst im Rahmen ihres Lebens offenbar werden zu lassen. Sie waren bereit, das, was wir gewöhnlich für unser „Leben“ halten, vollständig aufzugeben und hinzugeben, damit Raum für die Offenbarung des Selbst vorhanden sein würde. Selbst der Tod hatte keine Macht über diese Individuen, weil sie wirklich größer waren als ihre individuellen „Lebensgeschichten“.

Auf dem Weg, von dem wir meinen, er sei der Pfad zur Erleuchtung, vergessen wir manchmal jedoch, daß die Erfordernisse wahrer Erleuchtung die Bereitschaft umfassen, sich hinzugeben, die Bedeutung der „Geschichte“ unseres Lebens aufzugeben und zu wissen, daß das, was nicht andauert, nicht ist. Die Wahl ist entweder Hingabe (oder, wie ich es hier nenne, Aufgeben der Bedeutungshaftigkeit der „Geschichte“) *oder* keine Erleuchtung. Der Zustand der Nicht-Erleuchtung nimmt zwei Formen an. Da gibt es „Nicht-Gläubige“, die das Festhalten an ihrer Lebensgeschichte rechtfertigen und im Dunkeln bleiben, indem sie sagen, etwas anderes sei nicht möglich. Die andere Form der Nicht-Erleuchtung, die es gibt, besteht aus „Gläubigen“, denen gelegentliche Erleuchtung im Austausch für das Festhalten an ihrer Lebensgeschichte als etwas Wichtigem und Bedeutendem genügt. Nun, nach diesen einleitenden Bemerkungen will ich Ihnen sagen, worum es bei Religion genau geht.

Von Zeit zu Zeit verliert der Verstand die Kontrolle über die Beherrschung der Sinnesmodalitäten, und das Selbst hat ein direktes Erleben des Lebens, das heißt *Sie* haben ein direktes Erleben des Lebens. Direktes Erleben des Lebens ist für den Verstand außerordentlich angenehm und mit Worten wirklich nicht wiederzugeben. Es scheint dem Verstand Gelegenheit zu bieten, für einen Augenblick nicht da zu sein. Das Ereignis einer direkten Erfahrung des Lebens ist nah mit einem Phänomen verwandt, das wir „Vertrauen“ nennen. Der Zustand des Vertrauens besteht dann, wenn Sie wissen, daß Sie tatsächlich im Leben überleben werden, daß Sie geliebt werden und fähig sind zu lieben. Sie geben und Ihnen wird gegeben. In so einem Augenblick läßt Ihr Verstand los, und das Selbst ist frei, das Leben direkt zu erleben. Das ist eine universelle menschliche Erfahrung, die in verschiedenen Kulturen verschieden genannt wird. Hier nennen wir sie „Erleuchtung“, sie ist jedoch auch unter anderen Namen bekannt, wie zum Beispiel „religiöses Erlebnis“, „Erlösung“ und „Gipfelerfahrung“. Im Augenblick der Erleuchtung weiß man, daß in allem ein Teil von „mir“ ist und ein Teil von allem in „mir“. Durch direktes Erleben weiß man, daß Zeit eine Illusion ist und daß jetzt ewig ist.

Dann vergeht das, was wir „Zeit“ nennen, das heißt die Dinge ändern sich, und das direkte Erleben des Lebens wird durch die Rückkehr zur Herrschaft des Verstandes abgelöst. Weil die Überlebensmethode des Verstandes Aufzeichnen und Erinnern ist, tut er genau das. Dem Verstand ist völlig klar, daß gerade etwas passiert ist, was eindeutig außerhalb seiner Reichweite lag. Da es für den Verstand notwendig ist, die Dinge zu klassifizieren, ist die naheliegendste Klassifizierung, für das, was gerade passiert ist, „Vergnügen“. Da der Verstand auf Vergnügen aus ist und mehr als alles andere selbst überleben will, produziert der Verstand eine Erinnerung an den Augenblick der Erleuchtung und versucht, ihn so in „Zeit“ („rechtzeitig“) einzufrieren, das heißt zu verhindern, daß er sich ändert. Der Verstand kann nicht wirklich erfassen, daß Erleuchtung außerhalb von Zeit geschieht. Und er versucht, sich selbst recht zu geben, indem er die Erfahrung als seinen eigenen Verdienst in Anspruch nimmt. Dann fängt er an, anderen davon zu erzählen und sich an die Bedingungen zu erinnern, unter denen das Erleben eingetreten ist. Der Verstand folgert, daß die das Erleben begleitenden Bedingungen und Umstände etwas mit dem Erleben selbst zu tun hatten. Dann schafft der Verstand die diese Umstände betreffenden Überzeugungen und Rituale. Je mehr sich der Verstand bemüht, das Erleben erneut hervorzurufen, desto weiter sind Sie von dem Erleben entfernt. Ein Gefühl der Frustration setzt ein, und der Verstand fängt an, zu hoffen und Rituale einzuüben. Schließlich setzt das Konzept des Glaubens ein. Glaube impliziert, das Versuchen aufzugeben, und zu hoffen, „es" würde wieder passieren. Glaube ist die höchste Ebene unterhalb des Bereichs der Verantwortung und Erleuchtung. Das Problematische an Glaube ist, daß er neue Hoffnung hervorbringt, die wiederum ihr polares Gegenteil, Hoffnungslosigkeit, erzeugt. Jenseits von Glaube ist Gnade, ein anderes Wort für Erleuchtung.

Religion ist somit eine Schöpfung des Verstandes im Versuch, die Bedingungen für das Eintreten der Erleuchtung herzustellen. Diese Bedingungen umfassen normalerweise auch bestimmte Verhaltensweisen wie Rituale, Gruppentreffen am „richtigen" Ort, zur „richtigen" Zeit, Ermahnungen, Vertrauen zu haben, überzeugt zu sein und Glauben zu schenken.

Das Problematische an Religion als Ritual ist, daß sie das Leben in einen Zustand von Hoffnung/Hoffnungslosigkeit und Nicht-Verantwortung, Nicht-Erleuchtung einfriert. Meine Absicht bezüglich Ihres Erlebens von Religion ist, daß sie eine Religion des Selbst wird. Das heißt nicht eine neue Kirche. Es bedeutet ein neuer Kontext für die Religion, die Sie schon haben. Dieser Kontext impliziert, verantwortlich dafür zu werden, Quelle und nicht Opfer des Lebens zu sein. Er umfaßt Ihre *Bereitschaft*, wann auch immer, erleuchtet zu werden und den jeweiligen Zustand Ihres Verstandes und der Welt zu akzeptieren. Es bedeutet, genau jetzt zu leben. Es bedeutet, klare kommunikative Beziehungen zu haben. Es bedeutet, Ihrem Lebenszweck treu zu sein. Es bedeutet, Ihre natürliche Integrität zu manifestieren. Es bedeutet, Zufriedenheit mit und Beitrag zum Leben. Es bedeutet, daß Sie wählen, am Leben teilzunehmen. Es bedeutet, daß Sie Verantwortung für den Zustand der Welt übernehmen, so wie er jetzt ist, und in Bezug auf das, was die Welt dabei ist zu werden, Ihre ehrfurchtgebietende Macht auszuüben. Ein transformiertes „Sie" bedeutet eine transformierte erleuchtete Welt. Haben Sie den Mut, erleuchtet zu sein. Ich kann mir keinen besseren Anfangsort vorstellen als innerhalb Ihrer Religion. ■

Kapitel Sechs:

Organisationen

Organisationen bieten uns die enorme Möglichkeit, unsere Welt bis zu ihrem vollen Potential funktionieren zu lassen.

Jede aus zwei oder mehr Menschen bestehende Gruppe, die zum Ziele der Erledigung einer bestimmten Aufgabe gebildet wurde, ist eine Organisation. Dies umfaßt alles, von Zweier-Beziehungen bis hin zu Regierungen. Worauf ich hier das Augenmerk richten möchte, ist die Frage, wie Sie am besten dazu beitragen können, in Ihrer Organisation Lebendigkeit zu erzeugen.

Eine häufig gegenüber Organisationen vorgebrachte Klage ist, daß sie die in ihnen zusammengeschlossenen Menschen nicht unterstützen und nähren. Menschen werden aus Organisationen „rausgeworfen“, und zwar aus „Gründen“, die weder irgend jemandem echt nützen, *noch* die Erledigung der Aufgabe der Organisation voranbringen.

Individuen können sich innerhalb von Organisationen gut verstecken, und zwar in dem Sinne, daß die Verantwortung für Ihr Erleben verschleiert ist und es leicht fällt, Übereinstimmung darüber herzustellen, daß eine bestimmte Person in der und der Hinsicht so und so ist, ob dies nun zutrifft oder nicht. Ihr, durch Übereinstimmung verschleiertes Erleben wird dann zum „Grund“ für das, was dieser Person zugefügt wird, was weder der Person, noch der Organisation in Bezug auf die Erledigung der Aufgabe nützt. So arbeitet der Verstand auf der Ebene von Organisation. Der Grad bis zu dem in Ihrer Organisation Verurteilungen und Vergehen gehandhabt werden, hängt von dem Beispiel ab, das Sie in Ihrer Beziehung zu Ihrer

Organisation geben. Um Ihre Organisation zu transformieren, müssen Sie dafür verantwortlich sein.

Lassen Sie uns über das Individuum hinausgehen oder, wenn Sie so wollen, tiefer in uns hineingehen und genauer betrachten, wie wir das Funktionieren von Organisationen verhindern. Danach werden wir uns ansehen, wie man Organisationen zum Funktionieren bringt. Sie sollten alle Bemerkungen, die ich gleich machen werde, persönlich nehmen, da, wie wir wissen, es nichts bringt, anderen die Schuld zuzuschieben.

Es gibt zwei Arten, mittels derer wir das Funktionieren unserer Organisationen verhindern: (1) Wir verbleiben selbst in einem Zustand der Nichtverantwortung für unser Erleben von anderen, und (2) wir gehen von der angenommenen Daseinsbedingung des Mangels aus. Im ersten Fall bedeutet dies, alltagssprachlich formuliert, daß wir unseren Verstand in einem Zustand des „Nichtmögens" unseres Erlebens eines anderen Menschen vorfinden. Aber anstatt für unser Erleben verantwortlich zu sein, sagen wir: So sind die nunmal wirklich. Wenn die so „schlecht" sind wie unser Erleben von ihnen, dann rechtfertigt das ohne Zweifel, ihnen etwas (ein Vergehen) im Namen der Organisation zuzufügen. In diesem Fall ist das Ziel nicht, die Organisation funktionieren zu lassen. Ziel ist, jemandem unrecht zu geben und sich nicht um die Organisation zu scheren. Währenddessen „fühlt" der Verstand, daß er „besser" ist als andere. Sie wären überrascht oder vielleicht auch nicht, wieviel von dem, was als Organisations-Tätigkeit gilt, in Wirklichkeit nichts anderes als das Falsch/Richtig-Spiel ist. Auf einer weiteren Ebene verbleiben wir in einem Zustand der Nichtverantwortung für unser Erleben der Organisation als Ganzes. Wir strukturieren unser Erleben in eine „ich-die"-Beziehung, anstatt in eine „wir"-Beziehung. Wenn die Dinge dann schief laufen, sagen wir, es läge nicht in unserer Macht, die Sache zu bereinigen, und wie furchtbar doch alles sei (?), anstatt die Macht zu benutzen, die wir haben. Anstatt verantwortlich zu sein, hegen wir lieber „Groll". Anstatt einen Zustand herzustellen, in dem andere ihre Macht zum Ausdruck bringen können, bestehen wir darauf, daß sie ihre Einfälle für sich behalten. In einer „ich-die"-Beziehung definieren Sie eine

Organisation als Ausbeuter und sich selbst als Ausgebeuteten, und das rechtfertigt alles, was Sie zum Schaden der Organisation tun wollen. Wenn Sie den „Ausbeuter“ ausbeuten, und dies aufgedeckt wird, wird Ihnen tatsächlich etwas zugefügt werden, was Sie wiederum dazu benutzen werden, eine erneute Aktion gegen die Organisation zu rechtfertigen. Wie Sie sehen können, geht es spiralförmig abwärts.

Die angenommene Daseinsbedingung des Mangels besagt, daß nicht genügend viel im Umlauf ist, holen Sie sich also Ihren Teil, sonst wird es ein anderer tun. Und innerhalb dieses gedanklichen Rahmens wird dies auch geschehen. Mangel rechtfertigt die Zahlung minimaler Entschädigungen an die Mitglieder der Organisation, was wiederum die bereits gerechtfertigte Einstellung rechtfertigt, der zufolge es angebracht ist, so wenig wie möglich zu arbeiten, um gerade noch den Lohn zu bekommen. Auch Erfolg, Zufriedenheit und Leistung stehen, unserer Meinung nach, nur in begrenztem Ausmaß zur Verfügung. Das schränkt unmittelbar das ein, was die Organisation (und ihre einzelnen Mitglieder) bereit ist, als ihre Leistungsfähigkeit zu sehen. Wenn die Dinge erst einmal so definiert sind, fangen sie wirklich an auch so auszusehen. Es sieht wie die Wirklichkeit aus. Die Leute in der Organisation, die die Wahrheit sehen können, fangen an wegzugehen, und das gesamte Unterfangen bricht zusammen.

Eine Organisation, die sich spiralförmig nach unten entwickelt und nicht funktioniert, zu transformieren, ist im wesentlichen dasselbe wie eine persönliche Beziehung zu transformieren. Zu allererst ist es nicht notwendig, eine neue Organisation zu finden. Die, die Sie jetzt haben, ist völlig tauglich. Sie sind sowieso der Quell Ihrer Beziehung zu der Organisation. Werden Sie also verantwortlich für Ihr Erleben der Organisation und der Menschen in ihr. Wenn Sie das tun, werden Sie bemerken, daß Sie, ohne sich anzustrengen, aufhören, anderen die Schuld zu geben, und sich in Bezug auf die Situation viel leichter fühlen werden. Seien Sie sich gewiß, daß Sie überleben werden. Hören sie damit auf, sich bedroht zu fühlen, bis jemand tatsächlich Ihr Leben bedroht. Fühlen Sie sich dann bedroht. Wenn Sie eine „Abneigung“ gegen jemanden entwickeln, verstecken Sie sich nicht hinter dem Mantel der Organisation. Seien Sie für Ihr Jemanden-nicht-„Mögen“ verantwortlich. Stellen Sie nicht etwas im Namen dessen an, was angeblich gut für die Organisation ist. Wenn Sie bis hierher gelesen haben, sind Sie sicher nicht mehr der Meinung, daß die Vorlieben und Abneigungen Ihres Verstandes von Bedeutung seien. Wenn dies dennoch der Fall sein sollte, zeigen Sie's dann offen. Sagen Sie demjenigen, daß Sie ihn nicht leiden können. Lassen Sie den Zustand Ihres Verstandes sichtbar werden, damit Sie nicht danach zu handeln brauchen. Erinnern Sie sich, jedesmal, wenn Sie jemanden nicht bewundern und respektieren können, heißt das, daß Sie befürchten, das selbst zu haben, was Sie an denen nicht leiden können. Tatsächlich haben Sie wahrscheinlich diese Züge. Und sie werden Sie weiterhin haben, bis Sie aufhören, sich ihnen zu widersetzen und so zu tun, als hätten Sie sie nicht.

Wenn Sie die Verantwortung für Ihr Erleben der Organisation einmal übernommen haben, dann sind Sie soweit, es mit dem Kontext des Mangels aufzunehmen und ihn durch den Kontext der hinreichenden Menge zu ersetzen. Innerhalb des Kontextes der hinreichenden Menge wird es für jeden in der Organisation in Ordnung sein, zu gewinnen. Was das in Wirklichkeit heißt, ist, daß eine innerhalb der Organisation gewinnende Person, das Gewinnen der gesamten Organisation repräsentiert und auch so erlebt wird. Der Kontext der hinreichenden Menge anerkennt die Wahrheit: In der physischen Welt gibt es mehr als genug. Er eliminiert auch die Eigenschaften des Stolzes der Scham, welche Organisationen, die innerhalb des Kontextes des Mangels operieren, behindern. Es gibt immer noch Wettbewerb, aber ohne den mörderischen Aspekt desselben. Korrigierende Rückmeldung wird als Anerkennung dafür gegeben und empfangen, daß die Arbeit erledigt wird. Sie wird nicht als Kritik gegeben oder aufgenommen.

Wissen Sie, daß es tatsächlich möglich ist, Ihre, ja, Ihre Organisation neu zu gestalten, so daß sie ihre Aufgabe nicht nur besser erledigt als zuvor, sondern auch diejenigen, die gewählt haben, an ihr teilzunehmen, tatsächlich unterstützt und nährt? Und Sie können dies von jeder

Ebene, auf der Sie sich innerhalb der Organisation gerade befinden, aus tun. Wenn Sie wirklich anfangen, effektiv zu kommunizieren, werden Sie Ihre Organisation wahrscheinlich in Kürze leiten. Fangen Sie damit an, indem Sie die Verantwortlichen unterstützen. Geben Sie ihnen Ihre Macht.

Die Wahrheit in dieser Angelegenheit – das heißt das, was funktioniert – ist: (1) Das, was Sie zum Überleben brauchen, ist in ausreichender Menge vorhanden; (2) was Sie erreichen, bekommen Sie nicht auf Kosten anderer, auch wenn es manchmal so *aussieht*; (3) *Sie sind* die Organisation; und als solches (4) entspricht es Ihrem Zweck, sich selbst zu nähren, indem Sie Ihr Erleben der Organisation vervollkommnen. Nur als ein Nebenprodukt wird die Organisation transformiert und erleuchtet werden. Und natürlich müssen Sie das nicht tun. Organisationen bieten uns eine ausgezeichnete Gelegenheit, unsere Welt bis zu ihrem vollen Potential funktionieren zu lassen. Es ist tatsächlich so, daß, wenn wir uns selbst erleuchten, sich die Erleuchtung der Organisationen automatisch ergibt. Wenn dies nicht passiert, sind Sie persönlich nicht wirklich erleuchtet worden, und wir werden das Ganze anders nennen müssen. ■

Kapitel Sieben:

Kriminalität

Kriminelle verkörpern einen Reflex auf das, auf gesellschaftlicher Ebene stattfindende, Ins-Unrecht-Setzen.

In dem Problem der Kriminalität sitzen wir wahrhaftig fest. Es sieht so aus, als ob kriminelle Handlungen an Zahl und Intensität zunehmen, ganz gleich welche Lösung angewendet wird. Es werden häufiger mehr Straftaten begangen. Strengere Gesetze haben keine Wirkung auf das Problem der Kriminalität. Hartes Durchgreifen in den Innenstädten treibt das Verbrechen lediglich in die Vororte. Auch die Liberalisierung von Gesetzen scheint nichts zu bringen. Es ist tatsächlich schon *alles* probiert worden und *nichts* wirkt. Was wir alledem entnehmen können, ist, daß unsere Lösungen nur neue Probleme schaffen. Offensichtlich ist mit dem Kontext, in dem Kriminalität gehalten wird, irgend etwas nicht in Ordnung. Keine, in diesem Kontext gefundene Lösung wird funktionieren. Dieser Kontext lautet: „Kriminelle haben unrecht". Sogar das Hinrichten von Verbrechern scheint andere zu inspirieren, andere geradezu anzuziehen, die gleichen Verbrechen zu begehen.

Es werden Bestrafungssysteme aufgebaut, die nicht der Funktionsfähigkeit des „Strafrechtsystems" dienen, sondern vielmehr dazu, dem Straftäter unrecht zu geben, und zwar *sehr* unrecht. Kriminellen unrecht zu geben, erfüllt uns mit Genugtuung, weil sie uns durch ihre Straftaten unrecht gegeben haben. So wird ein gewisses Ausmaß an Rache befriedigt, was ein falsches Gefühl der Gerechtigkeit gibt. Leute werden an die unerleuchtetsten Orte der Welt geschickt, um erleuchtet zu werden. Dort sind sie in

Obhut der unerleuchtetsten Leute dieser Welt und es wird erwartet, daß ihnen das etwas nützt. Wir sitzen in dem „Strafrechtsystem", das keine Lösungen liefert und die Probleme, die es lösen sollte, tatsächlich nur verschlimmert, wirklich fest. Selbst der Begriff „Richter" bereitet den Kontext vor, in dem nichts funktioniert. Mit Leuten wird nicht verantwortlich umgegangen, sie werden „gerichtet/verurteilt". Das ist nicht falsch, und es gibt Konsequenzen.

Lassen Sie mich ein paar Fragen stellen. Nehmen wir mal an, es wäre für jeden, der mit dem Strafrechtsystem zu tun hat, möglich, das als Ausgangspunkt zu haben, was etwas bringt, statt Leuten unrecht zu geben. Ich meine buchstäblich jeden, von dem Beamten, der die Festnahme vornimmt, bis zum Gefängniswärter, dem Richter, der Gefängnisleitung und dem Bewährungshelfer. Was ich damit meine, ist, daß buchstäblich jeder, der damit zu tun hat, sein „Urteil" darüber, ob eine Sache richtig oder falsch ist, fallenläßt, und einfach beständig darauf hinweist, daß es Konsequenzen gibt. Es gibt kein Richtig und kein Falsch, und es *gibt* Konsequenzen. Lassen Sie mich das wiederholen. Die Wahrheit ist, die *absolute* Wahrheit *ist*, daß es kein Richtig und kein Falsch gibt und daß es Konsequenzen gibt. Das Gesetz legt die möglichen Konsequenzen krimineller Handlungen klar dar.

Sehen Sie, was einen Kriminellen daran festhalten läßt, weiter die Rolle eines Kriminellen zu spielen, ist die Tatsache, daß er ins Unrecht gesetzt wird. Wenn Sie Leuten unrecht geben, müssen sie Ihnen unrecht geben, zumindest gibt es eine tiefverwurzelte Tendenz, dies zu tun. Die einem Kriminellen bekannte Art und Weise des Ihnen Unrechtgebens, ist: eine kriminelle Handlung zu begehen. Wenn es also ein Gesetz gegen das Hinsetzen gibt, wird sich der Kriminelle hinsetzen. Wenn es ein Gesetz gegen das Aufstehen gibt, wird der Kriminelle aufstehen. Sagen Sie ihm „setzen Sie sich", und er steht auf. Sagen Sie „stehen Sie auf", und er setzt sich. Der Kriminelle repräsentiert oder personifiziert somit einen Reflex auf das Ins-Unrecht-Setzen. Nehmen wir jetzt mal an, wir alle würden uns in die Wahrheit begeben (das wird Ihnen Angst machen) und würden etwas sagen wie: „Schau, am Sich-

Setzen ist nichts Richtiges, und nichts Falsches, und es gibt Konsequenzen, also wähle." Manche Leute würden wählen, das Gesetz zu brechen, würden also die Konsequenzen bekommen. Sie würden die Gelegenheit bekommen, ins Gefängnis zu gehen oder eine Strafe zu zahlen oder was auch immer. Sie würden genau die gleiche Prozedur durchlaufen – zum Beispiel: Festnahme, Anklageerhebung, Verhandlung, Verurteilung, Inhaftierung – *außer, daß niemand ihnen unrecht geben würde.* Mit anderen Worten, der Person, die das Gesetz gebrochen hat, das besagt „Du sollst Dich nicht setzen" wird Raum gegeben, dafür verantwortlich zu sein, diejenige zu sein, die es getan und die Konsequenzen bekommen hat. Wenn der Preis einmal gezahlt ist, laßt uns den Preis bezahlt sein lassen. Wenn wir ehemaligen Kriminellen dafür unrecht geben, daß sie ehemalige Kriminelle sind, werden Sie uns unrecht geben, indem sie wieder Kriminelle sind. So einfach ist das. Ich empfehle also nicht, daß wir irgend etwas anders *machen.* Was ich empfehle ist Erleuchtung, so daß wir das, was wir tun, im Kontext dessen tun, was etwas bringt, statt im Kontext dessen, was nichts bringt. Das bedeutet nicht mehr und nicht weniger als Menschen zu gestatten, für sich selbst verantwortlich zu sein. Menschen nicht zu gestatten, für sich selbst verantwortlich zu sein, schafft Kriminelle, verantwortungslose Kriminelle, die eine Opfer-Geschichte haben, die länger ist als Ihr Arm. Lassen Sie uns zumindest verantwortliche Kriminelle schaffen, damit Kriminalität eine Chance hat, langweilig und überflüssig zu werden. Seien wir ehrlich: Krimineller zu sein, ist ungefähr der schwierigste Weg, den es gibt, eine Aufgabe im Leben erfolgreich zu erledigen. Allein die Tatsache, daß Verbrechen überhaupt existiert, ist ein Beweis dafür, wie verlockend wir es dem menschlichen Verstand machen, Dinge mittels krimineller Handlungen zu erledigen, indem wir diese als unrecht bewerten. Sehen Sie, Verbrechen ist kein Problem, das ein anderer „dort drüben" hat. Es gehört grundlegend zum Zustand des menschlichen Verstandes. Es ist auch nicht kompliziert. Jeder, der lebt und wach ist, kann es begreifen. ■

BUCH FÜNF:

FORTGESCHRITTENE ERLEUCHTUNG

Dieses Buch sollten Sie sich vornehmen, wenn Sie die vorhergehenden Bücher erlebnismäßig und gedanklich gemeistert haben. Wenn Sie es bis hierher gelesen und begriffen haben, sind Sie außergewöhnlich und wirklich mit Ihrem Selbst in Kontakt. Dennoch sollte das vorangegangene Material dazu dienen, Sie auf diesen Teil und zukünftige Veröffentlichungen vorzubereiten. Das folgende Material ist dazu bestimmt, Ihnen, zusammen mit dem Verständnis, das Sie jetzt haben, Meisterschaft im Leben zu vermitteln.

Kapitel Eins:

Lehrer haben

Die Qualität Ihres Lebens wächst direkt proportional zur Anzahl der Lehrer und Lehrerinnen, die Sie in Ihrem Leben haben.

Zweck dieses Kapitels ist es, Ihnen eine Gelegenheit zu geben, Ihre Urteile über sich selbst und andere in Bezug auf das Haben von Lehrern hinter sich zu lassen. Einen Doktor, einen Zahnarzt, einen Lebensmittelhändler zu haben, ist in unserer Welt völlig in Ordnung, aber einen Lehrer oder eine Lehrerin haben Sie besser nicht, oder die Leute werden denken, mit Ihnen stimmt etwas nicht. Was schlimmer ist, *Sie* werden denken, daß mit Ihnen etwas nicht stimmt.

Meine eigene Beobachtung ist, daß meine Lebensqualität direkt proportional zur Anzahl der Lehrer und Lehrerinnen, die ich in mein Leben bringen kann, wächst. Ich weiß, daß dies auch für andere zutrifft. Warum dann dieses Tabu gegen Lehrer haben? Um Ihnen die Wahrheit zu sagen, es gibt in der Welt eine Verschwörung. Die Verschwörung (über die natürlich nur wenige sprechen werden) ist, es niederzuhalten. Was ich damit meine, ist, daß der Zweck der Verschwörung darin besteht, die Qualität der Lebenserfahrung auf einem relativ niedrigen Niveau zu halten. Der Zweck, sie so niedrig zu halten, ist, daß es immer etwas geben wird, was gerade jenseits liegt und zu dem man aufsteigen kann. Menschliche Wesen kennen die Wahrheit nicht, daß der eigene Horizont grenzenlos ist. Deshalb gibt es die Angst, „das Ende" des Erlebens zu erreichen. Wenn Sie also einen Lehrer haben, werden Ihnen Leute als Teil dieser riesigen und unbewußten Verschwörung unrecht geben.

Aber Moment mal. Niemand kann Sie ohne Ihre Mitarbeit ins Unrecht setzen. Wenn Sie bereit sind, groß genug zu sein, nicht mitzumachen, indem Sie sich selbst unrecht geben, können Sie anfangen, Lehrer und Lehrerinnen in Ihrem Leben zu haben. Sie sind bereits groß genug dafür, und der Beweis ist, daß Sie dieses Buch lesen. Ich danke Ihnen, mir zu gestatten, Ihr Lehrer zu sein. Es erweitert mein Erleben des Lebens und macht es wirklich lebenswert. Lassen Sie mich Ihnen etwas versichern. Lehrer in Ihrem Leben zu haben, belebt Sie. Es gibt keine Grenze, bis zu der Sie die Qualität Ihres Erlebens des Lebens erhöhen können. Der Raum in Ihrem Leben muß größer und nicht kleiner sein, um Lehrer aufzunehmen, besonders große Lehrer und Lehrerinnen. Wenn andere Sie deswegen kritisieren, muß der Raum in Ihrem Leben groß sein, nicht klein, um dafür Platz zu haben. Dies bietet Ihnen Gelegenheit, in Bezug auf das Haben eines Lehrers und/oder einer Lehrerin erleuchtet zu werden. ■

Kapitel Zwei:

Das andere Universum

Das „andere Universum" ist der Kontext, aus dem dieses Universum kam.

Von Zeit zu Zeit werde ich den Ausdruck „das andere Universum" verwenden, deshalb möchte ich, daß Sie wissen, was das bedeutet. Ohne das logisch beweisen zu wollen, möchte ich Ihnen ein Gefühl von der Wirklichkeit der „Unexistenz" eines anderen Universums vermitteln, das diesem Universum ermöglicht zu sein. Tatsache ist, daß das Universum, das wir kennen, dem Anschein nach, in Form, Raum und Zeit existiert. Die Form, in der es existiert, wird außer von bestimmten Wissenschaftlern, selten in Frage gestellt. Der Raum, in dem es existiert, wird für selbstverständlich gehalten, und der Aspekt der Zeit wird fast nie in Zweifel gezogen.

Lassen Sie mich Ihnen ein paar Fragen stellen. Welches Recht haben Sie zu erwarten, daß der Raum, in dem dieses Universum existiert, selbst existiert? Zweitens, den Raum vorausgesetzt, welches Recht haben Sie zu erwarten, daß die Form (Materie) des Universums innerhalb dieses Raumes existiert? Schließlich, das Vorangehende vorausgesetzt, welches Recht haben Sie zu erwarten, daß sich das Universum verändert, das heißt, daß „Zeit" verstreicht? Ganz offensichtlich haben wir kein Recht, irgend etwas dergleichen zu erwarten, und dennoch, wie es scheint, geschieht dies alles.

Wo ich wirklich gerne dahinterkommen möchte, ist die Frage: Was ermöglicht all dem, in Raum, Form und Zeit zu existieren? Eine universell befriedigende Antwort auf diese Frage hat es noch nie gegeben. Die Tatsache, daß bis heute keine passende, allgemein gültige Antwort entwikkelt wurde, ist für mich ein Hinweis darauf, daß es im üblichen, das heißt uns in Bezug auf das Formulieren von Antworten vertrauten Sinne keine Antwort gibt.

Angesichts unseres bildungsmäßigen und kulturellen Hintergrundes, ist es schwierig, sich ein „Nichts“ als ein „Etwas“ vorzustellen. Dennoch gilt, Nichts als Etwas ist die einzig zufriedenstellende Antwort, die es gibt, da alles andere in den Bereich von Meinungsverschiedenheiten und Kontroversen fällt. Das „andere Universum“ ist also der Kontext, aus dem dieses Universum kam. Es ist das, was dieser Welt dadurch, daß es nicht in Raum, Form und Zeit existiert, gestattet zu sein. Wenn es existieren würde, wäre es einfach nur mehr von diesem Universum. In gewisser Hinsicht ist dieses Universum der „Gedanke“ des anderen Universums, vielleicht nicht einmal ein sehr tiefschürfender Gedanke, obwohl wir, auf Grund der Tatsache, daß wir nichts anderes haben, mit dem wir ihn vergleichen können, dies zu denken scheinen. ■

Kapitel Drei:

Kinder als Beitrag

Kinder geben dem Leben eine bestimmte Qualität, ohne die das Leben nicht lebenswert wäre.

Lassen Sie uns, was Kinder betrifft, etwas klären. Sie bringen uns eine Menge bei, *und* sie machen uns eine Menge Scherereien. Seien wir ehrlich: Sie machen in die Hose, schreien in der Öffentlichkeit, verlangen gefüttert zu werden, stellen unsere Überzeugungen in Frage, geben unser Geld aus, verschwenden unsere Zeit und, beenden Sie diese sehr lange Liste. Trotz allem haben Leute weiterhin Kinder. Offensichtlich ist mit Kindern mehr als nur Kummer verbunden.

Kinder bringen uns etwas von dem anderen Universum, nach dem wir genauso verlangen, wie wir nach Essen verlangen. Sie bringen eine bestimmte Qualität ins Leben, ohne die das Leben nicht lebenswert wäre. Wenn es plötzlich keine Kinder mehr auf der Welt gäbe, dann würden wir den Beitrag kennen, den unsere Kinder zu unserem Leben leisten. Sie sind eine „frische" Verkörperung des Selbst, gerade erst in eine physische Form eingebunden. Sie haben noch keine Zeit gehabt, die weltlichen Überzeugungen anzunehmen, die unser Leben so strukturieren und limitieren. Für ein Kind ist nicht nur alles möglich, sondern alles ist auch.

Und weil sie auch eine Menge Scherereien machen, erkennen wir den Beitrag, den unsere Kinder zu unserem Leben leisten, oft nicht an. Wir machen uns blind gegenüber dem, was unsere Kinder wirklich sind: eine neue Verkörperung Gottes, dem Kontext des Universums. Gott wird niemals so klar zu Ihnen sprechen wie durch das

Lachen oder die Tränen Ihres Kindes. Ein Kind hat noch keine Zeit gehabt, um zu vergessen, wie das Leben direkt erlebt wird. Folglich werden Ihre Kinder mehr wissen, als sie wissen sollten. Manchmal werden Sie sich angesichts ihres Wissens ungeheuer unwissend fühlen.

Mir liegt daran, daß Sie wissen, was wesentlich und was unwesentlich ist. Ich möchte, daß Sie wissen, welcher Kontext mit Kindern funktioniert: Scherereien oder Beitrag. Ich möchte, daß Sie wissen, welcher Kontext den anderen hält, das heißt welcher übergeordnet und welcher untergeordnet ist. Kinder sind ein magischer Beitrag zu unserem Leben. Dieser Kontext des magischen Beitrags umfaßt die Tatsache, daß sie nerven und eine Menge Scherereien machen. Erkennen Sie Ihre Kinder deshalb an. Lassen Sie sie wissen, was sie zu Ihrem Leben beitragen. Ihre Kinder wissen das, aber sie wissen nicht, daß Sie das wissen, und sie *wollen* wissen, daß Sie das wissen. Das macht ihr Leben lebenswert. Wie Sie sind sie zu dem Zweck hier, anderen zu dienen, und die Dienste anderer zu empfangen, und sie wissen das. Kinder machen Sie zu einer Familie. Ohne sie sind wir bloß Beziehung. Wenn Sie in unser Leben treten, sind wir Familie. Lassen Sie sie wissen, daß sie Ihr Leben lebenswert machen. Wenn Sie das tun, werden sie ihre magische Qualität ihr Leben lang behalten, und Sie werden sie in späteren Jahren als Freunde haben. Wenn Sie das nicht tun, verdunkeln Sie die Welt, denn in ihren frühen Jahren nehmen Kinder Ihre Gedanken, ja sogar Ihre Stimme in ihren Verstand auf. Belasten Sie den Verstand Ihrer Kinder nicht mit schwerem, beladenem Inhalt. ■

Kapitel Vier:

Die Überstimme

Sie haben sich schon vor langer Zeit an Ihre Überstimme verkauft, und jetzt glauben Sie, die zu sein.

Ich möchte Sie auf eine Stimme aufmerksam machen, mit der Sie so identifiziert sind, daß Sie meinen, sie wäre Sie. Das ist die Stimme in Ihrem Hinterkopf, die Ihnen ständig etwas erzählt. Dieses etwas verändert sich, die Stimme aber nie. Sie haben sich vielleicht so unbewußt mit ihr identifiziert, daß Sie nicht wissen, daß sie vorhanden ist. Wahrscheinlich fragen Sie sich: „Welche Stimme?". Die Stimme, die fragt: „Welche Stimme?" ist die Stimme, von der ich spreche. Beachten Sie, daß Sie, wenn Sie aufmerksam sind, dieser Stimme zuhören. Bitte seien Sie sich der Bedeutung dieser Feststellung bewußt: Sie hören dieser Stimme zu. Das „Sie", das da beteiligt ist, ist das Bewußtsein, das Sie sind, immer waren und immer sein werden.

Allerdings gibt es mit diesem „Sie" ein Problem. Wahrscheinlich haben Sie sich schon vor langer Zeit an die Überstimme verkauft. Möglicherweise haben Sie der Überstimme gestattet, der zu sein, der Sie sind, oder zumindest als der zu funktionieren, der Sie sind. Wenn Sie das getan haben, hat die Überstimme Sie seitdem herumkommandiert. Falls Ihnen das nicht gefallen sollte, können Sie diesbezüglich nur eines tun: Kommen Sie zurück. Bewohnen Sie Ihren Verstand. Seien Sie jetzt hier.

Wenn Sie in dieser Hinsicht *sehr* unbewußt sind, dann sind Sie sich nicht einmal darüber im klaren, daß Sie eine Überstimme haben. Nichtsdestoweniger werden Sie jetzt, nachdem Sie dies hier gelesen haben, anfangen hineinzuhören. Während Sie das tun, werden Sie das unglaublichste „Zeug“ hören, das Sie je gehört haben. Sie werden von Beurteilungen und Bewertungen anderer Leute hören. Sie werden Meinungen, Einstellungen, Überzeugungen hören, das ganze Zeug, dem Sie gestatten, Sie daran zu hindern, in Ihrem Leben, Ihrer Arbeit und in Ihren Beziehungen all das zu haben, was möglich ist.

Die Überstimme war ursprünglich die innerlich nachgeplapperte Stimme eines Elternteils. Deshalb ähnelt die Überstimme wahrscheinlich einer elterlichen Stimme. Sie kann andererseits jedoch auch wie das Gegenteil einer elterlichen Stimme klingen. Beide Möglichkeiten zeugen von der Herkunft der Stimme als von einem oder beiden Elternteilen stammend. Im ersten Fall hat sich Ihr Verstand dem Verstand eines Elternteils angeschlossen, um zurechtzukommen und zu überleben. Im zweiten Fall wurde Ihr Verstand zwanghaft widerspenstig, um zu überleben. In beiden Fällen haben Sie sich verkauft und sind weggegangen. Seitdem bestimmt die Überstimme Ihr Leben. Vielleicht haben Sie die Herkunft der Überstimme vergessen. Vielleicht haben Sie deren Herkunft sogar aktiv verdrängt. Das spielt keine Rolle. Ob bewußt oder unbewußt, in beiden Fällen sind Sie gegangen, und seitdem führt Ihr Verstand die Geschäfte. Es spielt keine Rolle, ob Sie in der Lage sind, den Ursprung der Überstimme zu erkennen oder nicht, da diese schon sehr früh ein Eigenleben entwickelt hat und sich seitdem wie ein Elefant im Porzellanladen verhält.

Nochmals, die Art und Weise mit der Überstimme umzugehen, ist, wieder zurückzukommen und dafür verantwortlich zu sein, daß Sie das Bewußtsein sind, das der Überstimme zuhört und dann wählt, das, was auch immer Sie im Leben tun, zu tun. Mit anderen Worten, das zu tun, was Sie tun, steht dann nicht mehr in Beziehung zu dem, was Ihnen Ihr Verstand mittels Ihrer Überstimme zu tun befiehlt. Die Bereitschaft, der Überstimme bewußt und verantwortlich zuzuhören und dann frei den Verlauf Ihres Lebens zu wählen, ist die höchste Form der Erleuchtung, die Sie jemals kennen werden.

Wenn Sie dies über lange Zeiträume hinweg gemacht haben, fängt die Überstimme an, ein bißchen stiller zu werden. Wenn Sie damit fortfahren, wird die Überstimme gegebenenfalls unbedeutend werden und vielleicht sogar verschwinden. Solange Sie nur einfach den Anordnungen Ihrer Überstimme folgen, ist Ihr Leben nichts anderes als ein von Inhalt erzeugter Prozeß. Sie sind eine Reiz-Reaktions-Maschine. Was für eine Art, Ihr Leben zu verschwenden! Werden Sie heller, das Leben ist ein Traum. Wachen Sie auf! ■

Kapitel Fünf:

Leben als Traum

Was geschieht, wenn Sie erleuchtet werden, ist, daß Sie im Traum des Lebens „aufwachen".

Ich möchte, daß Sie sich kurz noch einmal Ihr Erleben von Träumen ansehen. Während Sie träumen scheint das, was Sie träumen, sehr wirklich zu sein, stimmt's? Dann wachen Sie auf und entdecken: „Mensch! Das war ja nur ein Traum". Mit anderen Worten, der Trauminhalt verfliegt. Er verschwindet aus Ihrem Erleben, als ob ein Windstoß gekommen wäre, der ihn weggeblasen hat. Was Ihnen bleibt, ist das „wirkliche Leben".

Sehen Sie sich jetzt mal das Leben an. Nehmen wir mal an, es würde ein Wunder geschehen, und Sie könnten von dort aus, wo Sie jetzt gerade sind, die Sie umgebende Szenerie, ohne zu sterben oder alt zu werden, dreitausend Jahre lang betrachten. Was würde mit der Szenerie um Sie herum passieren? Die Menschen würden alt werden, vertrocknen und weggeblasen werden. Die Gebäude um Sie herum würden Risse bekommen, einstürzen und schließlich von einem Windstoß weggeblasen werden. Das Leben ist ein Traum mit einem geringfügig anderen Zeitmaß als Ihre Schlafträume. Eines Tages werden Sie aufwachen und sowas wie „Mensch! Das war nur ein Traum" denken.

Jetzt möchte ich, daß Sie, um einer weiteren Einsicht willen, in das Reich der Schlafträume zurückkehren. Vielleicht haben Sie schon einmal erlebt, daß Sie während eines Traumes erkannt haben, daß es ein Traum war. Ich meine, daß Sie, während Sie träumten, erkannt haben: „Mensch! das ist ja nur Traum". Vielleicht haben Sie sogar erlebt, daß Sie im Traum Ihre Urheberschaft des Traumes erlangt haben, so daß Sie jeden Inhalt in Ihrem Traum verwirklichen konnten.

Kehren Sie jetzt zum wirklichen Leben zurück. Was geschieht, wenn Sie erleuchtet werden, ist, daß Sie während des Lebenstraumes „aufwachen“ und erkennen, daß Sie dessen Urheber sind, und jeden Inhalt, den zu verwirklichen Sie wählen, verwirklichen. Aber wie beim Schlaftraum können Sie nichts verwirklichen, bis Sie sich, während er andauert, davon bewußt werden, daß das Leben ein Traum ist. Eines Tages werden Sie im Augenblick des Todes aufwachen und erkennen, daß alles nur ein Traum gewesen ist. Dennoch ist es mir lieber, wenn Sie jetzt aufwachen, damit ich von dem, was Sie wählen in der Welt zu verwirklichen, etwas habe. Sehen Sie, das Leben ist ein „Spiel“ oder ein „Traum“, in dem Sie gegenwärtig mitspielen. Wenn Sie dies wissen, können Sie verantwortlich spielen, nicht schwergewichtig, und wenn Sie wollen, können Sie Berge versetzen. Wenn Sie meinen, dies sei das „wirkliche Leben“, dann sind Sie eigentlich machtlos, was die Verwirklichung Ihrer Wahrheit anbelangt. Wachen Sie auf und spielen Sie. ■

Kapitel Sechs:

Das Selbst als der Andere

Die wirkliche Illusion ist, daß wir getrennt sind.

Ich möchte hier etwas zum Ausdruck bringen, was nicht ausgedrückt werden kann. Nun, wenn Sie dies lesen und es begreifen, liegt es daran, daß Sie es schon irgendwie wußten. Was ich zum Ausdruck bringen will oder erneut feststellen will, ist, daß Ihre wirkliche Identität in dieser Welt alles andere ist, als das, was Ihnen diesbezüglich beigebracht wurde. Wie ich Ihnen schon gesagt habe, ist Beziehung dasjenige, ohne das Sie nicht wissen können, daß es Sie gibt. Das können Sie nur mitbekommen, indem Sie das Unmögliche tun, nämlich: sich selbst ohne Erinnerung an das Leben in eine leblose Welt zu versetzen. In diesem Zustand haben Sie absolut keinen Hinweis auf Ihre Existenz. Sie können sich nicht umschauen und andere Körper sehen und daraus schließen, daß Sie einen Körper haben, der anderen Körpern im wesentlichen ähnlich ist. Sie können erkennen, daß Sie einige Eigenschaften mit den Steinen in Ihrer Umgebung gemein haben, nämlich daß Sie körperlich sind. Daraus könnten Sie schlußfolgern, daß Sie ein Stein sind, aber es wird Ihnen niemals einfallen zu meinen, Sie seien eine Person. Es ist sogar so, daß Sie nicht einmal ein Wort wie „Mensch“ oder „Person“ haben würden. Tatsächlich würden Sie überhaupt keine Worte haben. Da es niemand gibt, mit dem Sie sprechen können, werden Sie auch keine Sprache entwickeln. Beziehung ist also das, ohne das Sie nicht wissen können, daß Sie existieren.

Da wir in einer Welt von Menschen leben, nehmen wir

an, daß wir Menschen, ähnlich anderen Menschen, sind. Wir schauen auf uns, auf unseren eigenen Körper und sehen Arme, Beine, Rumpf, Genitalien, Brust und so weiter. Wir kommen zu dem Schluß, daß diese Körperteile, die so nahe bei uns sind, etwas mit dem zu tun haben müssen, wer wir sind. Ihr Körper ist das „Etwas", das dem, wo Sie zu sein glauben, am nächsten ist; demzufolge meinen Sie, er müßte Sie sein. Das läßt eine Art des Denkens und eine Sprache entstehen, die diese Vorstellung unterstützen, und Sie werden sich „sicher", daß Sie „wissen", daß Sie Ihr Körper sind. Wenn Sie gelgentlich eine anderslautende Vorstellung haben, machen Sie sich selbst den Vorwurf, irgendwelchen verrückten Gedanken nachzuhängen, und wagen es nicht, irgend jemandem davon zu erzählen. „Bleib' auf dem Teppich" sagen Sie sich selbst. Der Teil Ihres Körpers, der Ihrer Meinung nach am meisten Sie ist, ist Ihr Gesicht. Witzigerweise genau der Teil Ihres Körpers, den Sie nie direkt sehen können. Sie können dessen Spiegelung sehen, und andere können Ihnen etwas darüber erzählen, aber Sie selbst können davon nie mehr als Ihre Nase und vielleicht Ihre Zungenspitze und Teile Ihrer Lippen sehen.

Nun, wenn Sie in die Welt hinausschauen, sehen Sie, wer Sie wirklich sind und wo Sie wirklich sind. Sie sind, wer und wo Ihr Bewußtsein ist. Ihr Bewußtsein ist nicht „hier drin", es ist „da draußen", wo Sie es wahrnehmen. Dennoch ist die Überzeugung, daß Sie „hier drin" sind, so tief verwurzelt, daß die meisten von uns fähig sind, zu verneinen, wer und wo wir wirklich sind. Diese Verleugnung hat etwas damit zu tun, daß wir nicht nur abstreiten, „da draußen" zu sein, sondern auch, für „da draußen" in irgendeiner Form Verantwortung zu haben. Verschaffen Sie sich Klarheit darüber, ob Ihre Überzeugungen jetzt sagen: „Der Kerl ist verrückt".

Die Wahrheit ist, daß Alles und Nichts das gleiche sind und wir beides sind. Sie sind nicht Ihr Körper, und Ihr Körper ist in Ihnen enthalten. Sie sind alles, was Ihr Bewußtsein erschafft, was nur ein anderer Ausdruck für „Alles" ist. Sie sind Alles. Wenn Sie davon wegkommen können, nur Ihr Körper zu sein, können Sie zurückblicken und sehen, daß Ihr Körper ein Teil von Ihnen ist, da er in Allem enthalten ist.

Nun, da wir Alles sind, und da wir ohne den Anderen nicht wissen können, daß wir existieren, sind wir jeder von uns. Offenkundig ist Gott viele individuelle, in sich vollständige Repräsentationen geworden. Wenn ich also weiß, wer ich bin, bin ich Sie und Sie und Sie und so weiter. Von Ihrem Standpunkt aus, sind Sie ich und er und sie und so weiter. Das ist das metaphysische Modell, das uns in die Lage versetzt, Verantwortung für uns selbst zu übernehmen, was nicht von der Übernahme der Verantwortung für die Welt zu trennen ist. Es hat das Aufgeben dessen zur Folge, was Psychoanalytiker den „primären Narzißmus" nennen. Nur sehr wenige Menschen geben im Laufe Ihres Lebens Ihren gesamten primären Narzißmus auf. Ich spreche hier davon, ihn samt und sonders aufzugeben. Der Zweck dieses vollständigen Aufgebens ist, Ihr eigenes Leben und die Welt funktionieren zu lassen. Sie sind nicht zu trennen. Wenn Ihre Welt nicht funktioniert, das heißt wenn Sie immer noch den Trugbildern des Narzißmus verhaftet sind, dann haben Sie absolut keine Chance, all das zu sein, was Sie in Bezug auf den Dienst an der Welt sein könnten. Wenn Sie sich der Sache des Dienens von der Haltung des Aufopferns aus nähern, sind Sie immer noch dem verhaftet, der Sie nicht sind. Wenn Sie sich opfern, ist niemandem gedient. Tatsächlich vermindern Sie das Wohlbefinden eines jeden, dem Sie zu dienen versuchen. Wenn Sie sich andererseits der Sache des Dienens von der Haltung aus nähern, daß es eine Gelegenheit ist, ist das einzige, was passieren kann, daß dem Wohlbefinden anderer (gleich: „Ihnen") gedient wird, sogar wenn Sie es scheinbar nicht richtig machen.

Unser aller Ausgangspunkt im Leben ist der Zustand des „Habenmüssens". Wir „haben" brave Kinder zu werden, „haben" gescheite Teenager zu werden, „haben" reife Erwachsene zu werden. Wir müssen Erziehung, Glück, materielle Güter „haben" oder erhalten, die unser Überleben sichern und unser Prestige erhöhen. Dieses ganze „Habenmüssen" beruht auf dem universellen Wunsch nach Befriedigung. Wir leben in einer verdunkelten Welt, oder anders ausgedrückt, wir leben in einer Welt des Gewinnens oder Verlierens, in der Menschen im allgemeinen nicht gewinnen oder „haben“, wenn ein anderer nicht verliert. Die geschäftlichen, persönlichen und ehelichen Beziehungen, in denen das Leben offensichtlich ein Wettkampf ist, lassen diesbezüglich keinen Zweifel aufkommen. Es ist eine bestimmte Blindheit damit verbunden, derzufolge nur wenige Leute zu sehen scheinen, daß „Habenmüssen“ keine Befriedigung bringt. Und dennoch wenden sie auf der Suche nach Befriedigung wieder und wieder das gleiche Muster an, in der Hoffnung, daß die ersten paar tausend Male des „Habens“ Nieten waren und daß uns das nächste „Haben“ die langersehnte Befriedigung bringt. Wenn wir nur jenen genau richtigen Sexual- oder Ehe-Partner hätten, jene perfekte Stelle, die mit genug Prestige oder Gehalt verbunden ist, jenes tolle Haus, jenes Traumauto, das uns vollständig und zufrieden machen wird. Wir glauben, wenn wir nur die „richtigen“ Eltern oder Kinder „gehabt“ hätten oder wenn wir nur in dem „richtigen“ Stadtteil wohnen würden, wären wir jetzt zufrieden.

Nun, die Wahrheit ist, daß Zufriedenheit Ihnen genau jetzt zur Verfügung steht, ohne irgend etwas „haben“ zu müssen. Das Geheimnis liegt im Geben, nicht im Haben. Die Sache hat jedoch einen Haken: Wenn Sie geben, das heißt anderen dienen, um zu „haben“, dann ist das kein Dienen, es ist lediglich mehr „Habenwollen“, das so aussehen soll wie Geben und nicht besser funktioniert als offenes „Habenwollen“. Um im Leben wirkliche Zufriedenheit zu erlangen, müssen Sie „Habenwollen“ *und* „Geben um zu haben“, was das gleiche ist, aufgeben. Mit anderen Worten, um im Zustand der Zufriedenheit zu sein, müssen Sie aufgeben, was Sie gewöhnlich zu sein meinen, und der werden, der Sie wirklich sind, Ihr tatsächliches Selbst. Während dieses Hingebens werden Sie sich mit der Tatsache auseinandersetzen, daß es so, wie Sie Ihr Leben bisher geführt haben, nichts gebracht hat, egal wie gut Sie die „Symbole“ beisammenhaben, um zu beweisen, daß es funktioniert. Die meisten von uns haben eine starke Bindung an unsere Symbole, und der Gedanke, sie aufzugeben, ist sehr bedrohlich. Mit Aufgeben meine ich aber nicht, sie nicht zu besitzen; ich meine, sie umzuwandeln, so daß sie nicht „Ihre“ sind, sondern anderen gehören und anderen zu Diensten benutzt werden. Sich selbst wegzugeben oder hinzugeben, bedeutet nicht notwendigerweise arm zu werden. Sich Ihrem Leben hinzugeben bedeutet, die Wichtigkeit all dessen aufzugeben, was Sie „ergattert“ haben, und zuzugeben, daß das Spiel des Lebens vorbei ist, daß Sie gewonnen haben, obwohl der „Beweis“ nicht auf der Hand liegt. Wenn Sie das tun, werden Sie merken, daß Sie, ganz gleich in welcher Beziehung Sie sich befinden, zufrieden und genährt sind. Sie werden an jeder Arbeit, die Sie tun, Freude haben, und wo immer Sie wohnen, es wird der Ort sein, der Sie zufriedenstellt. Sie werden nicht den perfekten Liebhaber, Lebensgefährten, Haus, Auto, Ort, Eltern, Kinder haben müssen, denn dadurch, daß Sie sich hingegeben haben, befinden Sie sich außerhalb des Gewinn/Verlust-Systems und haben alles gewonnen. Ihre idiotischen „Bilder“ davon, wie alles sein „sollte“, verblassen und verschwinden, und Sie werden nicht daran hängenbleiben zu denken, daß Sie oder andere besser oder schlechter sind als irgendein anderer. Ihre Fähigkeit zu lieben wird eine realisierte Tatsache sein. Was merkwürdigerweise häufig passiert, wenn Sie das „Habenmüssen“ aufgegeben haben, ist, daß Ihre Umgebung anfängt, Ihnen all das zu geben, was Sie meinten, haben zu müssen, aber das spielt keine wesentliche Rolle mehr, da es in Ihrem Leben nicht ums „Haben“, sondern ums Geben oder Dienen geht. Ich behaupte, Sie können nicht länger abstreiten, wer Sie sind, und daß der, der Sie sind, in Wahrheit ein Gebender ist. ■

Kapitel Sieben:

Die Geschichte

Sie sind nicht das Produkt Ihrer Umgebung, wie Ihre Geschichte das gerne hätte.

Beim Gang durchs Leben sammeln Menschen Erinnerungen an das, was auf der Reise passiert ist. Im Laufe der Zeit werden diese Erinnerungen umgearbeitet und redigiert, angewendet und gepredigt, bis sie mit einer falschen Identität übereinstimmen, die von einer „Geschichte" unterstützt wird. Der Zweck der Geschichte ist ein dreifacher: (1) den Erzähler ins Recht und andere ins Unrecht zu setzen, (2) die Gründe zu erklären, derentwegen die Dinge so geworden sind, wie sie sind, und (3) dem Erzähler ein Gefühl dafür zu geben, wer er ist, was ohne die Geschichte *anscheinend* nicht vorhanden ist.

Merkwürdig genug versagt die Geschichte in all diesen Punkten, verharrt jedoch im Verstand, um Angst zu mildern. Zwangsläufig stimmt die Geschichte nicht mit der Wahrheit dessen überein, was geschehen ist. Ihrer Tendenz nach entspricht sie eher dem, was der Erzähler gern hätte, daß passiert wäre, was seiner Meinung nach hätte passieren sollen. Bei diesem Vorgang können Erinnerungen wirklich umgearbeitet und verändert werden. In der Psychoanalyse ist dies als „Deckerinnerung" bekannt. Tatsächlich haben wir alle in irgendeiner Form Deckerinnerungen, obwohl wir die letzten sind, die sich dessen bewußt werden. Falls die Geschichte überhaupt etwas bewirkt, dann das, daß sie Ihnen aufgrund der krassen Ungenauigkeiten unrecht gibt.

In Punkt zwei ist die Geschichte mehr oder weniger erfolgreich. Sie verschafft dem Erzähler ein gewisses Maß an Vernünftigkeit in Bezug darauf, „warum" die Dinge so geworden sind. Die Antworten auf das „Warum?" verschaffen jedoch niemals Meisterschaft hinsichtlich dessen, wie die Dinge sich jetzt entwickeln. Vernünftigkeit ist somit gleichbedeutend mit Unbrauchbarkeit, und in diesem Sinne ist die Geschichte ein absoluter Fehlschlag.

Der dritte Faktor, Identität, ist ziemlich irreführend. Zunächst sieht es wirklich so aus, als ob wir all dies sein sollten: Kinder unserer Mutter, Produkte der Schulen, die wir besucht haben, die Gesamtsumme unserer Überzeugungen, Haltungen, Meinungen, Vorlieben und so weiter. Und doch kommt und vergeht diese Art von Identität so schnell. Das Ganze läßt einen mit einem gewissen Mangel an Zufriedenheit hinsichtlich des „Wer bin ich?" zurück. Ganz abgesehen davon, daß menschliche Wesen regelmäßig Dinge erschaffen, die auf der Grundlage vorhergehender Erlebnisse nicht erklärt werden können.

Ich möchte Sie darauf hinweisen, daß Sie nicht das Produkt Ihrer Umgebung sind, wie Ihre Geschichte das gerne hätte. Ich möchte Sie ebenfalls darauf hinweisen, daß Ihre Geschichte Ihnen nicht recht gibt, ohne daß Ihre Lebendigkeit stark beschnitten wird. Ich behaupte, daß Ihre Geschichte die Dinge keinesfalls so erklärt, daß sie Ihnen Meisterschaft in Bezug auf Ihr Leben verschafft. Und nicht zuletzt verweise ich Sie darauf, daß Sie das Bewußtsein sind, das den Verstand bewohnt, der diese Geschichte zusammengestellt hat, und somit ist die Identifikation dessen, wer Sie sind, das letzte, wozu Sie eine Geschichte gebrauchen können. Erleuchtet zu werden hat eine Menge mit dem Aufgeben der „Bedeutsamkeit" Ihrer Geschichte in allen drei Punkten zu tun und letztlich mit dem Aufgeben Ihrer Geschichte überhaupt. Erst wenn Sie die „Bedeutsamkeit" Ihrer Geschichte aufgegeben haben, können Sie damit anfangen, eine bedeutsame Wirkung auf die Welt zu haben. Ihre Geschichte hält Sie davon ab, der Welt zu dienen, und läßt Sie für den Rest Ihrer Tage Verstandes-Zeug rezitieren. ■

Kapitel Acht:

Was das Geschehen in der Welt bestimmt

Es ist nun mal so, daß Sie der Träger des mächtigsten, im Universum bekannten, Werkzeuges sind.

Wissen Sie, es sieht doch wirklich so aus, als ob Menschen das Geschehen in der Welt bestimmen, oder? Ich meine, es sieht doch so aus, als ob ein Präsident die Exekutive der Regierung unter Kontrolle hat, Diktatoren auf ihrem Gebiet das Kommando führen, Trainer im Sport das Geschehen bestimmen würden und so weiter. Aber fragen Sie sich doch mal, tun sie das wirklich? Und wenn sie das tun, woraus bestehen ihre Entscheidungen?

Andererseits scheint es, als ob Organisationen, Institutionen und Regierungen wirklich die kontrollierenden Faktoren wären. Sie kontrollieren den Geldumlauf und fällen scheinbar die großen Entscheidungen, die weitgreifende Auswirkungen auf viele Menschen haben. Aber fragen Sie sich einmal, läßt sich noch etwas Grundlegenderes identifizieren, das Präsidenten, Diktatoren, Trainer, Organisationen, Institutionen und Regierungen bestimmt? Gibt es etwas ihnen allen Gemeinsames, etwas, was sie alle steuert und sie lediglich benutzt, um sich durch sie auszudrücken? Wenn Sie etwas Grundlegenderes identifizieren könnten, das allen zugrundeliegt, hätten Sie dann nicht die Macht, Präsidenten, Institutionen usw. zu lenken?

Zerbrechen Sie sich darüber ruhig einen Augenblick den Kopf. Ich möchte, daß Sie wirklich ein Gefühl dafür bekommen, daß Sie in einer Welt von Illusionen leben, daß Sie nicht wirklich wissen, was das Geschehen in Ihrer

Welt und der Welt bestimmt, es sei denn natürlich, Sie wüßten die Antwort. Ich möchte, daß Sie wissen, daß nichts von dem oben Genannten die richtige Antwort ist. Nichts, was bisher genannt wurde, kommt dem auch nur nahe, was den Lauf der Welt bestimmt. Die richtige Antwort war solchen Menschen wie Christus, Karl Marx und Thomas Jefferson bekannt, um nur einige zu nennen. Was wußten diese drei Leute darüber, wie die Welt funktioniert, was Sie nicht wissen und was, wenn Sie's wüßten, Sie in die Lage versetzen würde, damit anzufangen, Ihre potentielle Macht in der Welt auszuüben? Diese Leute wußten, daß Ideen die Welt beherrschen. Nicht Menschen und Institutionen beherrschen die Welt, sondern Ideen. Ah! Damit gibt's ein Problem, stimmt's? Leute, die Ideen erzeugen, werden nicht glorifiziert. Leute, die Ideen *ausführen*, werden in der Welt der Übereinstimmung glorifiziert. Und jetzt möchte ich Ihnen ein Geheimnis erzählen: Leute, die Ideen erzeugen, bestimmen auch nicht das Geschehen, die Ideen selbst tun das. Menschen, die Ideen erzeugen, sind also nur die physische Form, durch die Ideen in die Welt hinein ausgedrückt werden. Ideen sind nicht physisch. Somit ist das, was den Lauf der Welt bestimmt, nicht physisch. Nur wenn Sie nicht nur die Suche nach Ruhm, sondern auch die Suche nach einer Verkörperung dessen aufgeben, was den Lauf der Welt bestimmt, können Sie in der Welt Ihre Macht erleben. Leute verbringen manchmal ihr ganzes Leben mit der Jagd nach Illusionen.

Um eine Idee in die Welt hinein auszudrücken, wird ein physischer Ort gebraucht, an dem sie ansässig sein kann. Es ist einfach so, daß das Individuum der einzige „Wohnort“ für Ideen ist. Wenn Sie sich also einer Idee bewußt werden, die Sie in die Welt hinein ausdrücken wollen, müssen Sie ihr die Form und die Intention geben, die notwendig ist, damit sie Zugang zu dem einzigen Ort bekommen kann, an dem eine Idee wohnen kann: innerhalb von Individuen. Wenn eine Idee erst einmal genügend Zugang zu Individuen gefunden hat, ist das einzige, was passieren kann, daß sie sich in der physischen Welt ausdrücken wird. Nichts ist, ohne gedacht zu sein. Wenn genügend Menschen Träger einer Idee werden, fängt ein Prozess an, der unaufhaltsam zum Ausdruck dieser Idee führt. Für eine Idee, deren Zeit gekommen ist, ist nichts unmöglich, das heißt eine Idee, die eine genügende Anzahl von Individuen erreicht, in denen sie wohnt. Demokratische Regierungen, spirituelle Bewegungen, Frauenwahlrecht, Menschen auf dem Mond, Ende des Hungertodes, Krieges, Verbrechens, all dies ist erreicht oder erreichbar. Aber jede Idee sieht unmöglich aus, bis sie ausgeführt ist; dann ist sie natürlich möglich gewesen.

Ich möchte, daß Sie anfangen, eine Ahnung von Ihrer Macht zu bekommen. Sie sind Träger des machtvollsten, im Universum bekannten Werkzeuges: Ideen. Diese Ideen können Sie bis zu dem Grad in die Wirklichkeit hinein ausdrücken, in dem Sie Ihren Verstand von Meinungen, Haltungen und Urteilen freimachen und auf diese Weise erleuchtet werden. Die Gegner von Ideen sind genau jene Verstandesstrukturen, die ich gerade genannt habe. Auf diese Weise blockieren Sie den Ausdruck Ihrer Macht in dieser Welt. Und Sie tun das, niemand tut Ihnen das an. Ihre Fähigkeit und Bereitschaft, eine Idee zu tragen, ist in Bezug auf Erleuchtung die genaueste Maßeinheit, die es auf dieser Welt gibt. Wenn Sie fähig und bereit sind, Ideen zu tragen, können Sie auch der Leiter werden, durch den hindurch Ideen fließen. Aber nur, wenn Sie bereit sind, den Gedanken aufzugeben, daß Sie irgendwie bedeutender sind, weil Ideen scheinbar von Ihnen kommen. Sie kommen nicht *von* Ihnen, sie kommen *durch* Sie hindurch. Damit Ideen durch Sie hindurch kommen können, müssen Sie Ihren Verstand von „Zeug“ freimachen. ■

Kapitel Neun:

Vor der Wand

„Etwas" zu tun, bringt Sie an die Wand, „nichts" tun, läßt Sie hindurchgehen.

Ich möchte ein paar Bemerkungen zu der Situation machen, der Sie begegnen, wenn Sie alles Ihnen bekannte Zur-Erleuchtung-führende getan haben, und sich immer noch in einem Zustand der Verdunkelung oder Schwere befinden. Ich nenne das „vor der Wand" sein. Vor der Wand sind Sie nur dann, wenn Sie die Verantwortung für all Ihr Erleben im Leben übernehmen. Achten Sie beim Lesen dieser Sätze darauf, ob Sie wirklich vor der Wand stehen, das heißt die Verantwortung für Ihr gesamtes Erleben übernommen haben. Wenn Sie sich das eine Weile angesehen haben und dann erkennen, daß Sie tatsächlich in einem Zustand der Verantwortung für ihr gesamtes Erleben sind, möchte ich, daß Sie wissen, was Sie auf die andere Seite der Wand bringen wird, dorthin, wo das Erleben von Zufriedenheit und Meisterung des Lebens ist. Nichts wird Sie durch die Wand hindurchbringen. Dies gilt in zweierlei Hinsicht. Zunächst: Nichts von dem, was Sie tun können, wird Sie jemals durch die Wand hindurchbringen. Indem Sie alles „getan" haben, was zu tun war, sind Sie vor die Wand gekommen. Somit gibt es per Definition nichts mehr, was Sie tun können. Zweitens, nur Nichts (Kontext) wird Sie durch die Wand hindurchbringen. Das heißt durch die Wand hindurchzukommen ist ein Wunder. Es ist sogar ein Wunder, daß es die „andere Seite" der Wand überhaupt gibt. Und jetzt möchte ich, daß Sie wissen, wann es geschehen wird: Es geschieht, wenn es geschieht. Wie ein Erdbeben oder ein Blitz wird es geschehen, wenn es geschieht. Sie können nicht „machen", daß es geschieht. Als nächstes möchte ich Ihnen sagen, wie lange es dauern wird, wenn es geschieht: keine Zeit. Sie werden schlichtweg auf der anderen Seite sein. An das Hindurchgehen werden Sie sich nicht erinnern, da es nicht in der Zeit geschah. Es geschieht außerhalb der Zeit wie alles Erleben und alle Wunder.

Weil dieses Wunder nur dann eintritt, wenn Sie wirklich vor der Wand stehen, ist es Ihre Aufgabe, vor der Wand zu bleiben. Das ist kein Ort, wo der Verstand gerne ist. Der Verstand wird alles tun, um diese Wand zu vermeiden. Sie müssen also größer sein als Ihr Verstand, um im Erleben der Verantwortung für Ihr Leben zu bleiben. Wenn auch nur ein kleiner Teil Ihres Erlebens ausgespart bleibt, haben Sie keine Chance, durch die Wand hindurch zu Zufriedenheit und Erleuchtung zu kommen.

Wenn das Wunder geschehen ist, werden Sie entdekken, daß Sie nicht auf der anderen Seite der Wand bleiben. Sie werden hin- und herschwanken. Während dies geschieht, werden Sie vermehrt Gelegenheit haben, den Zustand der Verantwortlichkeit wiederzuerschaffen, der der einzige Pfad zur Erleuchtung ist. Wenn Sie erneut vor der Wand stehen, werden Sie eine Veränderung Ihres Erlebens derselben bemerken. Ihr Erleben wird nicht länger von Verzweiflung geprägt sein. Sie werden bezüglich des Auf-dieser-Seite-Seins auf der anderen Seite sein. Das heißt Sie werden bezüglich des Wieder-im-Dunkeln-Seins erleuchtet sein. Sie werden einen erheblichen Teil Ihres Lebens damit verbringen, hin- und herzuwechseln.

Wenn Sie schließlich tatsächlich auf der erleuchteten Seite der Wand seßhaft werden, werden Sie eine weitere Veränderung Ihres Erlebens bemerken. Sie werden nicht nur verantwortlich und erleuchtet sein, Sie werden es auch meisterhaft beherrschen. Mit der meisterhaften Beherrschung wird die Fähigkeit des Erschaffens in Ihrem Leben sein. Vor der Meisterschaft können Sie nur erschaffen, was ist. Nach der Meisterschaft können Sie wählen, das, was immer Sie wollen, ins Leben zu rufen. Das heißt Sie können jeden von Ihnen gewählten Kontext ins Sein bringen und sein Verschwinden aus dem Sein verursachen. Dann werden Sie Ihr Selbst als Ursache aller Kontexte kennen.

Sie sind immer schon die Ursache von Kontexten gewesen; jetzt werden Sie dies jedoch auch erleben. Nach diesem Erleben werden Sie in der Lage sein, in die „Vergangenheit" zurückzublicken und Ihr Selbst als die Ursache all dessen zu sehen und zu erleben, und zwar auch dann, wenn Sie sicher waren, das nicht gewesen zu sein. In der Gegenwart werden Sie vielleicht Kontexte wie Wohlbefinden, Gesundheit, Zufriedenheit, Bildung, Berufung, Gruppe, Vater, Mutter, Kind, Kommunikation und so weiter verursachen. Wenn Sie sich selbst zum Beispiel als Kontext des Wohlbefindens verursachen, werden Sie in jede Situation und jedes Beziehungs-System, in der/dem Sie sich gerade befinden, die Qualität des Wohlbefindens einbringen. Bis zu diesem Punkt im Leben haben Sie sich selbst wahrscheinlich als Kontext mehrerer Qualitäten entdeckt, und was Sie dabei nicht bemerkt haben, ist die Entdeckung Ihrerselbst als der Kontext, der all diese Kontexte hervorgebracht hat. Wenn Sie es überhaupt bemerkt haben, waren Sie wahrscheinlich reichlich verwundert, daß Sie die Qualität eines jeden Kontextes verkörperten, den Sie als Sie seiend entdeckten.

Ich möchte kurz zu dem Stadium in Ihrer Entwicklung hin zu andauernder Erleuchtung, in dem Sie vor der Wand standen, zurückkehren. Zu der Zeit hatten Sie alles, was zu tun war, um für Ihr Erleben des Lebens verantwortlich zu sein, getan, und es gab einfach kein Resultat, das heißt die Erleuchtung war einfach nicht da. In der Entwicklung hin zu Meisterschaft nennen wir diesen Zeitpunkt gewöhnlich „langweilig". In Ihrem Erleben des Lebens machen sich Qualitäten wie Ermüdung und Lethargie breit. Menschen finden es außerordentlich schwer, Langeweile auszuhalten und das Erleben, für diese verantwortlich zu sein, zu erschaffen. Was gewöhnlich passiert, ist, daß Sie irgendein Drama in Ihrem Leben heraufbeschwören: Sie verlassen jemanden, fangen Streit an, kündigen ihre Stelle, geben mehr Geld aus, als Sie haben, oder tun irgend etwas, von dem Sie wissen, daß es nichts bringt. Es wird ganz klar, daß Sie nicht Meister Ihres Lebens sind, aber es ist wenigstens nicht mehr langweilig. Was ich Ihnen also sage, ist, daß Langeweile das letzte Stadium ist, durch das Sie hindurchgehen müssen, bevor Sie wunderbarerweise durch die

Wand hindurchgelangen. Wenn Sie Langeweile vermeiden, werden Sie es niemals schaffen, durch die Wand zu kommen.

Die meisten von uns werden Langeweile im Kontext von Arbeit oder Beziehungen erleben. Sie wissen, was Sie tun, wenn Sie in Ihrer Arbeit oder Beziehung gelangweilt sind. Sie schlagen entweder Krach oder gehen. Beides bedarf jedoch der Rechtfertigung, also lassen Sie sich auf einen vom Inhalt bestimmten Prozeß ein, dessen Zweck die Rechtfertigung Ihres Weggehens aus oder Krachschlagens in der Arbeit oder Beziehung ist. Wenn Sie in der Lage sind, andere Leute schnell und sicher ins Unrecht zu setzen, werden Sie nicht lange brauchen, um Ihre Rechtfertigungen beisammen zu haben. Wenn Sie das, was Sie gerechtfertigt haben, ausgeführt haben, werden Sie eine Geschichte haben, die Sie anderen erzählen können, wenn die Sprache auf Ihr Krachmachen oder Weggehen kommt. Ich wiederhole, daß es sich dabei um einen vom Inhalt bestimmten Prozeß handelt. Inhalt sind die Muster Ihres Verstandes. Sie sind weggegangen, nehmen nicht länger teil und weigern sich, verantwortlich zu sein. Als Ursache von Kontexten sind Sie nicht anwesend und werden von Ihrem Inhalt (Verstand) beherrscht. Wenn Sie wach sind und das alles als Zeug wahrnehmen, sieht das für Sie sehr verwirrend aus. Wenn Sie diesen von Inhalt bestimmten Prozeß beenden, werden Sie immer noch dem Problem gegenüberstehen, Ihr Leben in einen von Kontext bestimmten Prozeß zu transformieren. Mit anderen Worten, Ihr Problem wird sein, wieder an die Stelle vor der Wand zu gelangen. Wenn Sie tatsächlich dort sind, wird, kurz bevor Sie durch die Wand hindurch zur meisterhaften Beherrschung Ihres Lebens gehen, immer Langeweile aufkommen. ■

Kapitel Zehn:

Wo das Chaos ist

Erleuchtung ist kein Weg, das Chaos zu vermeiden, in dem sich die Welt befindet, sondern ist selbst die einzig verantwortliche Konfrontation damit.

Wenn es um das Thema des Erleuchtetwerdens geht, gibt es eine Illusion, die fast jedesmal auftaucht. Die Illusion heißt „der einfache Ausweg". Erleuchtung sieht wie ein einfacher Ausweg aus. Es sieht so aus, als ob wir das Chaos, in dem sich die Welt befindet, verlassen und kosmische Erleuchtung anstreben könnten. Dabei können wir Familie und Freunde, die das Erleuchtungs-Zeug nicht zu verstehen scheinen, in dem Chaos, das wir mit ihrer Hilfe produziert haben, hängenlassen. Das sieht dann so aus, als ob das Chaos hinter uns läge, „da hinten" oder „in der Vergangenheit" oder „damals mit denen". Wenn Sie damit zu leben versuchen, müssen Sie sich mit der paradoxalen Dualität Perfektion/Chaos, welche die eigentliche Substanz der Erleuchtung ist, konfrontieren. Auf der einen Seite ist die Welt perfekt. Diese Perfektion schließt das Leiden, das in so großem Ausmaß stattfindet, mit ein. Auch die Tatsache, daß das Leiden von der Menschheit selbst herbeigeführt ist und es so aussieht, als ob einige Menschen anderen Menschen Leid zufügen würden, ist darin eingeschlossen. Das Universum tanzt einen perfekten Tanz. Auf der anderen Seite befinden wir uns in einem furchtbaren Chaos und wir müssen diesbezüglich etwas tun. Wenn Sie wahre Erleuchtung anstreben, müssen Sie Raum für diese Dualität haben und nicht einer Seite verhaftet bleiben. Zur gleichen Zeit müssen Sie sich darüber im klaren sein, daß die Welt perfekt ist und wir uns in einem riesigen Chaos befinden. Wenn Sie an der Tatsache hängenbleiben, daß sie perfekt ist, können Sie keinerlei Beitrag zur Bewältigung des Chaos leisten. Wir werden Sie dann narzißtisch nennen, aber nicht erleuchtet. Wenn Sie an der Tatsache hängenbleiben, daß die Welt Chaos ist, sind Sie dem ausgeliefert; Sie sind Teil des Chaos geworden. Wenn Sie chaotisch sind, können Sie keinen machtvollen Einfluß auf die Bewältigung des Chaos haben. Leiden wird dann Ihre lebenslängliche Beschäftigung.

Wenn Sie nach Weltraum-Erleuchtung streben, hat es also den Anschein, als ob Sie das Chaos hintersichlassen, und was Sie dabei entdecken, ist, daß das Chaos immer und ständig direkt vor Ihnen liegt. Pech gehabt. Sie werden nur erleuchtet werden, indem Sie sich dem Chaos stellen. Wenn Sie dranbleiben, werden Sie herausfinden, daß Sie das Chaos geschaffen haben, jenes Chaos, von dem Ihre Wahrnehmung und Ihr Verstand Ihnen sagen, daß es vorhanden ist. Sie haben es mittels dessen geschaffen, was Sie getan *und* nicht getan haben. Und Sie können dafür niemand anderem die Schuld geben. Wenn Sie jemand anderem die Schuld geben, werden Sie Teil des Chaos und haben keine Möglichkeit, damit umgehen zu können. Der Schleier des Leidens wird zu schwer und Sie werden zu klein. Sie werden tatsächlich Teil des Chaos und leiden einfach nur. Wenn Sie erleuchtet werden, dann sind Sie weder das Chaos noch liegt es hinter Ihnen, vielmehr haben Sie das Chaos geschaffen und es liegt direkt vor Ihnen. Dieser Zustand gibt Ihnen Gelegenheit, es anzupacken und zu verändern. Sie können es neu bearbeiten, es formen, der Welt Raum verschaffen, so daß sie auf eine sehr wirkliche Art und Weise funktionieren kann.

Wenn Sie erleuchtet sind, entdecken Sie sich selbst als Kontext des Wohlseins (wellbeing). Als diesen Kontext können Sie sich nur entdecken, weil Sie selbst ein „wohles Wesen“ (a well Being) sind. Erleuchtung ist also eine Rekontextierung des Erlebens Ihres Lebens, so daß das, was vor der Erleuchtung leidendes Chaos war, nach der Erleuchtung nährendes Erleben wird und in der Tat eine großartige Gelegenheit darstellt, Ihr Selbst zum Ausdruck zu bringen. Wenn das eintritt, sind Sie tatsächlich ein „wohles Wesen“ und ein „wohles Wesen“ ist machtvoll.

Nun, es genügt nicht, sich selbst als Kontext des Wohlseins zu erkennen. Sie müssen dann auch den Inhalt des Lebens bearbeiten. Das können Sie nur vom Kontext des Wohlseins aus. Von jedem anderen Kontext herkommend, haben Sie nicht genügend Macht. Was also vor der Erleuchtung von Inhalt erzeugter Ablauf war, wird nach der Erleuchtung von Kontext erzeugter Ablauf. Der Inhalt Ihres Lebens erkennt seinen Meister: Kontext. Vor diesem Ereignis verharren Sie darin, Folge des Lebensinhalts zu sein. Reiz-Reaktion-Reiz-Reaktion-Reiz-Reaktion- ... Jede Reaktion ist ein neuer Reiz, der eine weitere Reaktion auslöst, so daß daraus letztendlich Reaktion-Reaktion-Reaktion-Reaktion- ... wird. Wenn Sie sich selbst als den Kontext des Lebens entdecken, können Sie diese Kette an jedem von Ihnen gewählten Punkt unterbrechen. Sie können zu jedem von Ihnen gewählten Zeitpunkt jede von Ihnen gewählte Art von Kontext erzeugen. Wann immer Sie wollen, können Sie jeden von Ihnen gewählten Kontext zum Verschwinden bringen. Wenn Sie den Kontext des Wohlseins verwirklichen, haben Sie die Macht, den Inhalt des Lebens nach Belieben zu formen. Ohne Ihre geistige Gesundheit zu opfern, können Sie die Verantwortung für das Chaos, in dem die Welt sich befindet, übernehmen. Dies wird zu einer Gelegenheit (was nicht mehr und nicht weniger ist als eine transformierte Bürde). Jetzt ist das Chaos wirklich vor Ihnen, und Sie würden es auch nicht anders haben wollen. Es ist der perfekte Ort für das Chaos. Das Chaos ist perfekt, besonders im Grenzbereich zur verdunkelten Welt. ■

Kapitel Elf:

Im Grenzbereich

Genau dort, wo die Welt Sie für Ihre Erleuchtung ins Unrecht setzt, liegt Ihre Chance, die Welt funktionieren zu lassen; wenn das bequem geht, dann ist es das nicht.

Wenn in Ihrem Leben der Zeitpunkt gekommen ist, erleuchtet zu werden, werden Sie merken, daß Sie Ihre Erleuchtung nehmen und sie in dieser physischen Welt manifestieren werden wollen. Sie werden sie in einen Beitrag für andere transformieren wollen, weil dies das Wesen wirklicher Erleuchtung ist. Wenn Sie es vorziehen, sie für sich zu behalten, haben Sie es nicht mit der wirklichen Sache zu tun.

Erleuchtet zu sein und sich so zu bezeichnen heißt, notwendigerweise, auch verdunkelt zu sein. Menschen, die vollständig erleuchtet sind, wissen nicht, daß es einen anderen Daseins-Zustand gibt. Sie leben einfach in einem Zustand der Gnade und für sie ist jeder erleuchtet. Wenn Sie sehen können, daß einige Leute nicht erleuchtet sind, heißt das, daß Sie noch etwas Dunkelheit in sich tragen. Nur so können Sie irgendwelche Gegensätze in der Welt sehen, die Sie darüber informieren, daß es verschiedene Zustände gibt. Die Abfolge ist für Sie also erleuchtet, verdunkelt, erleuchtet, verdunkelt, erleuchtet, verdunkelt und so weiter. Ihr Blinklicht geht an und aus. Und das ist in Ordnung. Da dies nun einmal Ihr Zustand ist, sollte es auch wirklich in Ordnung sein.

Nun, da Sie erleuchtet sind, werden Sie damit etwas tun wollen, und genau hier liegt das Problem. Wenn Sie Ihr Licht in eine dunkle Welt tragen, wird diese Welt Ihnen unrecht, äußerst unrecht geben. Dennoch wird das meiste dessen, was Sie für Unrechtgeben halten, die Reaktivierung Ihrer eigenen Verdunkelung sein. Sie haben dann Gelegenheit, Ihre eigene reaktivierte Selbstkritik von dem zu unterscheiden, was da draußen ist und die Qualität des Erlebens des Lebens für Sie und andere mit Sicherheit vermindert. Dieser Vorgang des Unterscheidens wird wahrscheinlich mehrere Jahre Ihres Lebens in Anspruch nehmen. Wenn Sie völlig zentriert sind, werden Sie sehen, daß da draußen tatsächlich eine ziemlich lastende Dunkelheit herrscht.

Das Problem, das in Wirklichkeit eine Chance ist, taucht im Grenzbereich zwischen Licht und Dunkelheit auf. Genau dort, wo Sie sich am allerunbehaglichsten fühlen, liegt Ihre Chance, die Welt und die Menschen in ihr zu erleuchten. Wenn Ihnen also immer behaglicher ist, dann leisten Sie keinen Beitrag. Die Form, die das annimmt, ist höchst variabel. Vielleicht finden die Menschen, mit denen Sie zusammenarbeiten, Ihren neu gefundenen inneren und äußeren Enthusiasmus schwer zu ertragen. Menschen, die in der Dunkelheit leben, hassen Menschen, die erleuchtet sind, mit großer Intensität. Dieser Haß und Handlungen, die aus ihm erwachsen, sind für Sie eine Gelegenheit, Ihr Selbst in die Welt zu tragen. Und es tut weh. Pech gehabt. Vielleicht lehnt Ihr Ehepartner, Geliebter oder Mitarbeiter Sie ab. Wenn sich der Raum, in dem Sie existieren, ausweitet, kann es gut möglich sein, daß Sie dem Raum, in dem Sie durch Ihre Beziehungen gehalten werden, entwachsen. Vielleicht ziehen sie es vor, Ihnen unrecht zu geben und Sie abzulehnen, statt selbst zu wachsen, um Ihrer neuen Größe zu entsprechen. Eines ist sicher, eins von beiden wird passieren: Entweder werden Sie abgelehnt oder die anderen werden wachsen. Wenn Sie abgelehnt werden, ist die Chance gering, daß dies offen und ehrlich geschieht. Wahrscheinlich werden Sie kritisiert, für schuldig erklärt und abgewiesen werden. Die vorgebrachten Rechtfertigungen sind sorgfältig ausgearbeitet und klingen, wenn sie das Werk eines Könners sind, sehr vernünftig. Wer im Dunkeln seiend zurückweist, muß Lügen vorbringen, die er oder sie auch selbst glauben kann. Es tut also weh. Ihre Erleuchtung bereitet Ihnen Schmerzen. Pech gehabt. Genau in diesem schmerzhaften Grenzbereich haben Sie Gelegenheit, in der Welt einen Unterschied zu machen. Wenn Sie buchstäblich aus Ihrer Tätigkeit oder Beziehung herauswachsen, haben Sie Gelegenheit, zu etwas und/oder jemandem weiterzugehen, das oder der tatsächlich einen Beitrag zur Lebensqualität auf unserem Planeten leisten wird.

Erleuchtung ist also nicht nur Honiglecken. Wenn Sie meinen, Sie würden zum Vergnügen erleuchtet, denken Sie nochmal darüber nach. Seien Sie sich sicher, daß Sie wachsen wollen, denn es kann bedeuten, etwas oder jemanden aufzugeben. Wenn das geschieht, haben Sie die Wahl, das was passiert als eine Katastrophe oder eine Gelegenheit aufzunehmen. Wenn Sie es als Gelegenheit aufnehmen, wird Ihre neu gefundene Größe ein Raum sein, von dem aus Sie weiter wachsen können, wenn Sie das wählen. Sie werden nie so groß werden, daß Sie nicht noch weiter wachsen können. Haben Sie rückblickend Mitgefühl mit denen, die Sie zurückgelassen haben. Deren Zeit war einfach noch nicht gekommen. Sie hatten nicht das Gefühl, in Bezug auf das, was sie mit Ihnen gemacht haben, wählen zu können. Sie müssen sie nicht als wertlose menschliche Wesen ausschließen. Menschen werden erleuchtet, wenn ihre Zeit gekommen ist und nicht vorher. Behandeln Sie sie also mit Anstand, besonders wenn sie Sie abgelehnt haben. Wenn Sie zu einem Kontext werden, der groß genug ist, diejenigen einzuschließen, die gegen Sie sind und Sie ablehnen, ist Ihr Leben plötzlich erleuchtet. ■

Kapitel Zwölf:

Das Erschaffen von Kontext

Kontext ermöglicht Ihnen das direkte Erleben des Lebens, indem er all das wiederaufnimmt, was Sie im Leben verleugnet haben.

Kontext ist jener Zustand innerhalb des Selbst, in dem Ihre gesamte Standpunkthaftigkeit wohnen kann. Er ermöglicht Ihnen erneut das direkte Erleben des Lebens, indem er all das wiederaufnimmt, was Sie im Leben nicht wahrhaben wollten.

Im alltäglichen Verlauf des Geschehens wählt der Verstand, wenn er älter wird, bestimmte Haltungen aus, mit denen er rechtzuhaben glaubt. Dieser Vorgang zwingt Sie notwendigerweise dazu, einen wichtigen Teil Ihres direkten Erlebens des Lebens zu verleugnen, und zwar all jene Teile, denen Sie aufgrund Ihrer Haltungen unrecht geben. Das Erschaffen von Kontext ist die Umkehrung dieses Prozesses. Kontext können Sie nur entdecken, wenn Sie Ihre Haltungen als bloße Haltungen erkennen. Solange Sie meinen, Ihre Haltungen entsprächen der Wahrheit, können Sie Ihren eigenen Kontext niemals entdecken oder wiedererschaffen. Sie wurden geboren mit Kontext als Geschenk. Fast all Ihre seitherigen Vorhaben waren, durch das kontinuierliche Einnehmen von Standpunkten, vornehmlich dem Aufbau eines Verstandes-Gefängnisses von Nutzen. In Ihren Beziehungen erzeugen Ihre Haltungen bei anderen mechanisch die gegenteiligen Haltungen. Sie können also sehr genau feststellen, wann eine Ihrer Haltungen reaktiviert wird: Leute um Sie herum fangen an, Standpunkte zu beziehen und sich gegen Sie zu stellen. Wenn Ihre Beziehungen nicht glatt laufen, können Sie das immer auf reaktivierte Haltungen zurückführen. Bis Sie das erkennen, sind Sie zu unbegrenzter Haft im Gefängnis Ihres Verstandes verurteilt.

Von Zeit zu Zeit werden Sie bemerken, daß es innerhalb Ihres Verstandes Konflikte und Leiden gibt. Das ist das intrapsychische Ergebnis der Standpunkthaftigkeit. Sehen Sie, Ihr Verstand macht sich Haltungen zu eigen, die sich gegenseitig widersprechen. Solange Sie sich mit Ihrem Verstand identifizieren, werden Sie sich selbst als das leidende Wesen erleben, das heißt als das Wesen, das im Konflikt ist. Nachdem Sie Ihre Identität von Ihrem Verstand getrennt haben, werden Sie erleben, daß da in Ihrer näheren Umgebung in irgendeiner Form gelitten wird, dies aber irgendwie irrelevant wird. Das Leiden des eigenen Verstandes als irrelevant zu erleben, ist ein interessanter Aufenthaltsort. Es gibt eine Menge erleuchteter Leute, die sich dort aufhalten und überzeugt sind, daß es diesbezüglich nicht viel mehr zu tun gibt. Irgendwie muß Gott das so gewollt haben. Das ist eben „Karma". Ich möchte, daß Sie wissen, daß es nicht so sein muß. Leiden vollständig aufzuräumen, bedeutet Kontext innerhalb Ihres Selbst wiederzuerschaffen. Dies wird erreicht, indem Sie sich Ihrer Haltungen bewußt werden, und sie dann als Haltungen, statt als Wahrheit in sich tragen. Ein Kontext ist somit eine Struktur, die alle Haltungen, einschließlich derjenigen, die dem Kontext unrecht geben, umfassen kann. Letztere sind nun tatsächlich die Haltungen, die einzubeziehen am wichtigsten sind. Solange sie nicht einbezogen sind, haben Sie nicht Kontext, sondern eine weitere Haltung.

Wenn Sie das Erleben von sich selbst als Verursacher aller Kontexte erschaffen wollen, müssen Sie sich mit all den kleineren Kontexten befassen. Anders gesagt, Sie werden Ihr Selbst als Schöpfer Ihrer Welt nicht eher erleben, als bis Sie Ihr gesamtes Erleben rekontextiert haben. Wenn Sie sich mit all Ihren kleineren Kontexten befassen, können Sie die Wahrheit herausfinden, daß, wenn Sie sich selbst entdecken, Sie der Kontext sind, aus dem alle Kontexte fließen. ■

Kapitel Dreizehn:

Kontext als geistige Gesundheit

Ein Kontext ist eine Struktur, die alle Haltungen einschließlich derer, die widersprüchlich scheinen, so in sich enthält, daß sie sich gegenseitig unterstützen.

Dieses Wort „Kontext", wie ich es hier verwende, läßt sich schwer in den Griff bekommen. Sobald Sie meinen, Sie hätten es, entdecken Sie, daß Sie es überhaupt nicht haben. Deshalb möchte ich direkt über Kontext in Beziehung zu geistiger Gesundheit sprechen. Ich spreche nicht von der „geistigen Gesundheit", die eine Folge von Übereinstimmung ist, das heißt wenn Leute Ihnen sagen, Sie seien geistig gesund. Ich spreche hier von jenem Erleben, das Sie (hoffentlich) von Zeit zu Zeit haben, daß Ihr Verstand, ja sogar *Ihr* Verstand, *„alle beisammen hat". Sie erleben in einem solchen Moment, daß Sie Ihr gesamtes eigenes Erleben verursachen und daß es perfekt ist. Ich nenne dies das Erschaffen von Kontext innerhalb des Verstandes. Nur das Selbst kann Kontext erschaffen, aber der Kontext für geistige Gesundheit wird vom Selbst innerhalb des Verstandes* erschaffen. Der Kontext, der geistige Gesundheit hervorbringt, ist derjenige, der Geisteskrankheit, das heißt das permanente innere Miteinanderringen von Haltungen innerhalb des Verstandes, in geistige Gesundheit transformiert. Innerhalb des Verstandes werden widersprüchliche Haltungen weiterhin bestehen, nach dem Erschaffen des Kontextes für geistige Gesundheit werden sie jedoch so gehalten, daß sie Sie nähren und unterstützen, statt Sie runterzuziehen.

Ein Kontext ist somit eine Struktur, die alle Haltungen einschließlich derer, die widersprüchlich scheinen, so in sich enthält, daß sie sich gegenseitig unterstützen. Ein vollständiger Kontext (in Wirklichkeit gibt es keine unvollständigen Kontexte) ist einer, der tatsächlich seine eigene Opposition enthält. Für den Kontext für geistige Gesundheit heißt dies zum Beispiel, daß die Tatsache der Geisteskrankheit in diesem Kontext enthalten ist. Wenn also Geisteskrankheit, das heißt der Zustand der Verantwortungslosigkeit für das eigene Erleben und des Miteinanderringens der Haltungen innerhalb des Verstandes, auftaucht, dann wird sie innerhalb des Kontextes der geistigen Gesundheit gehalten. Innerhalb dieses Kontextes trägt sogar Geisteskrankheit zu geistiger Gesundheit bei.

Nun, die Grundsätze, die Ihren Verstand bestimmen, unterscheiden sich nicht von denen, die Ihr zwischenmenschliches Leben, Organisationen, Nationen und die Welt als Ganzes bestimmen. Auf der zwischenmenschlichen Ebene können Sie zum Beispiel einen Kontext für Freundschaft erschaffen. Innerhalb dieses Kontextes sind selbst unfreundliche Gedanken und Handlungen enthalten und tragen zur Freundschaft bei. Es gibt einen entsprechenden Kontext für Liebende. Auf der Ebene von Organisationen wird ein Kontext für die Verwirklichung des Zwecks der Organisation geschaffen. Innerhalb dieses Kontextes sind alle, bezüglich dessen, wie der Zweck der Organisation erreicht werden kann, möglichen Haltungen einschließlich der Haltung, daß er nicht erreicht werden kann, enthalten. Wenn Ihre Organisation ihren Zweck erfüllt, dann werden Sie erkennen können, daß ein solcher Kontext in der Tat schon erschaffen worden ist. Auf nationaler Ebene wird Zweck auf dieselbe Art und Weise verwirklicht. Bisher ist im Sinne weltweiter Kontexte sehr wenig erschaffen worden. Ich betrachte jedoch das Hunger-Projekt als den ersten wirklichen Welt-Kontext. Der Zweck des Hunger-Projektes ist das Erschaffen des Kontextes für das Ende des Hungers und des Hungertodes bis zum Jahre 1997. Alle Haltungen in Bezug auf wie dies verwirklicht werden kann/sollte, einschließlich der Opposition gegen die Idee, dies überhaupt zu tun, sind in diesem Kontext enthalten. Ich betrachte das Hunger-Projekt als erstes Beispiel für die Erschaffung eines Kontextes für geistige Gesundheit auf Weltebene, und ich erwarte, daß mehr folgen werden.

Kontext ist also eine Art Rahmenwerk, in dem alle Haltungen enthalten sind. Kontext erzeugt geistige Gesundheit auf allen Ebenen: zwischenmenschlich sowie auf der Ebene von Organisationen, Nationen und der Welt. Schaffen Sie Kontexte in Ihrem Leben und beobachten Sie, wie Ihr Leben funktioniert. Bemühen Sie sich nicht und beobachten Sie Ihr Leben als einen von Inhalt bestimmten Prozeß: Reiz-Reaktion-Reiz-Reaktion-Reiz-Reaktion-... Wenn Kontext geschaffen wird, zerkleinert er den Inhalt in einen von Kontext geschaffenen Prozeß. Letztlich sind Sie der Erzeuger aller Kontexte, denn das ist die Macht, die das Individuum hat: alle Kontexte erschaffen zu können. Auf diese Weise können Sie Ihr Leben und das Sie umgebende Leben ganz allgemein lenken. Individuen sind in dieser Hinsicht machtvoll.

Ich möchte, daß Sie das Wort „Individuum" beachten. Wörtlich bedeutet es „unteilbar zwei". Ich weise Sie darauf hin, daß die zwei, die während Sie in einem Körper leben, unteilbar sind, Verstand und Selbst sind oder anders ausgedrückt Inhalt und Kontext. Inhalt ist verrückt. Kontext macht sogar Inhalt geistig gesund und mit Zweck übereinstimmend, indem er die Wahrheit als Paradox enthält. ■

Kapitel Vierzehn:

Wahrheit als Paradox

Wahrheit ist niemals eine Haltung, von der man überzeugt ist, noch ist sie jemals die gegenteilige Haltung, von der man nicht überzeugt ist; Wahrheit ist der Kontext, in dem Überzeugungen gehalten werden.

Ich möchte, daß Sie eine Ahnung von etwas bekommen, worüber sich eigentlich nicht sprechen läßt: das Wesen der Wahrheit und des Selbst. Sie müssen sich vor Augen halten, daß Sprache nicht dazu bestimmt war, Wahrheit zum Ausdruck zu bringen. Was Leute im alltäglichen Leben unter „Wahrheit" verstehen, ist eine Haltung, von der sie überzeugt sind. Diese Art von „Wahrheit" läßt mechanisch eine gegenteilige Haltung entstehen. Wenn Sie also sagen „X" ist richtig, ruft das mit absoluter Zuverlässigkeit die gegenteilige Haltung, daß „nicht-X" richtig ist, hervor. Das passiert nicht nur manchmal, das passiert immer und jedesmal, wenn Sie einen Standpunkt einnehmen. Eine Haltung ruft immer ihre eigene Opposition ins Leben. Das sollte Ihnen als Hinweis dafür dienen, was Wahrheit ist.

Die Wahrheit in Bezug auf „X" und „nicht-X" ist, daß „X" und „nicht-X" beide richtig und beide falsch sind. Wahrheit ist also ein Kontext, der in sich das Paradox enthält, daß gegenteilige Standpunkte beide richtig und beide falsch sind. Es ist nun mal so, daß der Verstand nicht in der Lage ist, die Wahrheit als Paradox zu erfassen. Deshalb können Sie Wahrheit nicht mit Ihrem Verstand erleben. Der Verstand ist eine Richtig/Falsch-Maschine, die auf das Überleben der Individualität zugeschnitten ist.

Auf den Gebieten der Liebe und der Verpflichtung wird dies besonders deutlich. Wenn Sie zu jemandem sagen „ich liebe dich", erzeugt das automatisch sein Gegenteil, also vielleicht „ich liebe dich nicht" oder „ich hasse dich". Wie Sie sehen können, gibt es manchmal mehr als eine gegenteilige Haltung. Wenn Sie nun Träger von „ich liebe dich" sind und Sie dies als Haltung vorbringen, erzeugt das mechanisch irgendwo ihr Gegenteil. Dieses irgendwo kann im Verstand der Person sein, die Sie von einer Haltung aus lieben. Was in deren Verstand vielleicht auftaucht, ist, „aber ich liebe dich nicht". Falls die andere Person mit der gleichen Haltung „ich liebe dich" kommt, werden Sie Träger des „ich liebe dich nicht" werden. „Ich liebe dich/ich liebe dich nicht" ist als Ambivalenz bekannt. Die einzige Methode, mit der Sie Ambivalenz vermeiden können, ist, wenn das „Liebesobjekt" bereit ist, dieses „aber ich liebe dich nicht" zu tragen. Wenn Sie beide die Haltung „ich liebe dich" einnehmen, werden Sie beide Träger der gegenteiligen Haltung werden. Dieser unvermeidbare Zustand der Ambivalenz ruft Verpflichtung hervor, wenn die Intention vorhanden ist, die Beziehung aufrechtzuerhalten. Eine Beziehung von „ich liebe dich/ich liebe dich nicht" kann nur in Ihrem Selbst, dem Kontext der Liebe, enthalten sein. Wenn Ihr grundlegender Kontext Liebe ist, dann kann „ich liebe dich/ich liebe dich nicht" in diesem Kontext gehalten werden, und beide Haltungen tragen zum Kontext bei. Das Ergebnis ist, daß „ich liebe dich nicht" eine Bestätigung des Kontextes der Liebe ist, in dem es gehalten wird und der Beziehung Macht verleiht. Einen Kontext der Liebe zu erschaffen, das heißt Ihr Selbst oder das Selbst zu sein, beinhaltet die Bereitschaft, mit Ihrer bloßen Existenz Risikos in Form von Verbindlichkeit einzugehen. Sie müssen sehen, daß Liebe von der Ebene des Verstandes aus nicht aufrechterhalten werden kann, niemals aufrechterhalten wurde und niemals aufrechterhalten werden wird.

Gleichermaßen kann Verpflichtung nicht auf der Ebene des Verstandes erschaffen werden. Auf der Ebene des Verstandes wird Verpflichtung ein Konzept und nicht ein Erleben. Das Konzept „ich bin dir gegenüber verpflichtet" ist eine Haltung und erzeugt mechanisch irgendwo ihr eigenes Gegenteil, entweder in Ihrem Verstand oder im Verstand Ihres Partners. Auf diese Weise wird es vom Verstand genauso gehandhabt wie „ich liebe dich". Deshalb muß „ich bin dir gegenüber verpflichtet“ vom Selbst aus erschaffen werden, das heißt es ist eine Erfahrung, ein Erleben. Das Erleben des Erschaffens von Verpflichtung geschieht außerhalb der Zeit und als solches kann darüber nur nachträglich berichtet werden. Für die Praxis bedeutet dies, daß Sie einfach hinschauen, ob Verpflichtung hergestellt wurde, und dann diesbezüglich die Wahrheit sagen. Sie können weder sich selbst noch Ihren Partner dazu bringen, Verpflichtung herzustellen.

Hier nun, was Sie sehr wohl tun *können*: Entwickeln Sie die Intention, Ihre Beziehung funktionieren zu lassen. Im Zustand der Integrität entspringt Ihrer Intention natürlicherweise Verpflichtung. Sie ist einfach da, nicht als begriffliche Vorstellung, sondern als natürliche, lebendige, spontane Verpflichtung. Offenkundig sind Integrität und Intention die Qualitäten, die Sie in sich selbst freilegen müssen, wenn Sie funktionierende Beziehungen haben wollen.

Hier nun, wie Sie all dies verwirklichen können. Das Leben funktioniert perfekt, wenn Sie einfach das tun, was den grundlegenden Prinzipien der Intention und der Integrität angemessen ist. Angemessen ist folgendes: (1) sagen Sie die Wahrheit, die ganze, immer, und (2) bleiben Sie Ihren Idealen vollkommen treu, bis Sie erkennen, daß Ihre Ideale in Wirklichkeit Ihre Blockaden im Leben sind. An diesem Punkt angelangt, werden diese Ideale Ihre ehemaligen Ideale werden. Danach tun Sie einfach das, was funktioniert. Was grundsätzlich funktioniert, ist: die Wahrheit zu sagen, die ganze, immer. Das bringt Sie zurück zu Wahrheit als Paradox. Die Wahrheit ist, daß „ich liebe dich/ich liebe dich nicht“ und „ich bin dir gegenüber verpflichtet/ich bin dir gegenüber nicht verpflichtet“ zu allen Zeiten, Seite an Seite, im gleichen Raum des Selbst existieren. Wenn Sie das auf der Ebene der Einheit des Seins wirklich mitbekommen, wird es unwichtig, wer zu irgendeinem Zeitpunkt welche Haltungen austrägt. Das Selbst ist der einzige Kontext, der groß genug ist, eine funktionierende Liebesbeziehung zwischen zwei Menschen zu enthalten.

Der Pfad zum Selbst ist Kommunikation. Wenn es nicht Ihrer Intention entspricht, Ihre Beziehung funktionieren zu lassen, werden Sie Kommunikation vermeiden. Wenn und falls Sie über das Vermeiden von Kommunikation hinauskommen, werden Sie sich mit der Wahrheit als Paradox konfrontieren müssen. Ihrem mit dem Einnehmen von Standpunkten beschäftigten Verstand wird es nicht gefallen, daß Sie auch die gegenteiligen Haltungen enthalten. Dennoch gilt, die Wahrheit *ist* paradox, und nur die Wahrheit funktioniert. Um die Wahrheit als Paradox erfassen zu können, müssen Sie in Ihr Leben zurückkehren und Ihr Selbst sein. ■

Kapitel Fünfzehn:

Weggehen

Wenn Sie eine Beziehung verlassen, das heißt aufhören teilzunehmen, sind Sie körperlich vielleicht immer noch anwesend, aber die Beziehung stirbt an Ihrem Abwesendsein. Woran Sie merken können, daß Sie aufgehört haben teilzunehmen, ist, daß die Beziehung im Bemühen des anderen, Sie zur Teilnahme zurückzuholen, sehr dramatisch wird.

Ich möchte Sie an die Beziehung erinnern, die Sie verlassen haben, die, von der Sie dachten, sie hätte so viel Potential, die, in der Sie von Ihrem Partner enttäuscht und desillusioniert wurden. Sie wissen, welche ich meine. Ich möchte Ihnen sagen, was da wirklich passiert ist. Ich habe dabei keineswegs vor, die Gründe zu erklären, warum daraus nichts geworden ist, das haben Sie schon gemacht. Wenn Sie zurückblicken, ist Ihnen völlig klar, warum die Dinge so gekommen sind, wie sie kamen. Offenkundig hat der Partner Sie enttäuscht, war nicht stark genug, hat Sie zu sehr gebraucht oder irgend so ein „Grund". Ich weiß, daß Sie rückblickend alles genau erklären können. Ich will Ihnen sagen, was tatsächlich passiert ist, und nicht Ihre posthumen Rationalisierungen verstärken.

Was wirklich geschehen ist, war, daß Sie an irgendeinem Punkt der linearen Entwicklung der Beziehung weggegangen sind. Ich meine nicht den Zeitpunkt, zu dem Sie wirklich weggegangen sind; der kam viel später oder ist vielleicht noch gar nicht gekommen. Ich meine den Zeitpunkt, zu dem Sie aufgehört haben, an der Beziehung teilzunehmen. Ihre Körper/Verstand-Maschine ist dageblieben, aber Sie sind ausgewandert und haben aufgehört teilzunehmen; das heißt Sie/Ihr Selbst sind/ist gegangen. Was passiert ist, war, daß Sie zum teilnahmslosen Beobachter der Beziehung zwischen Ihrer Verstand/Körper-Maschine und dem anderen Selbst wurden. Nun, Sie haben das, was Sie taten, nicht anerkannt, und diesbezüglich sowohl dem anderen Selbst, als auch sich selbst gegenüber gelogen. Dennoch war allen Beteiligten klar, was geschehen war. Dann hat das andere Selbst versucht, Sie wieder zurückzuholen und Sie dazu zu bringen, wieder teilzunehmen. Als das geschah, haben Sie den anderen schwer ins Unrecht gesetzt, vielleicht laut, vielleicht auch nur still bei sich selbst. An diesem Punkt angelangt, haben Sie angefangen, Gründe für Ihr Verlassen des anderen zu sammeln. Nachdem Sie ihn genügend schlechtgemacht hatten, um Ihr schlechtes Gewissen zu beschwichtigen, haben Sie verkündet, daß Sie dabei sind zu gehen oder vielleicht sind Sie auch einfach, durch die Hintertür, gegangen. Ganz gleich, welchen Ausweg Sie gewählt haben, es macht Ihnen immer noch zu schaffen. Ungeachtet all der Gründe, wissen Sie, was Sie getan haben. Sie wissen, daß Sie es so gemacht haben, wie es geworden oder nicht geworden ist. Sie wissen auch, daß es nichts mit all dem Zeug zu tun hatte, das nach Ihrem Weggehen und nachdem Sie dem anderen Selbst Ihr Sein vorenthalten hatten geschehen ist. Sie wissen, daß alles, was nach Ihrem Weggehen passiert ist, eine direkte Folge des Wegseins war. Sie wissen darüberhinaus, daß Sie alles äußerst vernünftig rationalisiert haben, was Ihnen keine Meisterschaft, sondern nur Erklärungen einbringt. Sie wissen über all die Unzulänglichkeiten, die Sie beim anderen gesehen haben, genau Bescheid, nicht wahr? Raten Sie mal, wessen Unzulänglichkeiten das wirklich sind? Genau! Was immer in einem anderen Sie nicht bewundern und achten können, ist etwas, was Sie in sich haben, und das zu haben, Sie zu klein sind zuzugeben. So ist es einfach. Zu schade.

Ich möchte Sie auch wissen lassen, was Ihnen Meisterschaft hinsichtlich Ihrer Beziehungen geben wird. Laufen Sie nicht weg. Wenn Sie es tun, dann erkennen Sie es klar als das, was Sie getan haben, an. Geben Sie der anderen Person wegen ihrer Reaktion auf Ihr Weggehen auf keinen Fall unrecht. Wenn Sie fähig sind wegzugehen, sind Sie auch fähig wieder zurückzukehren. Sie müssen sich dann allerdings der Mauer von Gründen, die Sie erfunden haben, um alles rückblickend zu erklären, stellen. Das ist der Preis, den Sie zahlen, um Gelegenheit zu erhalten, Ihr

Rechthaben aufzugeben. Wenn Sie wollen, daß Ihre Beziehungen funktionieren, tun Sie gut daran, möglichst bald wieder zurückzugehen und mit dem Rechthaben aufzuhören.

Wenn Sie die betreffenden Rationalisierungen fallenlassen, erscheint Weggehen ziemlich kindisch. Übrigens das einzige, was ein Kind tun kann, um zu dominieren und zu manipulieren, ist: weggehen und nicht teilnehmen. Ihr Weggehen und Ihre Weglaufmuster aufzugeben, heißt soviel, wie diese kindischen Aktivitäten den Kindern zu überlassen. Wahrscheinlich sind Sie jetzt darüber hinaus.

Für den Fall, daß dies eines Ihrer Verhaltensmuster gewesen ist, und wahrscheinlich war es das, können Sie sich selbst einen Gefallen tun, indem Sie diesbezüglich gründlich aufräumen. Was das heißt, ist, daß Sie mit der hinter Ihnen liegenden Kette von Leuten darüber kommunizieren, daß Sie von Ihrer Haltung, wie unrecht sie hatten, losgekommen sind und daß Sie auch wissen, daß Sie weggegangen sind. Das wird diese Beziehungen für Sie vervollständigen, und Sie können sich als die ganze und vollständige Person erleben, die Sie sind. Bis dahin ist der Preis, den Sie zahlen, ein Leben im Sinne eines von Inhalt bestimmten Prozesses. Das ist alles, was es sein kann, wenn Sie weggegangen sind und die Verantwortung dafür nicht anerkannt haben. ■

Kapitel Sechzehn:

Rückwärts durchs Leben

Diejenigen, die aus ihren Leben weggegangen sind, die nicht teilnehmen, müssen notwendigerweise „rückwärts" durchs Leben gehen, um das Erleben von Verantwortung für das Chaos, das sie anrichten, zu vermeiden.

Ich möchte, daß Sie sich einen Menschen vorstellen, der rückwärtsgeht, vielleicht Sie, und der die ganze Zeit damit beschäftigt ist, jedem in seiner Umgebung genau zu erklären, wo er gewesen ist. Ab und zu stolpert und fällt dieser Mensch oder rennt einen anderen einfach über den Haufen. Sobald alles wieder sortiert und zusammengesetzt ist, sagt diese Person so etwas wie: „Mensch, das tut mir leid, daß ich gefallen bin und Sie umgestoßen habe, aber wie Sie sehen, ist das ganz verständlich". Und fährt dann zurückblickend fort: „Es scheint, daß ich erst nach rechts und dann nach links abgebogen bin; dann bin ich über dieses Hindernis da gestolpert, und als ich gefallen bin, sind Sie da gerade im Weg gewesen. Wissen Sie, Sie können mir da wirklich keine Schuld für geben, weil, wie Sie ja sehen können, ich nach hinten geguckt habe, außerdem ist, wie ich Ihnen ja schon gesagt habe, völlig klar, was passiert ist." Vielleicht würden Sie sich über einen solchen Narren wundern und Ihre Zweifel gegenüber der von ihm angewandten Logik haben. Wie dem auch sei, dies ist dennoch genau die Art und Weise, wie die meisten von uns durchs Leben gehen.

Das Handeln desjenigen, der rückwärts durchs Leben geht, wird von seinem eigenen Verstand und den Umständen und Bedingungen des Lebens bewirkt, mit anderen Worten, vom Inhalt des Lebens. Er hat in Bezug auf die Wirklichkeit eine Billardkugel-Theorie. Rückblickend ist alles völlig offenkundig. Die Erklärbarkeit des Ganzen dient ihm als Entschuldigung für seinen Zustand der Verantwortungslosigkeit. Wenn Sie so jemandem begegnen, stehen Ihnen Schwierigkeiten ins Haus, die allerdings alle vollkommen erklärbar und verständlich sind. Dennoch ist es für Sie, nachdem Sie von so einem verantwortungslosen Heini umgerannt worden sind, wenig trostbringend, daß im Nachhinein alles so viel Sinn ergibt. Es wird Ihnen schwerfallen, das zu verstehen. Sie haben es mit einem Menschen zu tun, der in einem von Inhalt bestimmten Prozeß steckt. Ermöglicht wird das durch die Tatsache, daß dieser Mensch weggegangen ist, auf der Ebene des Handelns keine Integrität besitzt und ihm sein Leben ganz allgemein zwecklos erscheint. Kurzum, für ein solches Leben gibt es keinen Kontext. Sie haben es mit einer Reiz-Reaktions-Maschine zu tun. Für den Fall, daß Sie derjenige sind, der rückwärts durchs Leben geht, möchte ich, daß Sie wissen, was Sie diesbezüglich tun können.

Drehen Sie sich um. Kehren Sie in Ihr Leben zurück. Fangen Sie an teilzunehmen. Hören Sie auf, Ihre Vernünftigkeit dafür zu verwenden, zu erklären, warum Sie andere überrollt und sich selbst von Zeit zu Zeit Beulen geholt haben. Nehmen Sie Kontakt mit Ihrer eigenen, natürlichen Integrität auf. Halten Sie Ihre Vereinbarungen. Sagen Sie die Wahrheit. Schaffen Sie Raum für Verbindlichkeit in Ihrem Leben. Mit anderen Worten, werden Sie das, was Sie schon immer gewesen sind: der Kontext Ihres Lebens. Machen Sie Ihr Leben zu einem von Kontext bestimmten Prozeß.

Solange der Inhalt Ihres Lebens der Kontext ist, in dem Ihr Leben gehalten wird, wird es nur auf Kosten anderer und Ihrerselbst weitergehen. In Ihrem Leben wird es eine Tragödie nach der anderen geben. Das ist das Wesen eines von Inhalt bestimmten Lebens. Das erste, was Sie zu tun haben, ist, damit anzufangen, die Verantwortung für den Schlamassel, den Sie im Leben anrichten, anzuerkennen und aufzuhören, anderen Ihren Mist vor die Füße zu werfen. Danach schlage ich vor, daß Sie sich ein Ziel suchen, mit dem Ihr Leben anfangen kann, irgendwie Sinn zu haben. Wählen Sie etwas, was Sie Ihrer Aufmerksamkeit wert finden, und setzen Sie sich voll dafür ein. Was immer das ist, die tiefste Zufriedenheit werden Sie ernten, wenn

Sie es als einen Beitrag für andere erleben können. Nachdem Sie sich umgedreht haben, wird alles zu einem sehr natürlich ablaufenden Prozess werden. Ein kontextiertes Leben kann nur etwas werden. ■

Kapitel Siebzehn:

Ein Meister, der übt, oder üben, um Meister zu werden?

Vielleicht haben Sie sich schon mal gefragt, wie Leute dazu kommen, sich im Leben als „Meister" zu erleben. Die Antwort ist einfach: Sie halten dies für so wahr, daß es keines Beweises bedarf.

Ich werde jetzt zwei Arten, das Leben zu erleben, beschreiben und Ihnen dann das wesentlichste Unterscheidungsmerkmal dieser beiden Arten nennen. Die erste besteht darin zu üben, ein Meister zu werden, obwohl Sie das wahrscheinlich anders ausdrücken würden. Dennoch werden Sie meine Beschreibung wiedererkennen. Die Ereignisse des Lebens werden in einen Plan des Ringens um die Meisterschaft eingebaut, ohne daß das Erleben Ihrer Meisterschaft sich dabei einstellt. Ihr Erleben ähnelt dabei dem uralten Rätsel des Versuchs eine Wand zu erreichen, indem man mit jedem neuen Schritt die Hälfte des Abstandes zur Wand zurücklegt. Egal, wie nah Sie an die Wand herankommen, Sie werden Sie niemals erreichen. Immer bleibt bis zum Erreichen der Wand noch eine unendliche Anzahl von Schritten übrig. Ebenso scheint es im Erleben Ihres Lebens noch eine unendliche Anzahl von Schritten zu geben, bis Sie den Zustand eines Meisters des Erlebens Ihres Lebens erreichen. Er liegt immer gerade jenseits des Vorhandenen: bei dem idealen Beruf, der genau richtigen Beziehung, den perfekten Freunden, die Sie noch nicht getroffen haben, dem neuen Auto, das Ihr Erleben von Meisterschaft vervollständigen wird. Aber jedesmal wenn Sie die neuen Umstände geregelt oder abgeschlossen haben, merken Sie wieder, daß das Erleben von Zufriedenheit irgendwie nicht ganz vollständig ist. Irgend etwas fehlt, und Sie wissen nicht ganz genau, was es ist. Ganz gleich, was Sie machen, das ist es nicht.

Die andere Art, das Leben zu erleben, ist die eines Meisters. Es sind genau die gleichen Umstände und Ereignisse vorhanden; sie sind jedoch alle in die Art und Weise eines Meisters, der Leben übt, miteinbezogen. Immer noch stoßen Ihnen schwierige Situationen zu; diese werden jedoch zu einem Sie bereichernden Beitrag. Zu allen Zeiten fühlen Sie sich ganz und vollständig, und alles, was im Leben passiert, bestätigt Ihre Ganzheit und Ihre Vollständigkeit. Dieses Erleben erstreckt sich ebenso auf Ihre Beziehungen. Vielleicht äußert Ihr Partner oder einer Ihrer Eltern Ihnen gegenüber Ablehnung und Feindseligkeit, und Sie nehmen das so in Ihr Erleben auf, daß es sowohl den Wert der anderen Person als auch Ihren eigenen Wert bestätigt. Oder falls diese nicht so mitteilsam sind, dann nehmen Sie das so in Ihr Erleben auf, daß die Stille genau der Beitrag ist, der der Beziehung angemessen ist. Sie sind Meister des Lebens, und alles, was sich Ihrem Erleben auftut, bestätigt und bekräftigt Ihren Kontext als Meister und trägt zu demselben bei. Ganz gleich, ob die Dinge den Maßstäben der Welt zufolge „gut oder schlecht" sind.

Wir haben also zwei Arten, das Leben zu erleben, vor uns: (1) zu üben, um Meister zu werden, und (2) ein Meister, der übt. Ich kann gar nicht genug betonen, daß es nicht die äußeren Umstände sind, die darüber entscheiden, auf welche Art Sie das Leben erleben. Jeder, der auch nur einigermaßen bei Verstand ist, würde doch Nummer 2 wählen oder nicht? Offensichtlich nicht, denn dabei handelt es sich um die reinste Wahl, die es im Leben gibt, und doch, was wir in der Welt sehen, sind Leute, die üben, Meister zu werden, und es nie ganz schaffen. Und das bringt uns zu dem wesentlichen Merkmal hinsichtlich der Art, wie Sie das Leben erleben. Wie alle wahren Feststellungen ist auch sie äußerst einfach: WEIL SIE ES SAGEN. Wenn Sie das Gefühl haben, im Üben des Meisterwerdens, festgefahren zu sein und es nie ganz schaffen, fragen Sie sich dann: Warum sage ich es nicht?

In dem Augenblick, in dem Sie es sagen, ist es so. Sie müssen wissen, daß der Inhalt Ihres Lebens nicht das ist, was sich ändert, wenn Sie sagen: „Ich bin ein Meister, der übt". Was sich ändert, wenn Sie das sagen, ist, daß alles und jeder in Ihrem Leben Ihrem Erleben nach transformiert ist und alles zu einem Beitrag für das Üben Ihrer Meisterschaft wird. Sie brauchen nicht zu warten, bis Sie auf dem Sterbebett liegen, um ein Meister zu werden, der übt. Sie können ein Meister, der übt, von dort aus werden, wo Sie jetzt sind. Sagen Sie es einfach! Und dann nehmen Sie bewußt jedes Ereignis in Ihrem Leben als eine Demonstration Ihrer Meisterschaft. ■

Kapitel Achtzehn:

Transformation von Beziehungen durch einen Meister, der übt

Wenn Sie sich selbst als den „Meister" in Ihrem Leben erleben, werden Sie herausfinden, daß Sie die Qualität jeder Beziehung sofort und magisch durch einfache Berücksichtigung dessen, was ist, transformieren können.

Ein Meister zu sein, der übt, bringt gewisse Vorteile mit sich. Zum einen werden Ihre Beziehungen transformiert. Wenn Sie sich also mit Ihrer Mutter letztendlich abgefunden haben oder versucht haben, sie zu ändern, und ganz einfach frustriert sind, wird all das transformiert. Damit ist nicht gesagt, daß Ihre Mutter erleuchtet wird und anfängt, Sie wie einen Prinzen oder eine Prinzessin zu behandeln. Nein! Ein Meister des Lebens braucht keine Mutter mehr, die sich so verhält, wie sie sich verhalten „sollte". Tatsächlich wird die Verrücktheit Ihrer Mutter (wenn sie verrückt sein sollte) Wasser auf Ihre Meisterschafts-Mühle leiten. Je verrückter sie ist, desto mehr Meisterschaft haben Sie. Wenn Sie sie anschauen, und starke Bauchschmerzen bekommen, dann wird der Schmerz in Ihrem Bauch zu weiterem Material für Ihre Meisterschaft. Warum? Weil Sie es so sagen. Kein anderer Grund. Wenn das nicht Ihr Erleben ist, dann haben Sie's nicht so gesagt. Wenn Ihre Mutter andererseits erleuchtet wird (und vielleicht tut sie das), dann ist ihre Erleuchtung eine Bestätigung Ihrer Meisterschaft. Warum? Weil Sie es so sagen. Aus keinem anderen Grund.

Sie müssen wissen, daß ein Meister, der übt, das Leben so läßt, wie es ist. Wenn Sie das Leben so lassen, wie es ist, werden Sie herausfinden, daß es Sie bestätigt und unterstützt. Immer. Wenn das Leben Sie nicht bestätigt und unterstützt, dann lassen Sie es nicht so, wie es ist. An dem Punkt, an dem Sie bereit sind, es so zu lassen, wie es ist, kommt eine gewisse Zufriedenheit über Sie. Anders gesagt, Sie erschaffen den Kontext von Zufriedenheit, indem Sie nichts tun. Vom Kontext der Zufriedenheit aus, können Sie das Leben völlig formen. Und Sie sind zufrieden, während Sie es formen. Sie sind zufrieden, während es seine Form ändert. Wenn Sie die Form bemerken, die Sie ihm gegeben haben, sind Sie zufrieden. Alles wird zu einem Beitrag für Ihren Zustand der Zufriedenheit. Das Leben so zu lassen, wie es ist, bedeutet also nicht, es nicht zu verändern. Sie werden es total verändern, aber nicht so, daß es besser wird. Sie werden es verändern, aber wie ein Spiel, und das ist alles. Denn sehen Sie, wenn Sie das Leben verändern, um es besser werden zu lassen, hieße das, daß Ihr Ausgangspunkt Unzufriedenheit ist. Eine Menge Leute gehen genau so vor. Sie sind nicht besonders zufrieden, und ihre tatsächliche Wirkung auf die Welt ist sogar noch geringer als es scheint. Ihre Beziehungen sind Beziehungen des Beherrschens und der Manipulation, die hinsichtlich Veränderung schwächsten, auf diesem Planeten bekannten Werkzeuge.

Eine Meisterin, die übt, beginnt also bei der Tatsache, daß sie ganz und vollständig ist. Weil sie es so sagt und aus keinem anderen Grund. Sie beginnt auch bei der Tatsache, daß ihre Beziehungen ganz, vollständig und perfekt sind. Sie sind genau so, wie sie sein sollten. Warum? Weil sie es so sagt; kein anderer Grund. Wenn sich Beziehungen ändern, dann ist das genau das, was sie tun sollten: sich ändern. Wenn sie gleichzubleiben scheinen, ist es genau das, was sie tun sollten: gleichbleiben. Wenn sie sie ändert, ist das genau das, was zu tun angemessen ist: sie ändern. Wenn andere sie ändern, dann ist es das, was zu geschehen angemessen ist. Wie kann das alles nur so sein? Weil unsere übende Meisterin es so sagt und aus keinem anderen Grunde. Dies wird in Ihren Beziehungen an der Ursache leben genannt.

Ich möchte, daß Sie wissen, daß Leute sich unter normalen Umständen vornehmen, ihre Beziehungen zu meistern. Was ich damit meine, ist, sie nicht zu dominieren und zu manipulieren, es sei denn in der höchstmöglichen Bedeutung dieser Worte. Wir entwerten uns im Laufe der Zeit jedoch selbst, indem wir unsere Beziehungen dazu bringen, eine bestimmte Entwicklung zu nehmen, ohne uns bewußt zu sein, daß wir das verursachen. Was wir sagen, ist, es sei uns angetan worden. Das entwertet Sie, nimmt Ihnen Ihre Macht aus den Händen und plaziert sie woanders. Sie landen in einem Zustand der Verwirrung. Um das Erkennen Ihrer Verantwortung für das, was passiert ist, zu vermeiden, müssen Sie verwirrt sein und „nicht wissen“. Das ist nicht die Art einer Meisterin, die auf dem Gebiet von Beziehungen übt. Eine Meisterin, die übt, erschafft das Erleben von Verantwortung mittels Intention, und zwar auch dann, wenn Sie noch nicht versteht, „wie“ ein Ereignis verursacht wurde. Das Verstehen wird unvermeidlich kommen. Nicht die Art von Verstehen, die die Dinge nur *im nachhinein* erklärt, sondern Verstehen, das wirklich Meisterschaft in Beziehungen in der Gegenwart vermittelt. Ein Verstehen dieser Art wird am besten „Wissen“ genannt. Wenn Sie etwas wissen, hat Verwirrung keine Chance. Eine Meisterin, die auf dem Gebiet von Beziehungen übt, weiß und ist bereit zu wissen; und alles, was passiert, bestätigt und bestärkt diese Tatsache und trägt zu ihr bei. Weil Sie es so gesagt hat. Aus keinem anderen Grund. ■

Kapitel Neunzehn:

Einen Standpunkt beziehen und was daraus folgt

Wenn Sie Ihre Haltung nehmen und sagen, es sei die Wahrheit, sind Sie in erheblichen Schwierigkeiten.

Ich möchte ein bißchen auf einem Thema herumhämmern, das ich an anderer Stelle schon besprochen habe. Ich werde es nochmals durchgehen, damit Ihnen die Bedeutung von Standpunkthaftigkeit in Ihrem Leben absolut klar wird. Wie ich andernorts schon gesagt habe, meint der Verstand, wenn er das Wort „Wahrheit" benutzt, normalerweise einen Standpunkt, von dem er überzeugt ist. Tatsache ist, daß Sie in einem Verstand existieren, während Sie hier auf diesem Planeten leben, das ist nun mal so. Da Sie in einem Verstand existieren, werden Sie immer in einer Haltung sein. Alles, was Sie denken können, ist eine Haltung, und sobald Sie die eine verlassen haben, sind Sie in einer anderen. Wenn Sie sich große Mühe geben, können Sie zu einer Haltung kommen, die „ich bin erleuchtet" heißt, oder einer anderen, die „ich habe keine Standpunkte" genannt wird. Selbst Meditation in ihrer reinsten Form ist eine Haltung. Es ist unmöglich, nicht eine Haltung zu haben.

Gleichzeitig müssen Sie erkennen, daß das, was Sie mit Ihren Haltungen tun, die Hauptquelle Ihres karmischen Leidens in diesem Leben ist. Dies funktioniert folgendermaßen: Eine Haltung automatisch, mechanisch und zwangsläufig einzunehmen, ruft die gegenteilige Haltung hervor. Wenn ich meinen linken Arm hebe und sage: „Linker Arm!" muß ich nicht meinen rechten Art heben und verkünden: „Rechter Arm!". Rechter Arm wird ins Bewußtsein gerufen, wenn ich „Linker Arm!" sage. Wenn ich zum Himmel zeige und sage: „Rauf!" besteht keine Notwendigkeit, zum Boden zu zeigen und zu sagen: „Runter!". Runter wird durch „Rauf!" ins Bewußtsein gerufen. Ebenso wird, wenn Sie eine Haltung bezüglich der Richtigkeit oder Unrichtigkeit einer Sache einnehmen, in Ihrem eigenen und im Verstand derer, die Sie umgeben, das Gegenteil ins Bewußtsein gerufen.

Haltungen sind also unvermeidbar und sind an und für sich kein Problem. Das Problem entsteht, wenn Sie unangebrachte Haltungen einnehmen und zu lange oder nicht lange genug bei ihnen verbleiben. Stellen Sie sich dem, Sie können nicht vermeiden, in Haltungen zu sein. Das beste, was Sie tun können, ist, angemessen mit Ihren Haltungen umzugehen. Um angemessen mit Ihren Haltungen umzugehen, müssen Sie sich dessen, was diese sind, äußerst bewußt werden. Der Großteil der Welt ist sich dessen völlig unbewußt, daß er Standpunkten verhaftet ist. Was Leute sagen, ist, daß ihre Haltung die Wahrheit ist. Wenn Sie Ihre Haltung nehmen und sagen, das sei die Wahrheit, sind Sie in großen Schwierigkeiten. Sie geben der gegenteiligen Haltung unrecht. Die gegenteilige Haltung wohnt sowohl in Ihrem eigenen Verstand als auch im Verstand derer, die Sie umgeben. Nun, indem Sie sich auf einen Standpunkt als „die Wahrheit" versteifen, verurteilen Sie sowohl Ihren eigenen Verstand als auch den der anderen um Sie herum als unrechthabend. Dies führt zu heftigen inneren Kämpfen und sehr dramatischen, mechanischen Beziehungen. Sie erleben Angst und emotionale Hochs und Tiefs, Ihre Beziehungen funktionieren nicht und nähren Sie nicht.

Ich gebe Ihnen nicht den Rat, von all Ihren Haltungen wegzukommen, da das unmöglich ist. Ich rate Ihnen, anzufangen, Ihre Haltungen als Haltungen zu tragen und sich die Tatsache zueigenzumachen, daß Sie immer, auch wenn Sie sich dessen nicht bewußt sind, auch die gegenteilige Haltung haben. Wenn Sie Ihre Haltungen als Haltungen tragen, haben Sie die Fähigkeit, angemessen mit ihnen umzugehen, Sie wissen dann, wie lange Sie bei ihnen zu bleiben haben und wann es Zeit ist, von ihnen wegzukommen. Wenn Sie bereit sind anzuerkennen, daß Sie auch die gegenteiligen Haltungen besitzen, werden andere nicht mehr so oft Ihre „Knöpfe" drücken. Wenn Sie auf etwas, was jemand sagt, auf eine Weise reagieren, die nicht funktioniert, dann sind Sie immer in der Haltung, für die der andere gerade eingetreten ist und versuchen, sich diesbezüglich etwas vorzulügen. Kürzlich wurde eine meiner unbewußten Haltungen reaktiviert, als ein Freund trocken behauptete, daß es ihm gleichgültig sei, ob die eine Milliarde unterernährter Menschen auf der Erde weiter hungern würden oder nicht. Die Beendigung des Hungerdramas ist eines meiner Lieblingsspiele im Leben, deshalb beleidigte seine Bemerkung meine bewußte Haltung und reaktivierte mich gegen mich. Was ich damit meine, ist, daß ich auch die Haltung in mir trage, daß es mir egal ist, ob Menschen hungern oder nicht, Seite an Seite mit der Haltung, daß es mir eine Menge ausmacht. Bis ich meinen Ärger bearbeitet hatte, war ich mir der Tatsache unbewußt, daß ich beide Haltungen in mir trug. Wenn Sie reaktiviert oder wütend werden anläßlich dessen, was jemand zu Ihnen sagt, ist die Dynamik stets die gleiche.

Ein großer Mensch zu sein, heißt einen Kontext zu erschaffen, der groß genug ist, all Ihre Haltungen zu enthalten, einschließlich derjenigen, die Ihnen unbewußt sind. Wenn Sie so einen Kontext haben, tauchen Ihre unbewußten Haltungen schnell auf, um von Ihnen bearbeitet zu werden, und Sie können mit dem fortfahren, was angemessen ist, um Ihr Leben funktionieren zu lassen, statt plötzlich abzuspringen. Schließlich möchte ich, daß Sie wissen, daß Ihre Haltungen als Haltungen angeboten wirklich einen Beitrag darstellen. Andererseits sind Ihre Haltungen als Wahrheit angeboten reines Gift. ■

Kapitel Zwanzig:

Der Wandel von „ich bin" zu „ich habe"

Wenn Sie bereit sind, Ihr Erleben des Inhalts des Lebens von Inhalt zu sein zu Inhalt zu haben, zu verlagern, geschieht ein Wunder: Sie entdecken, daß Sie alles, was Sie haben, selbst erschaffen haben.

Der grundlegendste Irrtum, dem Menschen im Leben unterliegen, ist die Fehlidentifizierung ihrer Identität mit den „Dingen" in ihrem Leben wie Kleidung, Auto, Haus, Ehepartner, Körper und allen anderen „Dingen", die man im Leben vorfindet. Der Vorgang der Fehlidentifizierung beginnt in der Wiege, wenn man merkt, daß es um einen herum Impulse gibt. Noch viele Jahre später denkt man etwas wie „ich bin diese Impulse", und das läßt einen unwiderstehlichen Drang entstehen, diese Impulse auszuagieren. Das bringt das Kind in Konflikt mit anderen und zwingt ihm die Erkenntnis auf, daß es nicht die Impulse ist, sondern daß es Impulse hat. Diese Erkenntnis ist für die Entwicklung des nächsten Stadiums: Beziehung, deren erste die Beziehung mit der am meisten nährenden Person der Umgebung ist, absolut notwendig. Die Nahrung, die in dieser Beziehung empfangen wird, ist lebensnotwendig, und das Kind fängt an, sich selbst als „ich bin diese Beziehung" zu sehen, sogar noch bevor „ich bin Impulse" vollständig in „ich habe Impulse" umgewandelt ist. Während die Beziehung bis zur Trennung und Individuierung reift, kommt die Erkenntnis, daß man nicht die Beziehung ist sondern eine Beziehung *hat.* Vor der Umwandlung von „ich bin" zu „ich habe" ist die Art der eigenen Beziehung zu anderen und zur Umgebung durch eine gewisse selbstsüchtige Qualität gekennzeichnet.

Das nächste Stadium betrifft die Familie, und wieder vollzieht sich der Wechsel von „ich bin Familie“ zu „ich habe Familie“, was der Umwandlung der Einstellung gegenüber der Familie als einem „Ding“, das einem dient, zu einem Wesen, das einem die Gelegenheit bietet zu dienen, Rechnung trägt. In Bezug auf Organisationen vollzieht sich ein identischer Vorgang. Was ich als nächstes sagen werde, wird sich wahrscheinlich schwer in Ihr Erleben einfügen lassen. Nun gut, wenn wir älter werden, wird es klar, daß wir nicht unsere Körper sind, sondern Körper haben, daß wir nicht die Welt sind, sondern eine Welt haben, und daß wir nicht das Universum sind, sondern vielmehr ein Universum haben. Jemand, der von „ich bin Impuls“ in die Erkenntnis gewachsen ist, daß er ein Universum hat, ist bereit, *die Gelegenheit wahrzunehmen*, das aufzugeben und in Begeisterung zu leben und zu sterben.

Wenige von uns vollziehen den Wandel von „ich bin“ zu „ich habe“ ganz, und aus diesem Grunde haben die meisten von uns Gelegenheit, wieder von vorn anzufangen und zwecks Vervollständigung zurückzugehen. Es kann sehr gut sein, daß Sie selbst dabei sind, sich wieder zum Anfang zu bewegen, nämlich zu „ich bin Impulse“ und auch danach handeln, sogar dann, wenn Sie einige der späteren Phasen schon irgendwie gemeistert haben. Seien Sie deshalb nicht beunruhigt, da es keine korrekte Abfolge dieser Lektionen gibt. Die Lektion ist ein Ganzes, und es ist bloß eine Illusion, daß es sie in vorhersehbaren Abschnitten gibt. Der Wandel von „ich bin“ zu „ich habe“ ist der Wandel von, der Inhalt Ihres Lebens zu sein, zu, der Kontext Ihres Lebens zu sein; es geht dabei um Meisterschaft, die Art von Meisterschaft, die angesichts *aller* Umstände vollständige Zufriedenheit bietet; das ist der „Friede, der das Verstehen übersteigt“ und Sie in die Lage versetzt, sowohl einen Unterschied zu machen während Sie leben als auch in vollständiger Zufriedenheit zu sterben. ■

Kapitel Einundzwanzig:

Einen Unterschied machen

Ihr Leben einen Unterschied machen zu lassen, ist eine reine Schöpfung, die nicht von Ihren Lebensumständen abhängig ist und auch keines „Beweises" bedarf.

Für diejenigen unter Ihnen, die es ausprobieren wollen: Es gibt mehrere verschiedene Wirklichkeiten, die dem Erleben offenstehen. Die Wirklichkeit, an die Sie und ich gewöhnt sind, nenne ich die „Wirklichkeit der Übereinstimmung". Innerhalb der Wirklichkeit der Übereinstimmung macht Ihre Individualität keinen Unterschied. Sie soll angeblich einen Unterschied machen, Leute sagen, sie mache einen Unterschied, aber tief im Inneren wissen Sie, daß Sie kleines Etwas nicht zählen. Sie wissen zum Beispiel, daß, wenn Sie zur Wahl in ein Wahllokal gehen, Ihre eine mickrige Stimme nicht wirklich zählt. Sie müssen sich diesbezüglich selbst belügen, um sich dazu zu bringen, ins Wahllokal zu gehen und zu wählen. Aber Sie wissen, daß Sie kleines Etwas keinen Unterschied machen. Um also in der Wirklichkeit der Übereinstimmung einen Unterschied zu machen, müssen Sie eine Anzahl von Leuten dazu überreden, mit Ihnen darin übereinzustimmen, daß Sie mächtig sind. So handelt noch immer der Großteil der Welt: mittels Dominierung und Manipulation. Einige Leute sind sehr geschickt darin, Überzeugungskraft anzusammeln und sie für ihre eigenen Zwecke einzusetzen. Innerhalb der Wirklichkeit der Übereinstimmung ist die einzige Art, wie ein Individuum zählen kann, durch Überzeugungsgewalt zu dominieren. Ich behaupte, daß Überzeugungsgewalt nur eine Illusion des Einen-Unterschied-Machens ist.

Eine andere Wirklichkeit will ich die „Drop-out-Wirklichkeit“ nennen. Sie ist gekennzeichnet durch die Anwendung unterschiedlichster Chemikalien zwecks Bewußtseinsveränderung und zahlreicher Methoden der Verstand/Körper-Manipulation, die zur Folge haben, daß Ihr Bewußtsein an einen Ort gebracht wird, wo Sie nun wirklich nicht in der Welt zählen. Der ganze Prozess läßt sich gut mit dem Wort „Nabelschau“ zusammenfassen. In der Drop-out-Wirklichkeit sind schöne Erfahrungen möglich. Wenn Sie von dem Erleben dieser Wirklichkeit noch keinen Gebrauch gemacht haben, empfehle ich Ihnen, dies zu tun.

Es gibt viele achtbare andere Wirklichkeiten, die religiöse Wirklichkeit, die wissenschaftliche Wirklichkeit, um nur einige zu nennen. Es entspricht hier keineswegs meiner Absicht, die verschiedenen Wirklichkeiten aufzulisten, ich möchte Sie nur darauf hinweisen, daß es verschiedene Wirklichkeiten gibt. Ein Aspekt ist all den verschiedenen Wirklichkeiten, auf die ich verwiesen habe, gemeinsam: Der einzelne macht keinen Unterschied. Ich sage nicht, daß der einzelne nicht einzigartig, liebenswert, besonders usw. wäre. Einzelne können innerhalb der verschiedenen Wirklichkeiten all das sein. Was ich meine, ist, daß der einzelne nicht wirklich einen Unterschied macht, daß er nicht wirklich eine nachhaltige, bedeutende Wirkung auf die Lebensqualität ausübt. Die meisten von uns wissen, daß Sie keinen Unterschied machen, und entsprechend leben wir unsere Leben. Sie machen sich vielleicht ab und zu etwas vor, aber tief im Inneren wissen Sie, daß Sie keinen Unterschied machen. Wenn Sie in den Wirklichkeiten, in denen Sie keinen Unterschied machen, erfolgreich spielen, können Sie es durchaus behaglich haben. Sie können ein paar besondere Freundschaften entwickeln, bequem für Ihre Überlebensbedürfnisse sorgen, besonderes Interesse für Musik, Literatur usw. entwikkeln. Sie können es in einer anspruchslosen Art von Exklusivität gemütlich und sicher haben. Und Ihr Leben zählt nicht. Nicht wirklich. Sie werden keinen Einfluß auf die Welt haben. Deshalb hören Sie auf, darüber nachzudenken. Sie geben Ihren tiefen Wunsch, einen wirklichen Beitrag zu leisten, auf und lassen sich nieder, um glücklich zu sein. Statt mit Einen-Unterschied-in-der-Welt-machen zu spielen, spielen Sie mit Ihren kleinen Problemen. Da Sie klein sind und Ihr Leben keinen Unterschied macht, werden Ihre speziellen Interessen und Ihre „Probleme" zum „Wasser" Ihrer Lebensmühle.

Wenn Sie in den Wirklichkeiten, in denen Sie keinen Unterschied machen, ohne Erfolg spielen, geraten Ihre Probleme vielleicht außer Kontrolle. So klein diese auch sind, sie werden so groß erscheinen, daß Sie winzig werden. Wahrscheinlich werden Sie das mit jemandem besprechen wollen. Vielleicht fangen Sie sogar an, sich für „krank" zu halten. Wenn Sie daran arbeiten, können Sie übereinstimmende Bestätigung dafür bekommen, daß Sie „krank" sind. Auch Ihre speziellen Interessen können außer Kontrolle geraten. Sie wenden sich vielleicht sehr ungewöhnlichen Interessen zu, die Sie aus der Übereinstimmung mit der Welt herausnehmen und Ihnen Probleme verursachen. All dies kann nur in den Wirklichkeiten passieren, in denen Sie keinen Unterschied machen.

Das Beste, worauf Sie hoffen können, ist eine Art von prächtiger Absonderung oder, wenn Sie am Manipulieren von Menschen interessiert sind, die Ansammlung von Überzeugungsgewalt. Wenn Ihnen das Manipulieren von Menschen keinen Spaß macht, ist das Beste, was Sie tun können, nach „splendid isolation" zu streben. Sie können einfach nicht darauf hoffen, Einfluß auf die Welt zu haben.

Auf der anderen Seite gibt es eine Wirklichkeit, in der Sie *nur* eine Wirkung haben oder einen Unterschied in der Welt machen können. Diese Wirklichkeit ist die Wirklichkeit, aus der alle anderen Wirklichkeiten hervorgebracht werden. Wenn Sie bereit sind, in dieser Wirklichkeit zu existieren, wird Ihr Leben einen Unterschied machen. Die Wirklichkeit, die Wirklichkeiten erzeugt, ist nur in Ihnen verfügbar. Um diese Wirklichkeit zu finden, können Sie nicht bestimmte Chemikalien nehmen, bestimmte geistige Übungen absolvieren oder in eine bestimmte Kirche gehen. Sie ist nur in Ihrem Selbst verfügbar.

Innerhalb der Wirklichkeit der Wirklichkeiten hat alles, was Sie tun, Wirkung und macht einen Unterschied. Natürlich wird Ihr Verstand wissen wollen: „Wie?" Es tut mir leid, es gibt kein „wie“. Ihr Einen-Unterschied-Machen ist eine reine Schöpfung. Sie schaffen es einfach. Es gibt auch keinen „Beweis“ dafür, daß Ihr Leben einen Unterschied macht. Das heißt Sie können nicht in Ihrer Vergangenheit suchen oder Ihre Trophäensammlung durchstöbern, um zu beweisen, daß Sie einen Unterschied gemacht haben. Wenn Sie in der Wirklichkeit der Wirklichkeiten existieren, ist es Ihnen nicht wichtig, Beweise, Trophäen oder Zustimmung von anderen zu sammeln. Sie machen einfach einen Unterschied, wissen das und geben die Ehre weiter an jene, die Ehre brauchen. Ehre hält Sie auf, wenn Sie zu Ihren Lebzeiten einen Unterschied machen wollen. Ehre ist etwas, an dem Sie hängenbleiben können.

Sie werden wissen, wenn Sie wählen, einen Unterschied zu machen. Sie werden keine Signale benötigen. Dennoch wird Ihr Verstand vielleicht danach verlangen, also füttern wir ihn. Zunächst werden Sie beobachten, daß das, was Sie tun, anderen Ihrer Intention entsprechend dient; anderen zu dienen, ist somit ein sehr deutliches Charakteristikum des Unterschiedmachens. Des weiteren werden Ihre „Probleme“ (1) unwichtig werden und (2) sich von selbst, spontan klären. Nicht in Ihren persönlichen Problemen herumzuspielen, ist somit ein hervorstechendes Merkmal. Mir ist völlig klar, daß Leute persönliche Probleme in ihrem Leben erzeugen, weil sie nicht erleben, daß ihr Leben von Bedeutung ist. Wenn Sie erleben, daß Ihr Leben von Bedeutung ist, werden persönliche Probleme zu den durchsichtigen Illusionen, die sie sind. Selbstverständlich werden Sie die Übereinstimmung mit der Welt verlassen, wenn Sie erleben, daß Ihr Leben einen Unterschied macht, aber ein anderes Merkmal der Wirklichkeit der Wirklichkeiten ist, daß Übereinstimmung irrelevant ist.

Jetzt will ich Ihnen die ganze Wahrheit sagen. Sie existieren bereits in der Wirklichkeit der Wirklichkeiten. Ihr Leben hat schon eine enorme Wirkung auf die Welt. Was Sie tun, zählt. Sie wehren sich vielleicht gegen das Erleben der Tatsache, daß Ihr Leben einen Unterschied macht, weil (1) Sie von Übereinstimmung abhängig sind, oder (2) Ihnen die Verantwortung, die Wahrheit zu sehen, vielleicht zu viel ist. Wenn Sie die Wahrheit sehen würden, daß das, was Sie tun, *und das, was Sie nicht tun*, die Welt erheblich beeinflußt, könnten Sie dann so weiterleben, wie Sie das jetzt tun? Verweilen Sie für einen Augenblick bei dieser Frage. Müßten Sie sich nicht verpflichten, für Ihren Einfluß auf die Welt verantwortlich zu sein? Müßten Sie Ihr Leben nicht absolut einer Sache widmen und etwas tun, statt nichts zu tun? Müßten Sie nicht Ihre geringfügigen persönlichen Probleme aufgeben? Ich sage, Ihr Leben zählt. Ich sage, daß Sie von der Wirklichkeit der Wirklichkeiten herkommen, derjenigen, die diese miese Wirklichkeit der Übereinstimmung erschaffen hat. Darüberhinaus sage ich, daß Sie das tief im Inneren wissen. Sie wissen, daß das, was Sie tun, und das, was Sie nicht tun, in der Welt einen Unterschied macht. Ich sage, daß Sie das nicht berechtigterweise ableugnen können, und mehr noch, daß, indem Sie sich dies selbst eingestehen, Ihr Leben für immer verändert sein wird. ■

Epilog

Beim Schreiben dieses Buches habe ich eine unbeschreibliche Freude erlebt. Dies ist eine Gelegenheit gewesen, Ihnen all die guten und all die schlechten Dinge zu sagen, die es zu sagen gab, wenn man sie durch die Gut/Schlecht-, Richtig/Falsch-Systeme betrachtet. Für jetzt habe ich Ihnen alles gesagt, was ich Ihnen zu sagen habe, und diese Systeme sind vollständig transzendiert. Ich möchte, daß Sie wissen, das die gleichen Dinge in Ihrem Leben geschehen, wenn Sie sich uneingeschränkt ausdrükken. Was unter all dem „Zeug" liegt, das zu besprechen Ihnen einfällt, all den Ideen, die Sie schon immer beitragen wollten, was Ihrem Selbst, Ihrer Existenz zugrundeliegt, ist: „Ich liebe Dich". Ich liebe Sie. Und wenn Sie wissen, daß Sie lieben, dann können Sie nur das tun, was diesem grundlegenden, fundamentalen Erleben angemessen ist.

Einladung

Ich lade Sie ein, mit mir zu korrespondieren. Sie können mich schriftlich unter folgender Adresse erreichen:

CONTEXT PUBLICATIONS
P.O.Box 2909
Rohnert Park CA 94928 USA

PS.: Bitte schreiben Sie nur in Englisch!

ICH BIN

Gespräche mit Sri Nisargadatta Maharaj

Jede ernsthafte Auseinandersetzung mit spirituellen Fragen endet zwangsläufig in Non-Dualität - Advaita.
Sri Nisargadatta Maharaj vermittelt in sehr direkter klarer und kompromißloser Form die Essenz von Advaita. Dieses Buch ist die Aufzeichnung der Gespräche und Fragen der Wenigen, die glücklich genug waren, diesen wahrhaftig einmaligen Menschen zu treffen. Ein Buch, das man als unakzeptabeles Konzept abtut oder das einen zutiefst packt und nicht mehr losläßt und zum Endpunkt jeder Suche und Auseinandersetzung mit sich selbst wird.

Sri Nisargadatta Maharaj/Maurice Frydman
ICH BIN - Gespräche mit Sri Nisargadatta Maharaj
Übersetzt von Heiner Siegelmann + Gilda Remscheid
ISBN 3-926257-03-2

DREHBUCH II

DAS MANN/FRAU BUCH

Die Transformation der Liebe

Es gibt jemanden,
der die Konflikte
zwischen Ihnen
und Ihrem Partner
wirklich verstehen
und Ihnen
einen Weg daraus
zeigen kann.

Neue, überraschende Antworten gibt der amerikanische Psychotherapeut, Ron Smothermon M.D., auf die Frage nach den Gründen für unsere Schwierigkeiten mit dem anderen Geschlecht.
Ein Buch, daß die wirklichen Regeln des ältesten Spiels dieser Erde verständlich macht und „Strategien" zeigt, mit denen beide Spieler gewinnen können,
Sie u n d Ihr Partner.

Ron Smothermon M.D.
Drehbuch II, DAS MANN/FRAU BUCH
ISBN 3-926257-01-6

Das MEISTERstück

Meine Jahre in einer Mysterienschule
Nisha Jacobi

Dies ist eine von Anfang bis Ende packende Schilderung einer Frau, die auf dem Gipfel ihres „glücklichen" bürgerlichen Lebens an einen lebenden spirituellen Meister gerät und sich nach vielen Widerständen auf ihn einläßt. Ehrlich, lebendig und warmherzig, mit Humor, scharfem Geist und verstehender Liebe erzählt sie von ihren tiefgehenden Erfahrungen in einer Mysterienschule und berührt die Seele des Lesers.

Spritzig, frisch, bestechend durch die Selbstironie aller Clowns ist diese Selbstdarstellung. Sie beschreibt, welche abenteuerlichen Möglichkeiten das Leben bietet, wenn man herkömmliche Pfade verläßt.

Nisha Jacobi
Das MEISTERstück
ISBN 3-926257-02-4